国家出版基金项目
NATIONAL PUBLICATION FOUNDATION

大 中 华 文 库
КИТАЙСКАЯ КЛАССИКА

大中华文库

汉俄对照
КИТАЙСКАЯ КЛАССИКА
на китайском и русском языках

今古奇观
ЦЗИНЬ ГУ ЦИГУАНЬ
III

[明] 抱瓮老人 著

[苏联] 维·维里古斯 伊·齐别洛维齐 译

Бао Вэн Лаожэнь
Перевод на русский А. Вельгуса и И. Э. Циперовича

人民文学出版社
Издательство «Народная Литература»
北京
Пекин

Цзинь гу цигуань
Глава 13

КИТАЙСКАЯ КЛАССИКА

第十三卷

庄子休鼓盆成大道

富贵五更春梦，
功名一片浮云。
眼前骨肉亦非真，
恩爱翻成仇恨。

莫把金枷套颈，
休将玉锁缠身。
清心寡欲脱凡尘，
快乐风光本分。

这首《西江月》词，是个劝世之言。要人割断迷情，逍遥自在。且如父子天性，兄弟手足，这是一本连枝，割不断的。儒、释、道三教虽殊，总抹不得"孝""弟"二字。至于生子生孙，就是下一辈事，十分周全不得了。常言道得好：

儿孙自有儿孙福，
莫与儿孙作马牛。

ГЛАВА 13

ЧЖУАН ЦЗЫСЮ БЬЕТ В ТАЗ-БАРАБАНЧИК И ПОСТИГАЕТ ВЕЛИКОЕ ДАО

Знатность, богатство – лишь грезы ночных сновидений;
  призрачны слава, успех – словно легкая дымка.
Искренних чувств не бывает порой и средь близких –
  в ненависть, злобу даже любовь обращают и нежность.
Незачем сдавливать шею кангой золотою,
  яшмовой цепью опутывать тело не надо.
Сердце очисть, от желаний избавься ненужных,
  будь в стороне от пыли мирской, суеты;
Радость постигнуть сумей, обрести наслажденье
  в том лишь, чем щедро природа тебя наделила.

Написанные на мотив «Луна над Западной рекой», эти строки говорят о том, что людям следует освободить себя от пут любви и страстей и жить беспечно и вольно. Но, конечно, речь здесь не об отце и сыне или старшем и младшем братьях. Отношения между ними определены самой природой, они неотделимы друг от друга, как ветви от дерева. И ни конфуцианство, ни буддизм, ни даосизм, несмотря на различие их учений, не отвергали чувства сыновней почтительности и уважения младших братьев к старшему. Другое дело внуки и правнуки. Это далекие поколения, позаботиться о них – дело отцов, и дедам много думать о внуках не приходится. Ведь, право, хорошо сказано в реченье:

У внуков, правнуков своя судьба,
И лошадью, волом для них не будь!

若论到夫妇，虽说是红线缠腰，赤绳系足，到底是剜肉粘肤，可离可合。常言又说得好：

夫妻本是同林鸟，
巴到天明各自飞。

近世人情恶薄，父子兄弟到也平常，儿孙虽是疼痛，总比不得夫妇之情。他溺的是闺中之爱，听的是枕上之言。多少人被妇人迷惑，做出不孝不弟的事来。这断不是高明之辈。如今说这庄生鼓盆的故事，不是唆人夫妻不睦，只要人辨出贤愚，参破真假。从第一着迷处，把这念头放淡下来。渐渐六根清净，道念滋生，自有受用。昔人看田夫插秧，咏诗四句，大有见解。诗曰：

手把青秧插野田，
低头便见水中天。

Совсем иначе обстоит дело с отношениями между мужем и женой. Соединила ли их алая нить, или красный шнур связал их, – все равно это только одно тело, прилепившееся к другому; они сходятся и расходятся, поэтому и говорят:

Жена и муж под общей крышей,
как птицы, что в лесу одном;
И лишь пробьется луч рассвета,
уж врозь летят своим путем.

В наше время люди испортились. Отец к сыну, сын к отцу, брат к брату стали относиться уже не как прежде. Правда, нельзя сказать, чтобы теперь отец не любил сыновей, но разве так он любит свою жену? Ведь ныне люди обычно находятся во власти нежностей и ласк женщины, прислушиваются к ней и слепо подчиняются тому, что она нашептывает, лежа рядом на подушке. Бывает, жена так вскружит человеку голову, что он забывает и сыновний долг, и братскую любовь. Но это, конечно, случается с людьми слабовольными и не очень умными. Что касается нашей истории о Чжуан-цзы, то приводим мы ее вовсе не для того, чтобы сеять разлад между мужем и женой, а для того лишь, чтобы научить людей отличать мудрые поступки от глупых, истину от лжи. Если научиться при первом же увлечении отбрасывать порочные мысли, то постепенно все шесть основ становятся чистыми, идеи истинного пути дают ростки, и в этом человек обретает счастье. Большой смысл заложен в песне, которую сложили люди далекого прошлого, когда смотрели, как земледелец сажал рассаду риса:

Риса рассаду в руки берешь,
в землю втыкаешь ее;
Голову книзу склонив,

六根清净方为稻，
退步原来是向前。

　　话说周末时，有一高贤，姓庄名周，字子休，宋国蒙邑人也。曾仕周为漆园吏。师事一个大圣人，是道教之祖，姓李名耳，字伯阳。伯阳生而白发，人都呼为老子。庄生常昼寝，梦为蝴蝶，栩栩然于园林花草之间，其意甚适。醒来时，尚觉臂膊如两翅飞动，心甚异之。以后不时有此梦。庄生一日在老子座间，讲《易》之暇，将此梦诉之于师。他是个大圣人，晓得三生来历。向庄生指出夙世因由，那庄生原是混沌初分时一个白蝴蝶。天一生水，二生木，木荣花茂，那白蝴蝶采百花之精，夺日月之秀，得了气候，长生不死，翅如车轮。后游于

видишь ты небо в воде.
Если чисты шесть корешков,
только тогда будет рис;
Хоть и идешь ты назад –
это движенье вперед.

Рассказывают, что в конце династии Чжоу жил прославленный мудрец по фамилии Чжуан, по имени Чжоу, второе его имя было Цзысю; родом он был из уезда Мэн, что в княжестве Сун. Он верно служил государю в должности мелкого чиновника в Циюане. Впоследствии Чжуан Цзысю стали называть Чжуан-цзы, то есть Учитель Чжуан. Его наставником был великий мудрец, родоначальник даосизма, Ли Эр. Мудреца Ли обычно называли Лао-цзы, Стариком-философом, так как от рождения у него были белые волосы.

Однажды Чжуан-цзы днем заснул. Ему приснилось, что он стал бабочкой и беззаботно порхает по садам и лесам меж трав и цветов; при этом его охватило какое-то удивительно приятное чувство. Когда он проснулся, ему все еще казалось, что руки его движутся, как крылья в полете. Чжуан-цзы был крайне этим удивлен. Впоследствии он постоянно видел все тот же сон.

Как-то во время своих бесед с Лао-цзы о «Книге перемен» Чжуан-цзы рассказал учителю свой сон. Лао-цзы, который был великим мудрецом и познал суть чередования жизни прошлой, настоящей и будущей, объяснил ему происхождение этого сна, поведав ему о том, что в те времена, когда еще только разделился хаос, Чжуан-цзы был не чем иным, как белой бабочкой. Затем, когда небо породило воду, вода – деревья, когда деревья зацвели, а цветы пышно распустились, бабочка та вобрала в себя нектар всех цветов, взяла от солнца и луны изящество и красоту и, вдохнув в себя чистый воздух, стала бессмертной. Крылья ее выросли и сделались большими, как колеса. Как-то

瑶池，偷采蟠桃花蕊，被王母娘娘位下守花的青鸾啄死。其神不散，托生于世，做了庄周。因他根器不凡，道心坚固，师事老子，学清净无为之教。今日被老子点破了前生，如梦初醒。自觉两腋风生，有栩栩然蝴蝶之意。把世情荣枯得丧，看做行云流水，一丝不挂。老子知他心下了悟，把《道德》五千字的秘诀，倾囊而授。庄生嘿嘿诵习修炼，遂能分身隐形，出神变化。从此弃了漆园吏的前程，离别老子，周游访道。他虽宗清净之教，原不绝夫妇之伦。一连娶过三遍妻房。第一妻，得疾夭亡；第二妻，有过被出；如今说的是第三妻，姓田，乃田齐族中之女。庄生游于齐国，田宗重其人品，以女妻之。那田氏比先前二妻，更有姿色：肌肤若冰雪，绰约似神仙。庄生不是好色之徒，却也十分相敬。真个如鱼似水。楚威王闻庄生之

раз, порхая над Яшмовым прудом, она тайком высосала нектар из священного персика и была за это насмерть заклевана черным фениксом, охранявшим цветы в саду Си Ван-му. Но душа этой бабочки продолжала существовать, переродилась и воплотилась на земле в Чжуан-цзы. И так как природа Чжуан-цзы была необычна, а стремление его к совершенствованию и к истинному пути непоколебимо, то он стал учеником Лао-цзы и начал постигать его учение о спокойствии и великом недеянии. Теперь, когда Лао-цзы открыл ему истину его прошлой жизни, Чжуан-цзы словно очнулся ото сна. Он чувствовал, будто под руками у него гуляет ветер, ему казалось, что у него есть крылья и что он бабочка. Все мирское — упадок, славу, богатство и смерть — он стал считать мимолетным облаком, текучею водою, которые уходят, не оставляя после себя и следа. Лао-цзы понял, что душа Чжуан-цзы окончательно прозрела, и посвятил его в сокровенный смысл пяти тысяч слов «Дао Дэ цзина». Без устали заучивая мудрые изречения «Дао Дэ цзина» и совершенствуя себя, Чжуан-цзы вскоре постиг искусство перевоплощения, научился становиться невидимым, и его душа могла отделяться от тела. Тогда Чжуан-цзы оставил должность, простился с Лао-цзы и стал скитаться по стране в поисках истины.

И хотя Чжуан-цзы поклонялся учению чистоты, он вовсе не чуждался природы и трижды был женат. Первая его жена умерла от болезни, вторую он прогнал за недостойное поведение, и теперь мы расскажем о его третьей жене, урожденной Тянь. Она была из знатного рода княжества Ци. Семья Тянь, с большим уважением относившаяся к Чжуан-цзы, выдала за него дочь, когда он однажды оказался в их княжестве. Госпожа Тянь, белотелая, стройная и изящная, как фея, была еще красивее двух его предыдущих жен. Хотя Чжуан-цзы и не был женолюбив, но он уважал супругу, и они жили, можно сказать, душа в душу.

Случилось так, что князь Вэй-ван из удела Чу, прослышав о

贤，遣使持黄金百镒，文锦千端，安车驷马，聘为上相。庄生叹道："牺牛身被文绣，口食刍菽，见耕牛力作辛苦，自夸其荣。及其迎入太庙，刀俎在前，欲为耕牛而不可得也！"遂却之不受。挈妻归宋，隐于曹州之南华山。

一日，庄生出游山下，见荒冢累累，叹道："'老少俱无辨，贤愚同所归。'人归冢中，冢中岂能复为人乎？"嗟咨了一回。再行几步，忽见一新坟，封土未干。一年少妇人，浑身缟素，坐于此冢之傍，手运齐纨素扇，向冢连扇不已。庄生怪而问之："娘子，冢中所葬何人？为何举扇扇土？必有其故。"那妇人并不起身，运扇如故。口中莺啼燕语，说出几句不通道理的话来。正是：

мудрости Чжуан-цзы, решил пригласить его на должность первого советника и послал за ним послов с подарками: золотом, парчой и колесницей, запряженной четверкою лошадей. В ответ на приглашение князя Чжуан-цзы со вздохом сказал:

— Попона жертвенного быка из узорчатой ткани, кормят его сытным горохом и вкусной травой; когда он видит простого быка, который из последних сил работает в поле, он хвастает перед ним своим почетным положением; но когда его вводят в храм предков и он видит занесенный над ним нож, тогда и сам хотел бы стать простым рабочим быком, но это уже невозможно!

Отказавшись от должности, Чжуан-цзы вместе с женой вернулся в княжество Сун и скрывался от мирской суеты в Цаочжоу, в горах Наньхуа.

Как-то раз Чжуан-цзы вышел из дому прогуляться. Неподалеку от дома, у подножия горы, было заброшенное кладбище, сплошь в могильных холмах. Проходя мимо, Чжуан-цзы со вздохом произнес: «Вот где нет различия между юношей и стариком, между мудрым и глупцом. Все попадают в одну и ту же обитель. А попав туда, уже не вернешься в человеческий мир!»

Он постоял, еще раз вздохнул и направился дальше. Но едва прошел он несколько шагов, как вдруг увидел свежий могильный курган, на котором еще не успела обсохнуть земля. У могилы сидела молодая женщина в трауре, в руке у нее был белый шелковый веер, которым она непрерывно обмахивала холмик.

— Госпожа, кто похоронен здесь? И почему вы обмахиваете могилу? — удивленный, спросил Чжуан-цзы.

Женщина даже не приподнялась и, продолжая махать веером, сказала, правда, прелестным мелодичным голоском, но сказала такое, что

听时笑破千人口,

说出加添一段羞。

那妇人道:"冢中乃妾之拙夫,不幸身亡,埋骨于此。生时与妾相爱,死不能舍。遗言教妾如要改适他人,直待葬事毕后,坟土干了,方才可嫁。妾思新筑之土,如何得就干,因此举扇扇之。"庄生含笑,想道:"这妇人好性急!亏他还说生前相爱。若不相爱的,还要怎么?"乃问道:"娘子要这新土干燥极易。因娘子手腕娇软,举扇无力。不才愿替娘子代一臂之劳。"那妇人方才起身,深深道个万福:"多谢官人!"双手将素白纨扇递与庄生。庄生行起道法,举手照冢顶连扇数扇,水气都尽,其土顿干。妇人笑容可掬,谢道:"有劳官人用力。"将纤手向鬓傍拔下一股银钗,连那纨扇送庄生,权为相谢。庄生却其银钗,受其纨扇。妇人欣然而去。庄子心下不

*Послушаешь ее –
   и смех, и гнев берет;
Куда деваться от стыда
   другая бы не знала.*

— В этой могиле лежит мой муж, — поведала женщина. — Он недавно умер и здесь похоронен. Мы любили друг друга, ему было жалко расставаться со мной, и, умирая, он сказал, что если я захочу снова выйти замуж, то могу сделать это лишь после всех похоронных обрядов и не раньше, чем высохнет его могила. Но ведь на свежей могиле земля высыхает медленно, поэтому я ее и обмахиваю.

Чжуан-цзы подумал про себя: «Как этой женщине не терпится! И не стыдно ей говорить, что она любила мужа? Представляю, что было бы, если б они не любили друг друга!»

— Значит, вы хотите, чтобы эта земля высохла скорее, — сказал он, обращаясь к женщине. — Это нетрудно, беда только в том, что ваши руки нежны, в них нет силы, и вы машете веером слишком слабо. Но я с удовольствием помогу вам. Разрешите?

Та приподнялась, низко поклонилась Чжуан-цзы и со словами: «Премного благодарю вас» — передала ему свой веер. Тогда Чжуан-цзы, обратившись к одному из способов даосской магии, поднял руку, взмахнул несколько раз веером, и тотчас вся влага могильной насыпи испарилась, земля высохла. Женщина просияла. Приветливо улыбаясь, она поблагодарила Чжуан-цзы, извинилась за то, что пришлось его утруждать, и тут же своей изящной ручкой вынула из прически серебряную шпильку и вместе с белым шелковым веером передала Чжуан-цзы, прося его принять это в знак признательности. Чжуан-цзы отказался от шпильки, но веер принял. Женщина, довольная, удалилась.

Чжуан-цзы был всем этим крайне возмущен. Он вернулся до-

平，回到家中，坐于草堂，看了纨扇，口中叹出四句：

不是冤家不聚头，
冤家相聚几时休？
早知死后无情义，
索把生前恩爱勾。

田氏在背后，闻得庄生嗟叹之语，上前相问。——那庄生是个有道之士，夫妻之间，亦称为"先生"。——田氏道："先生有何事嗟叹？此扇从何而得？"庄生将妇人扇冢，要土干改嫁之言，述了一遍。"此扇即扇土之物。因我助力，以此相赠。"田氏听罢，忽发忿然之色，向空中把那妇人"千不贤，万不贤"骂了一顿。对庄生道："如此薄情之妇，世间少有！"庄生又道出四句：

мой, сидя у себя, долго рассматривал веер и наконец, вздохнув, произнес:

Кому не суждено друг друга полюбить,
не встретиться им в жизни никогда;
Но уж как долго будут вместе жить супруги,
кто может на земле предугадать?
Когда бы знать, что стоит умереть,
забудут чувство долга и любовь,
При жизни постарался б сам
из сердца вырвать нежность и любовь.

Госпожа Тянь, которая в это время стояла за спиной мужа и слышала его скорбные слова, поспешила узнать, что произошло.

Чжуан-цзы был мудрым, высоконравственным человеком, познавшим истинный путь, поэтому и он и жена обычно обращались друг к другу на «вы».

— Чем вы огорчены, о чем вздыхаете, господин мой? — спросила госпожа Тянь. — И откуда этот веер?

Чжуан-цзы рассказал о том, как проходил мимо кладбища и увидел там женщину, которая обмахивала могилу мужа, чтобы земля поскорее высохла и она могла бы снова выйти замуж.

— Вот этим веером она и обмахивала могилу, — сказал в заключение Чжуан-цзы. — Я ей помог, и она подарила мне его.

Услышав такое, госпожа Тянь пришла в неистовство, на лице ее выразилось крайнее возмущение, и она стала бранить женщину за недостойное поведение:

— Таких бессердечных, наверное, больше не сыщешь на свете! — сказала она под конец.

Тогда Чжуан-цзы проскандировал следующие строки:

生前个个说恩深，

死后人人欲扇坟。

画龙画虎难画骨，

知人知面不知心。

　　田氏闻言大怒。自古道："怨废亲，怒废礼。"那田氏怒中之言，不顾体面，向庄生面上一啐，说道："人类虽同，贤愚不等，你何得轻出此语，将天下妇道家看做一例？却不道歉人带累好人。你却也不怕罪过！"庄生道："莫要弹空说嘴。假如不幸我庄周死后，你这般如花似玉的年纪，难道捱得过三年五载？"田氏道："'忠臣不事二君，烈女不更二夫。'那见好人家妇女吃两家茶，睡两家床！若不幸轮到我身上，这样没廉耻的事，莫说三年五载，就是一世也成不得。梦儿里也还有三分的志气。"庄生道："难说，难说！"田氏口出詈语道："有志妇人，胜如男子。似你这般没仁没义的，死了一

*При жизни твоей тебе каждый твердит
    о чувствах, любви бесконечной,
Умрешь ты – и тотчас могилу твою
    обмахивать веером станут.
Дракона иль тигра рисуешь когда,
    нутро его разве покажешь?!
Глядим на людей – только видим лицо,
    их сердца и мыслей не знаем.*

Эти стихи разозлили госпожу Тянь. С древних времен говорят; в гневе о чувстве родства забывают, в гневе не помнят закона приличий. И в крайнем раздражении, позабыв обо всем, она плюнула мужу в лицо.

— Как ты смеешь говорить такое! — злобно воскликнула она. — Да, все люди – люди, но все-таки есть среди них и глупые и мудрые. Разве можно утверждать, что все женщины на свете одинаковы?! Ведь ты прекрасно знаешь, что из-за одной непорядочной скверно отзываются обо всех! Побоялся бы хоть брать на себя грех и говорить такое!

— Нечего попусту болтать! — ответил на это Чжуан-цзы. — Если случится со мной что-нибудь и я умру, неужели ты, молодая и красивая, выдержишь одиночество в течение трех или пяти лет?

— Преданный слуга не служит двум господам, добродетельная женщина дважды не выходит замуж, — не унималась госпожа Тянь. — Где это видано, чтобы порядочная женщина пила чай в двух домах и спала на постели в двух семьях? Если несчастье и обрушится на меня, то со мной такого позора не то что через три или пять лет, но и вовек не случится. Уж чего-чего, а стойкости характера я даже во сне не лишена!

— Как знать, как знать! — пробормотал Чжуан-цзы.

— Женщины непоколебимы в своей верности долгу, и в этом

个,又讨一个;出了一个,又纳一个。只道别人也是一般见识。我们妇道家一鞍一马,到是站得脚头定的。怎么肯把话与他人说,惹后世耻笑。你如今又不死,直恁枉杀了人!"就庄生手中,夺过纨扇,扯得粉碎。庄生道:"不必发怒,只愿得如此争气甚好!"自此无话。

　　过了几日,庄生忽然得病,日加沉重。田氏在床头,哭哭啼啼。庄生道:"我病势如此,永别只在早晚。可惜前日纨扇扯碎了,留得在此,好把与你扇坟!"田氏道:"先生休要多心!妾读书知礼,从一而终,誓无二志。先生若不见信,妾愿死于先生之前,以明心迹。"庄生道:"足见娘子高志。我庄某死亦瞑目。"说罢,气就绝了。田氏抚尸大哭。少不得央及东邻西舍,制备衣衾棺椁殡殓。田氏穿了一身素缟,真个

отношении они намного выше мужчин, – заявила госпожа Тянь. – Только такой, как ты, у которого нет ни чувства человечности, ни сознания долга, может после смерти одной взять другую, затем выгнать ее и взять третью. Только такой, как ты, может утверждать, что все остальные тоже такие. А для нас, женщин, один конь – одно седло, и держимся мы крепко. Не в наших интересах давать повод для сплетен и разговоров, чтобы потом люди смеялись и издевались над нами. А ты вот издеваешься безо всякого повода. И не собираешься ведь ты умирать сегодня!

С этими словами она вырвала из рук мужа белый шелковый веер и разорвала его на куски.

– Ладно, не сердитесь, – сказал Чжуан-цзы. – Очень рад, если вы такая.

На этом разговор был окончен.

Прошло некоторое время, и Чжуан-цзы вдруг заболел. С каждым днем ему становилось все хуже и хуже. Госпожа Тянь в полном отчаянии плакала и причитала у постели мужа.

– Теперь, когда я так тяжело болен, вечная разлука – только вопрос утра или вечера, – сказал ей как-то Чжуан-цзы. – Жаль, что вы недавно разорвали шелковый веер – пригодился бы обмахивать могилу.

– Не думайте об этом, не сомневайтесь, – ответила госпожа Тянь. – Я все-таки кое-чему училась и знаю свой женский долг; раз я дала вам клятву, значит, других помыслов у меня не будет. А если вы мне не верите, я готова тут же перед вами умереть, чтобы доказать этим искренность моих слов.

– Ну что ж, я верю вам и могу спокойно умереть.

Сказав это, Чжуан-цзы скончался. Госпожа Тянь, припав к телу мужа, долго и горько плакала. Пришлось пригласить соседей, распорядиться, чтобы достали гроб, приготовили платье. Затем покойника одели и положили в гроб.

朝朝忧闷，夜夜悲啼。每想着庄生生前恩爱，如痴如醉，寝食俱废。山前山后庄户，也有晓得庄生是个逃名的隐士，来吊孝的，到底不比城市热闹。到了第七日，忽有一少年秀士，生得面如傅粉，唇若涂朱，俊俏无双，风流第一。穿扮的紫衣玄冠，绣带朱履。带着一个老苍头，自称楚国王孙，向年曾与庄子休先生有约，欲拜在门下，今日特来相访。见庄生已死，口称："可惜！"慌忙脱下色衣，叫苍头于行囊内取出素服穿了，向灵前四拜，道："庄先生，弟子无缘，不得面会侍教，愿为先生执百日之丧，以尽私淑之情。"说罢，又拜了四拜，

Неутешная вдова оделась в белый шелк, и о ней действительно можно было сказать: с утра до вечера скорбит и тоскует, страдает и плачет всю ночь напролет. Не переставая, думала она о прежней любви и доброте мужа. Она утратила сон, ничего не ела и все время находилась словно в каком-то опьянении, в полном отупении.

Крестьяне, жившие по соседству и знавшие Чжуан-цзы как ученого, который скрывался от славы и мирской суеты, теперь приходили поплакать над ним и отдать ему последний долг. Но все это происходило, конечно, тихо, без обычной городской суматохи и шума.

На седьмой день в дом Чжуан-цзы вдруг приехал молодой сюцай. Лицо у него было гладкое, белоснежное, губы яркие, красные, и казалось, не могло быть на свете человека, равного ему по красоте.

Держался молодой человек изящно, манеры поражали тонкостью. На нем были фиолетовое платье, черная шапка, тканый узорчатый пояс и красные башмаки. Явился он в сопровождении старого слуги. Сюцай назвал себя внуком князя удела Чу. Оказалось, что в прошлом году он просил Чжуан-цзы стать его учителем и теперь приехал проведать Чжуан-цзы. Когда молодой человек узнал, что учитель скончался, у него невольно вырвалось: «Как печально! Какое горе!» – и, приказав слуге достать из дорожного сундука белое шелковое платье, он тотчас сбросил с себя пеструю одежду. Затем гость четырежды поклонился гробу и произнес:

– Учитель Чжуан! Не повезло вашему ученику! Не пришлось ему в общении с вами воспринять ваше учение! Хочу соблюсти, учитель, стодневный траур по вас, чтобы тем выразить самые глубокие мои чувства.

Затем он снова четыре раза поклонился и, роняя слезы, отошел от гроба. Потом он попросил разрешения повидаться с

洒泪而起。便请田氏相见。田氏初次推辞。王孙道:"古礼,通家朋友,妻妾都不相避,何况小子与庄先生有师弟之约。"田氏只得步出孝堂,与楚王孙相见,叙了寒温。田氏一见楚王孙人才标致,就动了怜爱之心。只恨无由厮近。楚王孙道:"先生虽死,弟子难忘思慕。欲借尊居,暂住百日;一来守先师之丧,二者先师留下有什么著述,小子告借一观,以领遗训。"田氏道:"通家之谊,久住何妨。"当下治饭相款。饭罢,田氏将庄子所著《南华真经》及《老子道德》五千言,和盘托出,献与王孙。王孙殷勤感谢。草堂中间占了灵位。楚王孙在左边厢安顿。田氏每日假以哭灵为由,就左边厢与王孙攀话。日渐情熟,眉来眼去,情不能已。楚王孙只有五分,那田氏到有十分。所喜者深山隐僻,就做差了些事,没人传说;所恨者新丧未久,况且女求于男,难以启齿。又捱了几日,约莫

госпожой Тянь. Та сначала отказала ему.

— Согласно древним правилам поведения, жены и наложницы не избегают близких друзей их супруга, — возразил он на это. — К тому же господин Чжуан обещал принять меня в свои ученики.

Госпоже Тянь пришлось выйти в траурный зал и сказать ему несколько слов приветствия. Как только она увидела, как красив и изыскан в обращении молодой сюцай, в ней зародилось чувство к нему, и в душе она сожалела, что нет возможности сойтись с ним ближе.

— Учитель мой умер, — обратился молодой сюцай к госпоже, — но я не могу его забыть. Я хотел бы воспользоваться вашим домом и остановиться здесь на сто дней, чтобы соблюсти траур по учителю. Кроме того, я хотел бы просить разрешения проглядеть оставшиеся после него труды, чтобы воспринять его учение.

— Раз вы его близкий друг, — сказала госпожа Тянь, — то вполне можете остаться и пожить здесь. — И тут же она накрыла стол и стала угощать гостя.

После трапезы она принесла написанный Чжуан-цзы «Наньхуа чжэнь цзин», достала сочинение Лао-цзы – «Дао Дэ цзин» и преподнесла то и другое молодому человеку. Тот долго и почтительно благодарил ее.

Гостя поместили тут же, в соседней с залом боковой комнате, и госпожа Тянь каждый день, идя оплакивать мужа, заходила к нему побеседовать. С каждым днем отношения их становились ближе, а глаза выражали чувства, которые становилось все труднее сдерживать. И если внук князя был в нее почти влюблен, то она была в него влюблена всей душой. Благоприятным для нее было то, что в этой далекой глуши если даже и сотворишь что-нибудь не совсем ладное, все равно никто не узнает. Но кое-что ее и огорчало: траур только начался и не скоро кончится.

有半月了。那婆娘心猿意马，按捺不住。悄地唤老苍头进房，赏以美酒，将好言抚慰。从容问："你家主人曾婚配否？"老苍头道："未曾婚配。"婆娘又问道："你家主人要拣什么样人物，才肯婚配？"老苍头带醉道："我家王孙曾有言，若得像娘子一般丰韵的，他就心满意足。"婆娘道："果有此话？莫非你说谎？"老苍头道："老汉一把年纪，怎么说谎？"婆娘道："我央你老人家为媒说合。若不弃嫌，奴家情愿服事你主人。"老苍头道："我家主人也曾与老汉说来，道一段好姻缘，只碍'师弟'二字，恐惹人议论。"婆娘道："你主人与先夫，原是生前空约，没有北面听教的事，算不得师弟。又且山僻荒居，邻舍罕有，谁人议论！你老人家是必委曲成就，教你吃杯喜酒。"老苍头应允。临去时，婆娘又唤转来嘱咐道："若是说得允时，不论早晚，便来房中，回复奴家一声。奴家

К тому же ей как женщине неудобно первой заговаривать с мужчиной о любви. Так прошло еще некоторое время. С тех пор как молодой человек оказался в их доме, прошло две недели, и Тянь была уже не в силах сдерживать свою страсть.

Потихоньку она зазвала к себе старого слугу княжеского внука, стала угощать его отменным вином, ублажать ласковыми словами и будто невзначай спросила:

– Женат ли ваш хозяин?

– Нет, не женат, – ответил тот.

– Какой же должна быть женщина, которую ваш господин пожелал бы взять себе в жены? – продолжала вдова.

– Мой господин как-то сказал, что если бы он сумел найти женщину такую же красивую и благородную, как вы, госпожа, то был бы вполне доволен, – ответил слуга, который был слегка навеселе.

– Он в самом деле так говорил или вы просто это выдумали?

– Я уже не юноша, подобает ли мне врать?!

– Тогда прошу вас быть моим сватом, и если я не противна вашему хозяину, то всей душой желала бы служить ему.

– Мой хозяин тоже мне как-то говорил, что вы были бы ему хорошей парой. Но его останавливает то, что он был учеником вашего мужа и могут пойти разговоры.

– Мой покойный муж и ваш хозяин в прошлом всего лишь только договорились об их будущих отношениях, – возразила на это женщина. – Ваш хозяин еще не слушал наставлений Чжуан-цзы и, собственно, не был его учеником. Что же до разных толков, то здесь, в этом уединенном, затерянном месте и соседей-то почти нет. Кому здесь болтать! Вы уж как-нибудь устройте это дело, и я непременно угощу вас свадебным вином.

Слуга кивнул головой и собрался уже уходить, но женщина задержала его:

– Если он согласится, рано ли утром, поздно ли вечером, все

在此专等。"老苍头去后，婆娘悬悬而望。孝堂边张了数十遍，恨不能一条细绳缚了那俊俏后生脚，扯将入来，搂做一处。将及黄昏，那婆娘等得个不耐烦，黑暗里走入孝堂，听左边厢声息。忽然灵座上作响。婆娘吓了一跳，只道亡灵出现。急急走转内室，取灯火来照，原来是老苍头吃醉了，直挺挺的卧于灵座桌上。婆娘又不敢嗔责他，又不敢声唤他，只得回房。捱更捱点，又过了一夜。次日，见老苍头行来步去，并不来回复那话儿。婆娘心下发痒，再唤他进房，问其前事。老苍头道："不成，不成！"婆娘道："为何不成？莫非不曾将昨夜这些话剖说明白？"老苍头道："老汉都说了，我家王孙也说得有理。他道：'娘子容貌，自不必言。未拜师徒，亦可不论。但有三件事未妥，不好回复得娘子。'"婆娘道："那三件事？"老苍头道："我家王孙道：'堂中见摆着个凶器，我却与娘子行吉礼，心中何忍，且不雅相。二来庄先生与娘子是恩爱夫妻，况且他是个有道德的名贤，我的才学万分不及，

равно приходите и скажите. Я буду ждать.

Слуга ушел, а госпожа Тянь с нетерпением стала ожидать. Десятки раз заглядывала она в зал, была готова просто-напросто схватить молодого красавца, втащить его к себе и сжать в объятиях. Когда наступили сумерки и ожидать ей не стало мочи, она вошла в траурный зал и в это время вдруг услышала возле гроба какой-то шорох.

— Душа умершего выходит! — закричала она в испуге и бросилась к себе в комнату за фонарем. Когда она вернулась в зал и осветила все вокруг, оказалось, что это старый слуга, пьяный, лежал возле гроба. Женщина не решилась разбудить его и прогнать, не посмела даже окликнуть и вернулась к себе. Она ждала час за часом и так в ожидании провела всю ночь. На следующий день она видела, как слуга проходил несколько раз по двору, но с ответом он к ней не являлся. Наконец женщина не утерпела: позвала его к себе и спросила, как обстоит дело.

— Нет, ничего не получается, — ответил слуга.

— Почему? — удивилась она. — Неужели вы не передали господину все то, о чем мы с вами говорили?

— Я все рассказал, — ответил слуга, — но мой хозяин тоже прав. Он сказал, что о красоте госпожи, конечно, и говорить нечего, что о нем, как об ученике, также можно не говорить. Но есть три других обстоятельства, которые беспокоят моего господина, и из-за них-то он и не может дать своего согласия.

— Какие же? — спросила вдова.

— Мой хозяин считает, что нельзя со спокойной душой совершать обряд бракосочетания, когда в доме стоит гроб. Это было бы просто неприлично. Кроме того, он опасается, что госпожа будет относиться к нему с презрением: ведь Чжуан-цзы и госпожа были любящими супругами. Философ Чжуан был известным мудрецом, благородным и высоконравственным человеком, а у него, мол, нет и десятитысячной доли таланта и мудрости, ка-

恐被娘子轻薄。三来我家行李尚在后边未到，空手来此，聘礼筵席之费，一无所措。为此三件，所以不成。'"婆娘道："这三件都不必虑。凶器不是生根的，屋后还有一间破空房，唤几个庄客抬他出去就是。这是一件了。第二件，我先夫那里就是个有道德的名贤！当初不能正家，致有出妻之事，人称其薄德。楚威王慕其虚名，以厚礼聘他为相。他自知才力不胜，逃走在此。前月独行山下，遇一寡妇，将扇扇坟，待坟土干燥，方才嫁人。拙夫就与他调戏，夺他纨扇，替他扇土，将那把纨扇带回，是我扯碎了。临死时几日，还为他淘了一场气，有什么恩爱！你家主人青年好学，进不可量。况他乃是王孙之贵，奴家亦是田宗之女，门第相当。今日到此，姻缘天合。第三件，聘礼筵席之费，奴家做主，谁人要得聘礼！筵席也是小事。奴家更积得私房白金二十两，赠与你主人，做一套新衣

кими обладал ваш почтенный супруг. И последнее – это то, что вещи моего хозяина еще не прибыли, приехал он сюда с пустыми руками, и ему негде раздобыть денег на свадебные дары и на свадебное пиршество. Вот из-за всего этого дело и не может состояться.

– Об этом нечего беспокоиться, – возразила женщина. – Гроб не пустил здесь корни. На заднем дворе есть заброшенный сарай. Я скажу крестьянам, чтобы гроб вынесли туда, только и всего. Что до второй причины, то откуда это известно, что мой муж был прославленным мудрецом, благородным и высоконравственным человеком? Начну с того, что в свое время он не сумел в строгости держать жену, поэтому ему пришлось ее выгнать, и люди порицали его за это. Чуский князь Вэй-ван прельстился лживой славой моего покойного мужа, прислал ему дорогие подарки и пригласил его на должность первого советника, а он, отлично сознавая свою неспособность, убежал и укрылся в этой глуши. В прошлом месяце, когда он прогуливался у подножия горы, он встретил какую-то вдову, которая веером обмахивала могилу в надежде, что земля скорее обсохнет и она сможет вторично выйти замуж. Мой покойный муж стал с ней заигрывать, отнял у нее веер и начал обмахивать за нее могилу. Он даже взял этот веер и принес его домой, но я, конечно, разорвала его. А за несколько дней до его смерти мы с ним поссорились. Какая уж тут любовь?! Ваш хозяин молод, учен, и его ждет большое будущее. Кроме того, он внук князя, а я тоже родом из знатной фамилии, так что и в этом отношении мы подходим друг другу. И то, что он явился сюда, это тоже, конечно, не случайно: видно, небу было угодно, чтобы наш брак состоялся. Ну, а в третьем деле, связанном с затратами на свадебные подарки и пир, – здесь я сама все устрою. Свадебные подарки мне не нужны, а свадебный пир – это пустяки. Я скопила двадцать ланов серебра, это мои личные деньги, и я дарю их вашему хозяину. Пусть он сде-

服。你再去道达。若成就时，今夜是合婚吉日，便要成亲。"老苍头收了二十两银子，回复楚王孙。楚王孙只得愿从。老苍头回复了婆娘。那婆娘当时欢天喜地，把孝服除下，重匀粉面，再点朱唇，穿了一套新鲜色衣。叫苍头顾唤近山庄客，扛抬庄生尸柩，停于后面破屋之内。打扫草堂，准备做合婚筵席。有诗为证：

俊俏孤孀别样娇，
王孙有意更相挑。
"一鞍一马"谁人语？
今夜思将快婿招。

是夜，那婆娘收拾香房，草堂内摆得灯烛辉煌。楚王孙簪缨袍服，田氏锦袄绣裙，双双立于花烛之下。一对男女，如玉琢金装，美不可说。交拜已毕，千恩万爱的，携手入于洞房。吃了合卺杯，正欲上床解衣就寝。忽然楚王孙眉头双皱，寸步难移，登时倒于地下，双手磨胸，只叫心疼难忍。田氏心爱王

лает себе новое платье. Пойди снова к нему и доложи обо всем. Если он даст свое согласие, то как раз сегодня – благоприятный день для бракосочетания, и я хотела бы, чтобы мы сегодня же отпраздновали свадьбу.

Слуга взял серебро и пошел доложить хозяину. Ему оставалось только согласиться. Когда слуга сказал об этом женщине, та пришла в восторг; она сняла траур, напудрилась, накрасилась, надела яркое платье и тут же приказала вынести гроб с телом Чжуан-цзы в сарай на задний двор. Не теряя времени, она убрала в доме и принялась устраивать свадебный пир. Приведу стихи по этому поводу:

Красивая вдова
    особого полна очарованья;
И князя внук не прочь
    увлечь ее и пробудить в ней чувства.
Кто так сказал,
    что каждой лошади – одно седло?
Уж с вечера полна забот вдова,
    чтоб ночью стать женой другого.

К ночи госпожа Тянь прибрала свою комнату, надушила ее ароматами, а в зале зажгла свечи, так что вокруг все сверкало и блестело. Княжеский внук надел парадную шапку с фигурными шпильками и вышитый халат, а госпожа Тянь нарядилась в красную блузу и вышитую юбку. Молодые люди стали перед свадебными свечами. И он и она были похожи на отделанную яшму в золоченой оправе. Их красоту нет сил описать. Когда обряд поклонения был закончен, нежно взявшись за руки, молодые вошли в брачную комнату. Они выпили вина и собрались уже сбросить с себя одежду, как вдруг у князя сжались брови, на лице его изобразилось страдание, и он упал. Хватаясь за грудь,

孙，顾不得新婚廉耻，近前抱住，替他抚摩。问其所以。王孙痛极不语，口吐涎沫，奄奄欲绝。老苍头慌做一堆。田氏道："王孙平日曾有此症候否？"老苍头代言："此症平日常有。或一二年发一次。无药可治。只有一物，用之立效。"田氏急问："所用何物？"老苍头道："太医传一奇方，必得生人脑髓，热酒吞之，其痛立止。平日此病举发，老殿下奏过楚王，拨一名死囚来，缚而杀之，取其脑髓。今山中如何可得？其命合休矣！"田氏道："生人脑髓，必不可致。第不知死人的可用得么？"老苍头道："太医说，凡死未满四十九日者，其脑尚未干枯，亦可取用。"田氏道："吾夫死方二十余日，何不斫棺而取之？"老苍头道："只怕娘子不肯。"田氏道："我与王孙成其夫妇，妇人以身事夫，自身尚且不惜，何有于将朽

он катался по полу и кричал: «Болит, о, болит!»

Госпожа Тянь так любила юношу, что ей было не до стыда и приличий: она склонилась над князем, прижала его к себе и спросила, что с ним. Но молодой человек только стонал; изо рта у него текла слюна, и слабое дыхание, казалось, вот-вот прервется. Слуга, который явился на крик, пришел в полное замешательство.

– Случались ли прежде с вашим господином такие припадки? – спросила у него госпожа Тянь.

– Бывали, – ответил слуга, – обычно раз в год или два. Никакие лекарства в этих случаях ему не помогали, и только одно средство сразу же приводило его в себя.

– Что это такое? – поспешила спросить женщина.

– Известный врач дал нам один рецепт. Нужно раздобыть мозг живого человека и проглотить его, запивая горячим вином. После этого страдания прекращаются. Обычно, как только такое случалось, старый господин просил у чуского князя какого-либо преступника, приговоренного к смерти. Преступника связывали, убивали и доставали мозг. Но здесь, в глуши, этого не раздобыть. Теперь, видно, пришел ему конец!

– Мозг живого человека, конечно, не достанешь, – сказала госпожа Тянь. – Не знаю, сможет ли пригодиться мозг мертвеца?

– Врач говорил, что вообще можно брать мозг и у мертвеца, но только если с момента смерти не прошло больше сорока девяти дней и если мозг еще не высох.

– Со дня смерти мужа прошло только двадцать с чем-то дней. Можно вскрыть гроб и достать мозг, – сказала госпожа Тянь.

– Я думал, что госпожа на это не согласится, – промолвил слуга.

– Мы ведь с твоим хозяином стали мужем и женой. А жена должна всем служить мужу. Если бы речь шла о моем собственном теле, я и тогда не пожалела бы; а к чему жалеть труп, кото-

之骨乎？"即命老苍头伏侍王孙，自己寻了砍柴板斧，右手提斧，左手携灯，往后边破屋中，将灯檠放于棺盖之上，扎起两袖，双手举斧，觑定棺头，咬牙努力，一斧劈去。妇人家气力单微，如何劈得棺开？有个缘故，那庄周是达生之人，分付不得厚敛。桐棺三寸，一斧就劈去了一块木头。一连数斧，棺盖便裂开了。婆娘正在吁气喘息，只见庄生从棺内叹口气，推开棺盖，挺身坐起。田氏虽然心狠，终是女流。吓得腿软筋麻，心头乱跳，斧头不觉坠地。庄生叫："娘子扶起我来。"那婆娘不得已，只得扶庄生出棺。庄生携灯，婆娘随后，同进房来。婆娘心知房中有楚王孙主仆二人，捏两把汗。行一步，反退两步。比及到房中看时，铺设依然灿烂，那主仆二人，阒然不见。婆娘心下虽然暗暗惊疑，却也放下了胆，巧言抵饰，向庄生道："奴家自你死后，日夕思念。方才听得棺中有声响，想古人中多有还魂之事，望你复活，所以用斧开棺。谢天谢

рый все равно должен сгнить! — И, приказав слуге не отходить от его хозяина, она раздобыла топор и с топором в одной руке, с фонарем в другой бросилась в помещение, где стоял гроб. Поставив фонарь на крышку гроба, она засучила рукава, взяла в обе руки топор, замахнулась изо всех сил и ударила по гробу. С первого же удара она разрубила крышку. Как же могло случиться, что дерево сразу поддалось удару топора, к тому же нанесенному слабосильной женщиной? На то есть своя причина: Чжуан-цзы был человеком, постигшим всю суть бытия и мало заботящимся о земных делах. Он распорядился не устраивать пышных похорон, поэтому гроб из тутового дерева был толщиной всего в три цуня. Достаточно было одного удара, чтобы его разрубить, и всего нескольких ударов, чтобы отодрать крышку. Усталая, женщина присела передохнуть и отдышаться, как вдруг услышала, что Чжуан-цзы вздохнул, а в следующий миг увидела, как он оттолкнул крышку гроба, приподнялся и сел. Хоть у госпожи Тянь было жестокое сердце, но женщина остается женщиной: от испуга руки и ноги ее ослабели, сердце заколотилось, топор вывалился из рук.

— Помогите мне встать! — приказал Чжуан-цзы.

Женщине ничего не оставалось, как помочь ему вылезти из гроба. Чжуан-цзы взял фонарь и направился к дому, а она пошла следом. При мысли о том, что в доме находятся князь и его слуга, жена Чжуан-цзы вся обливалась потом и еле шла. Но когда она в конце концов вошла в дом и огляделась, то увидела, что все стоит на тех же местах, все по-прежнему блестит, но только князя и его слуги уже нет в комнате. Женщина страшно удивилась, но быстро пришла в себя и с притворной нежностью обратилась к мужу:

— После вашей смерти я дни и ночи думала о вас. Только что, сидя около гроба, я услышала, что из гроба раздаются какие-то звуки, и подумала о том, что в древности часто случалось, что

地，果然重生！实乃奴家之万幸也！"庄生道："多谢娘子厚意。只是一件：娘子守孝未久，为何锦袄绣裙？"婆娘又解释道："开棺见喜，不敢将凶服冲动，权用锦绣，以取吉兆。"庄生道："罢了！还有一节：棺木何不放在正寝，却撇在破屋之内；难道也是吉兆。"婆娘无言可答。庄生又见杯盘罗列，也不问其故，教暖酒来饮。庄生放开大量，满饮数觥。那婆娘不达时务，指望煨热老公，重做夫妻，紧捱着酒壶，撒娇撒痴，甜言美语，要哄庄生上床同寝。庄生把酒饮个大醉，索纸笔写出四句：

　　从前了却冤家债，
　　你爱之时我不爱。
　　若重与你做夫妻，

душа умершего возвращалась в тело. Я решила тогда, что вы снова ожили, взяла топор и открыла гроб. Благодарение небу, благодарение земле – вы действительно ожили! Поистине, счастье мое велико!

– Премного благодарен госпоже за ее добрые намерения. Только вот что удивительно: почему моя госпожа так скоро сбросила траур, почему на ней красная блуза и вышитая юбка?

Женщина и тут нашлась:

– Когда я открывала гроб, то не посмела этому радостному событию противопоставить траурную одежду и решила, что праздничный наряд будет добрым предзнаменованием.

– Ну ладно, – ответил Чжуан-цзы. – Но тогда скажите еще: почему гроб не стоит там, где ему полагается, – в главном зале, почему его перенесли на задворки? Или это тоже доброе предзнаменование?

На это женщина не нашлась, что ответить. Когда Чжуан-цзы вдобавок ко всему увидел расставленные рядами рюмки и блюда, он не стал спрашивать, в чем тут дело; приказал только подогреть вино, стал пить и осушил несколько рюмок. А глупая женщина еще надеялась, что сможет подогреть мужа лаской, возбудить в нем нежность и снова стать его женой. Она подливала ему вино, шептала сладкие слова и пыталась увлечь его в постель. Чжуан-цзы пил, пока не опьянел, и тогда велел ей принести бумагу, кисть и написал следующие стихи:

За прежнюю любовь
   с тобою мы в расчете;
Теперь ты любишь вновь,
   но не люблю я больше.
И если мы опять
   женой и мужем станем,
Боюсь, что раскроишь

怕你巨斧劈开天灵盖。

那婆娘看了这四句诗，羞惭满面，顿口无言。庄生又写出四句：

夫妻百夜有何恩？
见了新人忘旧人！
甫得盖棺遭斧劈，
如何等待扇干坟！

庄生又道："我则教你看两个人。"庄生用手将外面一指，婆娘回头而看，只见楚王孙和老苍头蹑将进来。婆娘吃了一惊。转身不见了庄生；再回头时，连楚王孙主仆都不见了。——那里有什么楚王孙、老苍头，此皆庄生分身隐形之法也。——那婆娘精神恍惚，自觉无颜。解腰间绣带，悬梁自缢，呜呼哀哉！这到是真死了。庄生见田氏已死，解将下来，就将劈破棺木盛放了他，把瓦盆为乐器，鼓之成韵，倚棺而作歌。歌曰：

大块无心兮，生我与伊。我非伊夫兮，伊非

мне темя топором.

Когда женщина прочла это четверостишие, краска стыда залила ей лицо, она не смогла и слова вымолвить. А Чжуан-цзы набросал еще стихи:

Давно супруги мы с тобой;
   но в чем, скажи, твоя любовь?
Увидела другого ты,
   и тут же прежний муж забыт.
Едва закрыли крышкой гроб,
   по крышке – топором;
Уж где там ждать, чтобы обсох
   простой могильный холм!

— Я вам сейчас покажу двух людей, — сказал затем Чжуан-цзы, указывая на дорогу. Женщина повернулась и увидала внука князя и его слугу – они шли по направлению к их дому. Женщина испугалась. Она обернулась к Чжуан-цзы, но тот исчез. Она опять повернулась – теперь исчезли те двое. И тут она поняла, что не было ни внука князя, ни слуги и что все это плоды магии Чжуан-цзы и его искусства перевоплощения. У госпожи Тянь помутился разум. Ей было до такой степени стыдно, что она развязала вышитый пояс, который стягивал ей талию, перекинула пояс через балку и удавилась. И это уже была настоящая смерть. Когда Чжуан-цзы вынул госпожу Тянь из петли, она была мертва. Тогда он уложил ее в тот самый гроб, крышку которого она разрубила. Затем он взял глиняный таз, стал в него ударять, словно в музыкальный инструмент, и, стоя возле гроба, запел:

Случайно огромная глыба вселенной
Родила меня и тебя.

我妻。偶然邂逅兮，一室同居。大限既终兮，有合有离。人之无良兮，生死情移。真情既见兮，不死何为！伊生兮拣择去取，伊死兮还返空虚。伊吊我兮，赠我以巨斧；我吊伊兮，慰伊以歌词。斧声起兮我复活，歌声发兮伊可知！噫嘻，敲碎瓦盆不再鼓，伊是何人我是谁！

庄生歌罢，又吟诗四句：

你死我必埋，
我死你必嫁。

*Меня – не мужем твоим родила,
Тебя – не моею женой.
Случайно мы в жизни с тобой повстречались,
Жили вместе под крышей одной.
Но вот сроку жизни предел наступает,
Всему наступает конец.
Нет в человеке добра – и к умершим
Чувства, что были при жизни, умрут.
Истинных чувств твоих цену узнал я,
Что ж остается тебе, как не смерть?
Ты выбирала, что лучше, при жизни,
А умерла – превратилась в ничто.
Чем за любовь ты меня наградила?
Лишь собиралась огреть топором.
Ты умерла – как же я поступаю?
Стихами и песней тебя утешаю.
Топор зазвенел от ударов по гробу,
И снова я ожил, и снова живу.
А звук моей песни плывет над тобою,
И слышишь ты ясно, о чем я пою.
Ах! Глиняный таз разобью,
В него больше бить я не буду;
Что ты за человек,
И сам я кто такой?!*

Спев эту песнь, Чжуан-цзы проскандировал еще стих:

*Коль ты умрешь –
    тебя похороню я,
А я умру –
    ты тотчас выйдешь замуж.
И если б я*

我若真个死，
一场大笑话！

庄生大笑一声，将瓦盆打碎。取火从草堂放起，屋宇俱焚，连棺木化为灰烬。只有《道德经》、《南华经》不毁。山中有人检取，传流至今。庄生遨游四方，终身不娶。或云：遇老子于函谷关，相随而去，已得大道成仙矣。诗云：

杀妻吴起太无知，
荀令伤神亦可嗤。
请看庄生鼓盆事，
逍遥无碍是吾师。

> *на самом деле умер,*
> *Вот шутка бы*
> *нелепая была!* —

и с громким смехом разбил глиняный таз.

Затем он поджег дом. Все сгорело: и дом и пристройки. Деревянный гроб превратился в пепел. Остались невредимы только «Дао Дэ цзин» и «Наньхуа чжэнь цзин». Кто-то из жителей гор их подобрал, и так они дошли до наших дней. Сам Чжуан-цзы с тех пор скитался по свету и никогда больше не женился. Говорят еще, что у заставы Ханьгугуань он повстречался с Лао-цзы и ушел вместе с ним, а впоследствии постиг великое Дао и стал бессмертным духом.

И вот что говорят стихи:

> *В том, что У Ци убивает жену,*
> *Не вижу я, право же, смысла.*
> *Сюнь, что пал духом в тяжелый момент,*
> *Лишь смеха достоин, и только.*
> *А вот вам, извольте, повесть о том,*
> *Как мудрый Чжуан поступает:*
> *Его, что далек от мирской суеты,*
> *Себе я примером считаю!*

Цзинь гу цигуань
Глава 14

КИТАЙСКАЯ КЛАССИКА

第十四卷

老门生三世报恩

买只牛儿学种田，
结间茅屋向林泉；
也知老去无多日，
且向山中过几年。
为利为官终幻客，
能诗能酒总神仙。
世间万物俱增价，
老去文章不值钱。

这八句诗，乃是达者之言，末句说"老去文章不值钱"，这一句，还有个评论。大抵功名迟速，莫逃乎命，也有早成，也有晚达。早成者未必有成，晚达者未必不达。不可以年少而自恃，不可以年老而自弃。这老少二字，也在年数上论不得

ГЛАВА 14

СТАРЫЙ СЮЦАЙ ВОЗДАЕТ ЗА ДОБРО ТРЕМ ПОКОЛЕНИЯМ ОДНОЙ СЕМЬИ

Куплю быка себе,
    пахать начну учиться
И хижину построю
    в лесу, у ручейка.
Уж стар я нынче стал,
    жить много ли придется?
Оставшиеся годы
    пускай пройдут в горах.
Богатство и чины –
    лишь суета пустая,
В одном блаженство есть –
    в поэзии, в вине.
На все растет цена,
    все нынче дорожает,
И только знанья старцев
    не стоят ни гроша.

Один умный человек написал эти стихи. Но по поводу последних строк: «И только знанья старцев не стоят ни гроша» – следует еще потолковать.

Рано ли удается человеку служебная карьера или поздно – зависит, как правило, от того, что ему написано на роду. Если один начинает преуспевать рано, а другой добивается своего поздно, это еще не значит, что первый достигнет в жизни многого, а второй не выдвинется потом. Глупо зазнаваться лишь потому, что ты молод, и неразумно махнуть на себя рукой только из-за того,

的。假如甘罗十二岁为丞相，十三岁上就死了，这十二岁之年，就是他发白齿落背曲腰弯的时候了，后头日子已短，叫不得少年。又如姜太公八十岁还在渭水钓鱼，遇了周文王以后车载之，拜为师尚父。文王崩，武王立，他又秉钺为军师，佐武王伐纣，定了周家八百年基业，封于齐国。又教其子丁公治齐，自己留相周朝，直活到一百二十岁方死。你说八十岁一个老渔翁，谁知日后还有许多事业，日子正长哩！这等看将起来，那八十岁上，还是他初束发，刚顶冠，做新郎，应童子试的时候，叫不得老年。世人只知眼前贵贱，那知去后的日长日短？见个少年富贵的，奉承不暇；多了几年年纪，蹉跎不遇，就怠慢他，这是短见薄识之辈。譬如农家，也有早谷，也有晚稻，正不知那一种收成得好。不见古人云：

что ты стар.

Нельзя судить о том, молод человек или стар, исходя только из его возраста. Вот, скажем, Гань Ло: в двенадцать лет он стал министром, а в тринадцать умер. Значит, двенадцать лет для него были порой седины, беззубого рта, старческой сутулости, и в двенадцать лет его уже, собственно, нельзя было считать молодым; а после того его жизнь очень скоро оборвалась. Или возьмем Люй Шана: тому было восемьдесят лет, когда его, удящего рыбу на берегу реки Вэй, увидел Вэнь-ван, увез в собственной колеснице и возвел в ранг своего наставника. После смерти Вэнь-вана, при У-ван, Люй Шан стал военным советником, помог У-вану одолеть Чжоу Синя, основать династию Чжоу, которая царствовала восемьсот лет, и был награжден уделом в княжестве Ци. Править уделом он послал своего сына, а сам остался при дворе государя и умер в сто двадцать лет. Кто мог предположить, что восьмидесятилетнему рыбаку суждено будет сотворить столько великих дел и прожить так долго! Выходит, что в восемьдесят лет Люй Шан, собственно, был в поре юнца, начинающего по-взрослому зачесывать волосы и носить шапку совершеннолетия, в поре, когда юноша держит первые экзамены в училище и становится сюцаем, в поре молодого жениха. И, конечно, его нельзя было называть стариком даже в его восемьдесят лет.

Но люди над всем этим не задумываются и обычно считаются только с теми, кто богат и знатен сегодня. Повстречают юнца из знатных и богатых и давай льстить ему, заискивать перед ним, а к пожилому неудачнику относятся неуважительно. Это и называется «судить поверхностно и мало понимать». К примеру, крестьяне, бывает, сажают ранний рис, а бывает – поздний, и никогда нельзя заранее знать, какой из них даст лучший урожай. Не случайно древние говорили:

东园桃李花，
早发还先萎；
迟迟涧畔松，
郁郁含晚翠。

　　闲话休提。却说国朝正统年间，广西桂林府兴安县有一秀才，覆姓鲜于，名同，字大通。八岁时曾举神童，十一岁游庠，超增补廪。论他的才学，便是董仲舒司马相如也不看在眼里，真个是胸藏万卷，笔扫千军。论他的志气，便像冯京商辂连中三元，也只算他便袋里东西，真个是足蹑风云，气冲牛斗。何期才高而数奇，志大而命薄。年年科举，岁岁观场，不能得朱衣点额，黄榜标名。到三十岁上，循资该出贡了。他是个有才有志的人，贡途的前程是不屑就的。思量穷秀才家，全

Персик и слива
*   в соседнем саду*
Дали цвет рано,
*   но рано увяли;*
Сосна над ручьем
*   в зелени пышной*
До осени поздней
*   хранит красоту.*

Но оставим эти рассуждения и поведем речь вот о чем. При нашей династии, в годы «Чжэн-тун», в провинции Гуанси, в области Гуйлиньфу, в уезде Синъяньсянь, жил один сюцай, по фамилии Сяньюй, по имени Тун. В восемь лет он выдержал экзамен для талантливых отроков, в одиннадцать стал сюцаем уездного государственного училища – и сразу же был зачислен на стипендию. По своим знаниям, начитанности и дарованию человек этот мог бы поспорить хоть с самим Дун Чжуншу и Сыма Сянжу, так что уж к нему-то действительно применимы были выражения: «хранит в груди десятки тысяч книг» и «кистью сокрушит стотысячное войско». Ну а если говорить о его душевных стремлениях и вере в себя, то они были таковы, что он не видел ничего особенного в Фэн Цзине или Шан Лу, которые все три экзамена выдерживали первыми, и в этом он, как говорится, поистине «несся на крыльях ветра и туч и высоко парил в облаках». Но получилось так, что хоть и был он безмерно талантлив, а ему все не везло; и хоть воля его была непоколебимой, а судьба складывалась незавидно: каждый раз на областных экзаменах он терпел неудачу, и имя его так и не появлялось в списке выдержавших.

Когда Сяньюй Туну исполнилось тридцать лет, он мог бы как гуншэн быть представленным к вступлению на должность. Но такое будущее Сяньюй Туна, человека способного и настойчиво-

亏学中年规这几两廪银，做个读书本钱。若出了学门，少了这项来路，又去坐监，反费盘缠。况且本省比监里又好中，算计不通。偶然在朋友前露了此意，那下首该贡的秀才，就来打话要他让贡，情愿将几十金酬谢。鲜于同又得了这个利息，自以为得计。第一遍是个情，第二遍是个例，人人要贡，个个争先。鲜于同自三十岁上让贡起，一连让了八遍，到四十六岁，兀自沉埋于泮水之中，驰逐于青衿之队。也有人笑他的，也有人怜他的，又有人劝他的。那笑他的他也不睬，怜他的他也不受，只有那劝他的，他就勃然发怒起来，道："你劝我就贡，止无过道俺年长，不能个科第了。却不知龙头属于老成，梁皓八十二岁中了状元，也替天下有骨气肯读书的男子争气。俺若

го, вовсе не привлекало. Уходить из училища он тоже не хотел. «Для такого нищего сюця, как я, несколько ланов стипендии – это единственный капитал, на который я могу учиться, – рассуждал он. – Уйти из училища – значит лишиться этого дохода. Правда, можно было бы поступить в Гоцзыцзянь, но для этого нужно еще раздобыть денег на дорогу. К тому же, – думал Сяньюй Тун, – выдержать экзамены в области гораздо легче, чем в Гоцзыцзянь, в столице».

Как-то раз он поделился этими соображениями с приятелями, и сюцай, которому вслед за Сяньюй Туном подходила очередь быть представленным к получению должности, стал уговаривать его уступить ему свою очередь, выражая при этом готовность отблагодарить Сяньюй Туна десятью ланами серебра.

Совершив сделку, Сяньюй Тун решил, что поступил совсем неглупо. Первый раз это получилось как бы одолжение с его стороны. После второго раза это уже вошло в обыкновение – каждый хотел получить какое-нибудь место и каждый дрался за то, чтобы получить его раньше других. С тех пор как Сяньюй Туну исполнилось тридцать лет, он восемь раз подряд уступал свою очередь на должность и в сорок шесть лет все еще оставался простым сюцаем, неудачником. Одни посмеивались над ним, другие жалели его, третьи уговаривали образумиться и пойти служить. На тех, кто смеялся над ним, он не обращал внимания, сочувствий не принимал, но когда его начинали уговаривать поступить так, как все поступают, он выходил из себя.

– Ты уговариваешь меня только потому, что я стар, и думаешь, что мне не выдержать областных экзаменов! – гневно восклицал он в таких случаях. – Ты забываешь, что первые места на экзаменах все-таки принадлежат знающим и опытным. Лян Хао, например, первым выдержал столичный экзамен на восемьдесят втором году жизни и по крайней мере отстоял честь людей, упорных в своем желании учиться. Если бы я захотел по-

情愿小就时，三十岁上就了，肯用力钻刺，少不得做个府佐县正，昧着心田做去，尽可荣身肥家。只是如今是个科目的世界，假如孔夫子不得科第，谁说他胸中才学？若是三家村一个小孩子，粗粗里记得几篇烂旧时文，遇了个盲试官，乱圈乱点，睡梦里偷得个进士到手，一般有人拜门生，称老师，谈天说地，谁敢出个题目将戴纱帽的再考他一考么？不止于此，做官里头还有多少不平处，进士官就是个铜打铁铸的，撒漫做去，没人敢说他不是；科贡官，兢兢业业，捧了卵子过桥，上司还要寻趁他。比及按院复命，参论的但是进士官，凭你叙得极贪极酷，公道看来，拿问也还透头，说到结末，生怕断绝了贪酷种子，道：'此一臣者，官箴虽玷，但或念初任，或念年青，尚可望其自新，策其末路，姑照浮躁或不及例降调。'不

лучить какую-нибудь незначительную должность, я мог бы получить ее и в тридцать лет. Стоило только постараться, пролезть к кому следует, найти покровителей, ну и в конце концов, конечно, добился бы какого-нибудь места при начальнике области, а то стал бы и начальником уезда. А действуй я и далее против совести, вполне мог бы и славу себе добыть, и семью обогатить. Но мы живем в такое время, когда высшие экзамены – это все. В наши дни если бы сам Конфуций провалился на этих экзаменах, никто не стал бы и поминать о его учености и таланте. Зато какой-нибудь мальчишка из деревеньки в три дома вызубрит десяток-другой затасканных сочинений в стиле «ба гу» да попадется ему еще бестолковый экзаменатор, понаставит в его работе кругов и точек – глядь, и юнец этот нежданно-негаданно получает степень цзиньши. Сразу находятся у него ученики, величают его «наставником», сам он позволяет себе болтать о том, рассуждать о сем... Кто посмеет такому молодцу дать тему и еще раз экзаменовать его, коль скоро на нем чиновничья шапка? Но и это не все, – не унимался Сяньюй Тун. – Сколько несправедливости на самой службе! Коль вступаешь на должность, имея степень цзиньши, то карьера твоя, можно сказать, выкована из меди и вылита из чугуна: что бы ты ни творил, никто не посмеет слова против тебя сказать. А вот когда получаешь должность, не имея этой степени, то с оглядкой переходишь каждый мостик, и все равно начальство к тебе придирается. Или, скажем, областной суд подаст доклад в столицу на какого-нибудь чиновника-цзиньши. Пусть в докладе его изобразят крайне алчным, жестоким, корыстным. И что же? В лучшем случае, чтобы все выглядело справедливо, арестуют его, допросят и в конце концов – словно опасаясь, как бы не перевелись корыстные и жестокие чиновники, – вынесут заключение, что чиновник сей, хоть и осквернил свое звание, но, понеже молод и впервые на должности, упователь, что исправится и вступит на стезю добродетели; а посе-

勾几年工夫，依旧做起。倘拚得些银子，央要道挽回，不过对调个地方，全然没事。科贡的官一分不是，就当做十分；悔气遇着别人有势有力，没处下手，随你清廉贤宰，少不得借重他替进士顶缸。有这许多不平处，所以不中进士，再做不得官。俺宁可老儒终身，死去到阎王面前高声叫屈，还博个来世出头；岂可屈身小就，终日受人懊恼，吃顺气丸度日！"遂吟诗一首，诗曰：

  从来资格困朝绅，
  只重科名不重人。
  楚士凤歌诚恐殆，
  叶公龙好岂求真。
  若还黄榜终无分，
  宁可青衿老此身。
  铁砚磨穿豪杰事，

му, мол, «за халатность» или «за несоответствие» понизить его в должности. Пройдет год-другой – глядишь, а он уж опять на видном месте. Ну а если такой цзиньши наскребет денег и начнет где надо ходатайствовать, то просто переведут его служить в другой город, и дело с концом. Иное дело чиновник, получивший должность как гуншэн: ошибись он на вершок – припишут все десять! И если, на твою беду, какой-нибудь влиятельный да со связями цзиньши попадет впросак, все свалят на тебя, и хочешь не хочешь, а придется тебе для господина ученого быть козлом отпущения. Тут столько несправедливости, что, пока не выдержал экзамена на звание цзиньши, и не думай служить. Предпочитаю околеть старым сюцаем: по крайней мере перед владыкой ада можно будет поднять вопль обиды и заручиться успехом в следующем перерождении. Это лучше, чем мириться с незавидной должностью, терпеть бесконечные обиды и изо дня в день глотать успокоительные пилюли.

И вот однажды после такой тирады Сяньюй Тун громко проскандировал стихи:

С древних времен дворцовая знать
 держала в оковах таланты,
Ценила лишь тех, кто экзамены сдал,
 способны ли, нет, не смотрела.
Давно уже в песне Цзе Юй говорил:
 путь службы чиновника труден;
Все знают, Цзыгао драконов любил,
 но разве любил настоящих?
Пусть в списке достойных средь прочих имен
 себя никогда не найду я,
Учиться до старости лет предпочту,
 сюцаем простым оставаясь.
Но камень для туши до дыр протереть

《春秋》晚遇说平津。

汉时有个平津侯，覆姓公孙，名弘，五十岁读《春秋》，六十岁对策第一，做到丞相，封侯。鲜于同后来六十一岁登第，人以为诗谶，此是后话。

却说鲜于同自吟了这八句诗，其志愈锐。怎奈时运不利，看看五十齐头，"苏秦还是旧苏秦"，不能勾改换头面。再过几年，连小考都不利了。每到科举年分，第一个拦场告考的就是他，讨了多少人的厌贱。到天顺六年，鲜于同五十七岁，鬓发都苍然了，兀自挤在后生家队里，谈文讲艺，娓娓不倦。那些后生见了他，或以为怪物，望而避之；或以为笑具，就而戏之。这都不在话下。

却说兴安县知县，姓蒯，名遇时，表字顺之，浙江台州府仙居县人氏。少年科甲，声价甚高。喜的是谈文讲艺，商古

*под силу лишь истинно стойким,
Таким, например, как князь Гунсунь Хун,
«Чуньцю» до седин изучавший.*

Надо сказать, что Гунсунь Хун до пятидесяти лет изучал «Чуньцю», а в шестьдесят, отвечая самому императору на экзаменах во дворце, первым выдержал испытания. Он дослужился до должности министра, и ему был пожалован титул удельного князя. Сяньюй Тун впоследствии тоже в шестидесятилетнем возрасте выдержал столичные экзамены, и поэтому люди считали, что эти стихи его были пророческими.

Но не будем забегать вперед.

Несмотря на то что Сяньюй Тун все больше укреплялся в своем решении, ему по-прежнему не везло: исполнилось уже пятьдесят, а, как говорится, «Су Цинь все оставался Су Цинем», и ничего он в своей судьбе изменить не мог. Прошло еще несколько лет, и Сяньюй Тун даже на дополнительных экзаменах, то есть на переэкзаменовках, стал терпеть неудачи. Но каждый раз, как только подходил срок экзаменов в области, он первым среди желающих экзаменоваться протискивался в зал, чем вызывал немало насмешек.

В шестой год правления под девизом «Тянь-шунь» Сяньюй Туну было уже пятьдесят семь лет, он поседел, а все еще терся в толпе молодых сюцаев и без устали рассуждал о литературе, толковал на ученые темы. Некоторые вообще считали его ненормальным и избегали встречи с ним, другие видели в нем чудака и насмехались над ним.

Но оставим пока Сяньюй Туна.

Начальником уезда Синъаньсянь был в то время уроженец уезда Сяньцзюйсянь, что в области Тайчжоуфу, в провинции Чжэцзян. Фамилия его была Куай, имя Юйши, второе имя Шуньчжи. Совсем молодым он выдержал столичные экзамены и

论今。只是有件毛病，爱少贱老，不肯一视同仁。见了后生英俊，加意奖借；若是年长老成的，视为朽物，口呼"先辈"，甚有戏侮之意。其年乡试届期，宗师行文，命县里录科。蒯知县将合县生员考试，弥封阅卷，自恃眼力，从公品第，黑暗里拔了一个第一，心中十分得意。向众秀才面前夸奖道："本县拔得个首卷，其文大有吴越中气脉，必然连捷，通县秀才，皆莫能及。"众人拱手听命，却似汉王筑坛拜将，正不知拜那一个有名的豪杰。比及拆号唱名，只见一人应声而出，从人丛中挤将上来，你道这人如何？

矮又矮，
胖又胖，
须鬓黑白各一半。
破儒巾，
欠时样，

был известен своими познаниями. Он любил поговорить о литературе, побеседовать на ученые темы, потолковать о древности и о делах современных. Но был у него один недостаток: любил молодых и не терпел стариков – и в этом никак не мог оставаться беспристрастным. Встречая молодого и способного человека, он всегда хвалил его, а на пожилых и старых людей смотрел словно на падаль, и хоть неизменно величал их «почтенными коллегами», однако в его устах это звучало злой насмешкой.

В этом году накануне областных экзаменов Куай Юйши получил распоряжение от инспектора-экзаменатора провинции самому провести в уезде предварительные отборочные экзамены. Куай Юйши провел экзамены для всех сюцаев, и когда сочинения с заклеенными фамилиями и именами принесли ему, он, полагаясь на свой собственный опытный глаз в оценке, честно выделил среди всех работ наилучшую.

– На этот раз я счел лучшей работой такую, в которой поистине чувствуется цзянсу-чжэцзянский дух, – крайне довольный, похвастался он перед сюцаями. – Я уверен, что тот, кто написал эту работу, пройдет успешно все экзамены и никто из сюцаев всего уезда не сравнится с ним.

Сюцаи почтительно склонили головы, но так же как никто не знал, кого назначит полководцем ханьский Гао-цзу, так никто из них не знал, кто же этот выдающийся сюцай. А когда начали согласно номерам работ выкликать фамилии, то на первую лучшую экзаменационную работу отозвался и стал пробираться через толпу, как бы вы думали, кто?

*Низенький-низенький,
Толстенький, кругленький,
Виски, борода вполовину седы.
В старой шапке сюцая,
Халат, весь залатанный,*

蓝衫补孔重重绽。
你也瞧，
我也看，
若还冠带像胡判。
不枉夸，
不枉赞，
"先辈"今朝说嘴惯。
休羡他，
莫自叹，
少不得大家做老汉。
不须营，
不须干，
序齿轮流做领案。

那案首不是别人，正是那五十七岁的怪物、笑具，名叫鲜于同。合堂秀才哄然大笑，都道："鲜于'先辈'又起用了。"连蒯公也自羞得满面通红，顿口无言。一时间看错文字，今日众人属目之地，如何番悔！忍着一肚子气，胡乱将试卷拆完。喜得除了第一名，此下一个个都是少年英俊，还有些嗔中带喜。是日蒯公发放诸生事毕，回衙闷闷不悦，不在话下。

却说鲜于同少年时，本是个名士，因淹滞了数年，虽然志

Рвется по швам.
И вот на него все глядят и глядят:
Шапку и пояс сменить бы ему —
Точь-в-точь чернолицый толстяк,
Судья из подземного ада.
Начальник уезда хвастал не зря
Уменьем талант отбирать,
«Коллегой почтенным» придется теперь
Величать старика толстяка.
Но зависть отбросьте,
Зря не вздыхайте:
Время придет — каждый из вас
«Почтенным коллегою» станет.
Хлопотать, волноваться не нужно:
Самыми старшими будете вы —
Ваш. тоже наступит черед.

Итак, лучше всех выдержавших экзамен оказался не кто иной, как тот самый пятидесятисемилетний чудак по имени Сяньюй Тун — предмет насмешек и издевок.

— «Почтенный коллега» Сяньюй Тун снова пошел в гору! — не удержавшись, громко смеясь, восклицали в один голос все, кто с ним вместе был в экзаменационном зале.

Начальник уезда залился краской и от стыда не мог вымолвить ни слова: сам ошибся при отборе, а теперь перед всеми брать свои слова назад было уже неудобно. С досадой в душе Куай Юйши продолжал снимать наклейки с остальных сочинений и вызывать экзаменовавшихся по именам. К счастью, все остальные выдержавшие экзамен были людьми молодыми, и это немного его успокоило. Отпустив экзаменовавшихся и закончив дела, Куай Юйши, недовольный собой, возвратился домой.

Однако вернемся к Сяньюй Туну. Заметим, что Сяньюй Тун

不曾灰，却也是：

> 泽畔屈原吟独苦，
> 洛阳季子面多惭。

今日出其不意，考个案首，也自觉有些兴头。到学道考试，未必爱他文字，亏了县公案首，就搭上一名科举，喜孜孜去赴省试。众朋友都在下处看经书，温后场。只有鲜于同平昔饱学，终日在街坊上游玩。旁人看见，都猜道："这位老相公，不知是送儿子孙儿进场的？事外之人，好不悠闲自在！"若晓得他是科举的秀才，少不得要笑他几声。

日居月诸，忽然八月初七日，街坊上大吹大擂，迎试官进贡院。鲜于同观看之际，见兴安县蒯公，正征聘做《礼记》房考官。鲜于同自想，我与蒯公同经，他考过我案首，必然爱

был выдающимся по таланту сюцаем, и хоть постоянные невезения не сломили его воли, но все же он,

Как Цюй Юань на озере,
       печали предавался
И, как Су Цинь,
       стыдился неудач.

А тут вдруг нежданно-негаданно он выдержал экзамен первым. Это сразу приподняло его настроение. Если бы экзаменовал сам инспектор-экзаменатор, скорее всего тому не понравилось бы его сочинение, а тут экзамен проводил начальник уезда, и вот выпала удача. Непомерно счастливый, Сяньюй Тун отправился в область сдавать экзамены на степень цзюйжэня.

Его товарищи по училищу готовились, зубрили, и только Сяньюй Тун, прекрасно начитанный и обладающий широкими познаниями, целые дни гулял по городу. Глядя на него, другие сюцаи думали: «Старик, наверно, привез сына или внука на экзамены. Разгуливает себе преспокойно по городу, не ведая никаких забот. Хорошо ему!» Знай они, что он сам сюцай, приехавший сдавать экзамены, наверняка поиздевались бы над стариком.

День шел за днем, и наконец в седьмой день восьмого месяца на улицах города громко затрубили в трубы, забили в барабаны – это встречали экзаменаторов, направлявшихся к экзаменационному двору. Разглядывая их, Сяньюй Тун увидел начальника уезда Синьаньсянь, господина Куай Юйши. Оказывается, он был приглашен в качестве одного из помощников главного экзаменатора и должен был ведать группой, экзаменующейся по «Книге обрядов».

«Я иду по «Книге обрядов», то есть попадаю к господину Куай Юйши, – рассуждал Сяньюй Тун. – На предварительных

我的文字，今番遇合，十有八九。谁知蒯公心里不然，他又是一个见识道："我取个少年门生，他后路悠远，官也多做几年，房师也靠得着他。那些老师宿儒，取之无益。"又道："我科考时不合昏了眼，错取了鲜于'先辈'，在众人前老大没趣。今番再取中了他，却不又是一场笑话。我今阅卷，但是三场做得齐整的，多应是夙学之士，年纪长了，不要取他。只拣嫩嫩的口气，乱乱的文法，歪歪的四六，怯怯的策论，愦愦的判语，那定是少年初学。虽然学问未充，养他一两科，年还不长，且脱了鲜于同这件干纪。"算计已定，如法阅卷，取了几个不整不齐，略略有些笔资的，大圈大点，呈上主司。主司都批了"中"字。到八月廿八日，主司同各经房在至公堂上拆号填榜。《礼记》房首卷，是桂林府兴安县学生，覆姓鲜于名

экзаменах он оценил мое сочинение как лучшее, вероятно, нравится моя манера и стиль. А раз экзаменует он, девять шансов из десяти за то, что меня опять ждет удача».

Куай Юйши, однако, шел экзаменовать с предвзятой точкой зрения:

«Если я проведу кого-нибудь из молодых, то учеником моим станет человек, у которого все впереди. Такой прослужит чиновником гораздо дольше, чем старый, и мне, как его учителю-экзаменатору, будет на кого в делах опереться. А старых брать ни к чему», – рассуждал он и затем подумал: «На предварительных экзаменах я, как слепой, по ошибке признал первым «почтенного коллегу» Сяньюй Туна. Самому было стыдно. Пропусти я его и на этот раз, просто будет смех и позор. Хватит! Если увижу, что все три сочинения написаны толково, значит, наверняка это опытный ученый, которому немало лет. Такого пропускать не буду. Отберу только сочинения, где почувствую неопытную руку юнца – не совсем складный стиль, робкие суждения, несмелые выводы. Так, конечно, напишут молодые. Не беда, что познания молодого человека будут не самыми обширными, – пока дойдет дело до следующих экзаменов, можно будет его поднатаскать. По крайней мере хоть отделаюсь от этого Сяньюй Туна».

Просматривая сочинения, Куай Юйши придерживался именно этого своего решения и отбирал как лучшие не то чтобы блестящие, но и не лишенные дарования работы. Разметив в них крупными кругами и точками неплохие места, он подал сочинения главному экзаменатору, и тот написал на них: «Выдержал».

В двадцать восьмой день восьмого месяца главный экзаменатор и его помощники собрались в Зале высшей справедливости, где по номерам были найдены оригиналы оцененных работ и на доску заносились имена выдержавших. Лучшим по группе «Книга обрядов» оказался учащийся уезда Синьаньсянь.

同，习《礼记》，又是那五十七的怪物、笑具侥幸了！蒯公好生惊异。主司见蒯公有不乐之色，问其缘故。蒯公道："那鲜于同年纪已老，恐置之魁列，无以压服后生，情愿把一卷换他。"主司指堂上匾额道："此堂既名为'至公堂'，岂可以老少而私爱憎乎？自古龙头属于老成，也好把天下读书人的志气鼓舞一番。"遂不肯更换，判定了第五名正魁。蒯公无可奈何。正是：

饶君用尽千般力，
命里安排动不得；
本心拣取少年郎，
依旧取将老怪物。

Опять повезло пятидесятисемилетнему чудаку.

Куай Юйши был ошеломлен. Заметив выражение недовольства на лице своего помощника, главный экзаменатор осведомился, в чем дело.

— Сяньюй Тун слишком уж стар. Если занести его в список среди первых, боюсь, как бы это не вызвало осуждений и недовольства со стороны молодых сюцаев, — ответил Куай Юйши и добавил: — Охотно поставил бы на первое место по моей группе кого-нибудь другого.

Но главный экзаменатор, указывая на доску, висевшую на стене, заявил:

— Здесь сказано, что это зал Высшей справедливости. Посмеем ли мы в зале, который носит такое название, допустить несправедливость из-за каких-то личных чувств приязни или неприязни к людям преклонного возраста! Ведь исстари известно: «Первое место на экзаменах принадлежит опытным и знающим». К тому же если среди первых мы дадим место человеку преклонного возраста, то тем самым поднимем дух учащихся по всей стране.

И, не пожелав заменить Сяньюй Туна никем другим, главный экзаменатор оставил его в числе лучших. Куай Юйши волей-неволей пришлось смириться. Поистине:

Как бы и сколько вы ни старались,
что бы ни делали вы,
Коль уж написано что на роду,
того не изменишь никак.
Пусть и хотелось бы всею душой
дорогу дать молодым,
Волей-неволей пришлось старика
средь лучших вновь пропустить.

蒯公立心不要中鲜于"先辈"，故此只拣不整齐的文字才中。那鲜于同是宿学之士，文字必然整齐，如何反投其机？原来鲜于同为八月初七日看了蒯公入帘，自谓遇合十有八九。回归寓中多吃了几杯生酒，坏了脾胃，破腹起来。勉强进场，一头想文字，一头泄泻，泻得一丝两气，草草完篇。二场三场，仍复如此，十分才学，不曾用得一分出来。自谓万无中式之理，谁知蒯公到不要整齐文字，以此竟占了个高魁。也是命里否极泰来，颠之倒之，自然凑巧。那兴安县刚刚只中他一个举人。当日鹿鸣宴罢，众同年序齿，他就居了第一。各房考官见了门生，俱各欢喜。惟蒯公闷闷不悦。鲜于同感蒯公两番知

Да, но ведь Куай Юйши решил во что бы то ни стало не пропускать «почтенного коллегу» Сяньюй Туна и поэтому выбирал сочинения, которые не отличались совершенством, а Сяньюй Тун был умным и знающим сюцаем, и писал он, конечно, превосходно. Как же могло случиться, что его работа опять была выбрана как лучшая?

А дело вот в чем. Оказывается, когда Сяньюй Тун увидел среди экзаменаторов Куай Юйши и решил, что наверняка выдержит, он на радостях перехватил холодного вина и расстроил желудок. Через силу пришел он в экзаменационный зал, и, пока обдумывал и писал сочинение, у него так схватило живот, что он еле дышал. Поэтому, кое-как закончив работу, он сдал ее и ушел. То же было с ним и на второй, и на третий день экзаменов, когда он писал на остальные темы. Во все эти сочинения он не вложил и десятой доли своих знаний и был уверен, что на этот раз, конечно, провалится. Однако, благодаря тому, что Куай Юйши не хотел пропускать работ, написанных безукоризненно, Сяньюй Тун занял первое место по его группе. Видно, в судьбе Сяньюй Туна наступал конец полосе невезений и приходила пора удач. Поэтому необычный отбор сочинений на этих экзаменах был ему только на пользу. Надо сказать, что на этот раз из всех сюцаев уезда Синьяньсянь выдержал областные экзамены только он один. В тот день на общем пиру выдержавших экзамены сюцаев выяснили, кому сколько лет, и Сяньюй Тун был признан «почтенным старейшиной». Каждый экзаменатор с радостью знакомился со своими новыми учениками, приветливо встречал их, и только Куай Юйши визиты Сяньюй Туна не доставляли удовольствия. А Сяньюй Тун, благодарный учителю за то, что тот дважды на экзаменах отметил его как достойного, относился к Куай Юйши с особым уважением. Но чем больше внимания и почтения выражал он своему учителю, тем сильнее это раздражало Куай Юйши, который не проявлял ни малейших

遇之恩，愈加殷勤。蒯公愈加懒散，上京会试，只照常规，全无作兴加厚之意。明年，鲜于同五十八岁，会试，又下第了。相见蒯公。蒯公更无别语，只劝他选了官罢。鲜于同做了四十余年秀才，不肯做贡生官，今日才中得一年乡试，怎肯就举人职？回家读书，愈觉有兴。每闻里中秀才会文，他就袖了纸墨笔砚，挭入会中同做。凭众人耍他、笑他、嗔他、厌他，总不在意。做完了文字，将众人所作看了一遍，欣然而归，以此为常。

　　光阴荏苒，不觉转眼三年，又当会试之期。鲜于同时年六十有一，年齿虽增，矍铄如旧。在北京第二遍会试，在寓所得其一梦。梦见中了正魁，会试录上有名，下面却填做《诗经》，不是《礼记》。鲜于同本是个宿学之士，那一经不通？

забот о Сяньюй Туне в связи с предстоящими экзаменами в столице, не давал ему ни советов, ни указаний.

На следующий год Сяньюй Тун – ему было уже пятьдесят восемь лет – держал экзамены в столице на звание цзиньши и не выдержал. Когда после этого он увиделся с Куай Юйши, тот, не говоря ни о чем другом, дал ему один совет – определиться на должность.

Но мог ли Сяньюй Тун, который больше сорока лет оставался сюцаем и не желал служить, согласиться на какую-нибудь незначительную должность лишь только потому, что сдал экзамен на звание цзюйжэня? И, возвратясь домой, Сяньюй Тун принялся заниматься с еще большим усердием. Всякий раз, когда ему становилось известно, что где-то собираются на литературный вечер местные сюцаи, он непременно являлся туда с бумагой и письменными принадлежностями, садился и вместе с молодыми людьми писал сочинения. И как бы над ним ни потешались, как бы ни дразнили его и ни пренебрегали им, он никогда не обращал на это внимания. Написав свое сочинение, он непременно просматривал сочинения других и лишь после этого, радостный и счастливый, уходил. Посещать такие вечера вошло у него в обыкновение.

Время летело быстро, три года прошли незаметно, и вот уже подошел срок очередных столичных экзаменов. Сяньюй Туну в ту пору перевалило за шестьдесят, но он был по-прежнему бодр.

Однажды, когда он находился в столице, ему приснился сон, будто он выдержал экзамены и его имя стоит в списке среди первых. Но под именем значилась не группа «Книга обрядов», по которой он обычно экзаменовался, а «Книга песен». Сяньюй Тун был из тех эрудитов, которые знали отлично любую классическую книгу, притом жажда успеха была в нем слишком велика, чтобы он не поверил в свой сон. И он решил экзаменоваться на этот раз по «Книге песен», а не по «Книге обрядов».

他功名心急，梦中之言，不由不信，就改了《诗经》应试。事有凑巧，物有偶然。蒯知县为官清正，行取到京，钦授礼科给事中之职。其年又进会试经房。蒯公不知鲜于同改经之事，心中想道："我两遍错了主意，取了那鲜于'先辈'做了首卷，今番会试，他年纪一发长了。若《礼记》房里又中了他，这才是终身之玷。我如今不要看《礼记》，改看了《诗经》卷子，那鲜于'先辈'中与不中，都不干我事。"比及入帘阅卷，遂请看《诗》五房卷。蒯公又想道："天下举子像鲜于'先辈'的，谅也非止一人，我不中鲜于同，又中了别的老儿，可不是'躲了雷公，遇了霹雳'！我晓得了，但凡老师宿儒，经旨必然十分透彻，后生家专工四书，经义必然不精。如今倒不要取四经整齐，但是有些笔资的，不妨题旨影响，这定是少年之辈了。"阅卷进呈，等到揭晓，《诗》五房头卷，列在第十名正魁。拆号看时，却是桂林府兴安县学生，覆姓鲜于名同，习《诗经》，刚刚又是那六十一岁的怪物、笑具！气得蒯遇时目睁口呆，如槁木死灰模样！

Между тем Куай Юйши за безупречное управление уездом получил повышение по службе и должность в столице. На этот раз он опять входил в число экзаменаторов. Перед самыми экзаменами Куай Юйши подумал: «Дважды я допустил ошибку, и первым по моей группе проходил «почтенный коллега» Сяньюй Тун. Теперь он уже совсем стар, и если здесь, в столице, он пройдет у меня, то я опозорен на всю жизнь. Буду просматривать работы не по «Книге обрядов», а по «Книге песен». Тогда, пройдет ли «почтенный коллега» Сяньюй Тун или не пройдет, я к этому не буду иметь никакого отношения».

И Куай Юйши попросил, чтобы его назначили просматривать работы по «Книге песен». «Пожалуй, на свете найдется не один «почтенный коллега», вроде Сяньюй Туна, – размышлял он между тем. – И если у меня пройдет не он, а какой-нибудь другой старик, получится, что я «от громовержца удрал, а от грома не спасся». Но ничего. Ведь всякий старый опытный ученый отлично знает содержание любой классической книги. А молодежь обычно направляет свои силы только на «Четверокнижие»; что касается глубины понимания текстов «Пятикнижия», то тут она слабовата. Я не буду строг в отношении тем, связанных с толкованием положений «Пятикнижия», а буду отбирать именно такие работы, в которых при отсутствии четкого ответа чувствовалось бы определенное дарование. Можно быть уверенным, что написавший такое сочинение – человек молодой».

И вот Куай Юйши просмотрел экзаменационные работы и подал их главному экзаменатору. Когда составлялись списки выдержавших экзамены, первая работа, сданная по группе «Книга песен», оказалась одиннадцатой среди лучших. Работа эта снова принадлежала сюцаю уезда Синъаньсянь Сяньюй Туну – чудаку, которому шел шестьдесят первый год.

Куай Юйши остолбенел от досады:

早知富贵生成定，

悔却从前枉用心。

蒯公又想道："论起世上同名姓的尽多，只是桂林府兴安县却没有两个鲜于同，但他向来是《礼记》，不知何故又改了《诗经》？好生奇怪！"候其来谒，叩其改经之故。鲜于同将梦中所见，说了一遍。蒯公叹息连声道："真命进士，真命进士！"自此蒯公与鲜于同师生之谊，比前反觉厚了一分。殿试过了，鲜于同考在二甲头上，得选刑部主事。人道他晚年一第，又居冷局，替他气闷，他欣然自如。却说蒯遇时在礼科衙门直言敢谏，因奏疏里面触突了大学士刘吉，被吉寻他罪过，下于诏狱。那时刑部官员，一个个奉承刘吉，欲将蒯公置之死地。却好天与其便，鲜于同在本部一力周旋看觑，所以蒯公不

О, если б мог заранее ты знать,
  что счастье и успех — его судьба,
Не стал бы ты стараться так,
  и зря себя не стал бы утруждать.

«Конечно, на свете много однофамильцев, однако в уезде Синъаньсянь нет второго Сяньюй Туна, — рассуждал Куай Юйши. — Но Сяньюй Тун всегда занимался «Книгой обрядов», почему же теперь он вдруг перешел на «Книгу песен»? Ничего не понимаю!»

И, дождавшись, когда Сяньюй Тун явился к нему с визитом, он спросил его, почему тот стал экзаменоваться по другой группе. Тогда Сяньюй Тун рассказал ему о своем сне.

— Значит, самой судьбой вам предназначено быть цзиньши! — воскликнул Куай Юйши. — Самой судьбой!

С тех пор между Куай Юйши и Сяньюй Туном, учителем и учеником, установились совсем неплохие отношения. Сяньюй Тун выдержал затем дворцовые экзамены, на которых он снова оказался среди лучших, и получил должность начальника канцелярии в Палате наказаний. Люди возмущались тем, что человеку, выдержавшему экзамен уже в преклонном возрасте, дают такую в общем-то незначительную должность. Но сам Сяньюй Тун остался доволен.

После перевода в столицу Куай Юйши служил в Палате обрядов. Он всегда смело высказывал свое мнение и не боялся осуждать то, что ему казалось неверным и несправедливым. Однажды в своем докладе он выразил неодобрение по адресу члена Придворной Академии Лю Цзи, и тот, найдя предлог придраться к Куай Юйши, засадил его в тюрьму. В ту пору чиновники Палаты наказаний заискивали перед Лю Цзи и потому хотели приговорить Куай Юйши к смертной казни.

На счастье, ниспосланное Куай Юйши самим небом, Сяньюй

致吃亏。又替他纠合同年，在各衙门恳求方便，蒯公遂得从轻降处。蒯公自想道："'着意种花花不活，无心栽柳柳成阴。'若不中得这个老门生，今日性命也难保。"乃往鲜于"先辈"寓所拜谢。鲜于同道："门生受恩师三番知遇，今日小小效劳，止可少答科举而已，天高地厚，未酬万一！"当日师生二人欢饮而别。自此不论蒯公在家在任，每年必遣人问候，或一次或两次，虽俸金微薄，表情而已。

光阴荏苒，鲜于同只在部中迁转，不觉六年，应升知府。京中重他才品，敬他老成，吏部立心要寻个好缺推他。鲜于同全不在意。偶然仙居县有信至，蒯公的公子蒯敬共与豪户查

Тун оказался тут как тут: хлопотал за него у себя в канцелярии, заботился о нем и сделал все, что от него зависело, чтобы Куай Юйши не пришлось испытывать особенных страданий и лишений, пока он сидел в тюрьме. Затем Сяньюй Тун привлек к этому делу и других выдержавших вместе с ним экзамен, и все они стали хлопотать за Куай Юйши. Благодаря этому Куай Юйши отделался сравнительно легко.

«Цветы я думал посадить, цветы не привились. Иву не хотел растить, но ива тень дала», – сказал сам себе Куай Юйши, очутившись на свободе. – Если бы не этот старый ученик мой, я бы погиб».

И он отправился с визитом к почтенному коллеге Сяньюй Туну, чтобы поблагодарить его.

– Вы трижды облагодетельствовали меня, дорогой учитель, – отвечал ему Сяньюй Тун. – Мне удалось оказать вам лишь небольшую услугу и тем самым хоть как-то отблагодарить вас за экзамены. Но то, что вы сделали для меня, и то, что я сделал для вас, – небо и земля!

В тот вечер гость и хозяин весело провели время за вином и беседой. С тех пор Куай Юйши, где бы ни находился, непременно раз, а то и два раза в год посылал кого-нибудь с подарками к Сяньюй Туну осведомиться о здоровье своего ученика; и хотя подарки были скромными, они выражали его чувства.

Быстро текло время. Сяньюй Тун по-прежнему служил в Палате наказаний, занимая то один, то другой пост. Прошло шесть лет, и вот наконец он должен был получить назначение на должность правителя области.

В столице все относились с почтением к его учености и талантам, уважали за честность, а потому в Палате чинов непременно хотели подыскать ему хорошее место. Сам Сяньюй Тун нисколько этим не интересовался. Но однажды из уезда Сяньцзюйсянь, родины Куай Юйши, пришло известие о том, что Куай

家争坟地疆界，嚷骂了一场。查家走失了个小厮，赖蒯公子打死，将人命事告官。蒯敬共无力对理，一径逃往云南父亲任所去了。官府疑蒯公子逃匿，人命真情，差人雪片下来提人，家属也监了几个，阖门惊惧。鲜于同查得台州正缺知府，乃央人讨这地方。吏部知台州原非美缺，既然自己情愿，有何不从，即将鲜于同推升台州府知府。鲜于同到任三日，豪家已知新太守是蒯公门生，特讨此缺而来，替他解纷，必有偏向之情，先在衙门谣言放刁。鲜于同只推不闻。蒯家家属诉冤，鲜于同亦佯为不理。密差的当捕人访缉查家小厮，务在必获。约过两月有余，那小厮在杭州拿到。鲜于太守当堂审明，的系自逃，与

Цзингун, сын Куай Юйши, поссорился из-за межей кладбищенской земли с одним из местных богачей, неким господином Ча. Случилось так, что как раз в это время от богача сбежал его слуга. Ча обвинил Куай Цзингуна в убийстве слуги и дал делу ход. Куай Цзингун не мог доказать свою невиновность и бежал в провинцию Юньнань, где тогда служил его отец, и там скрывался. Между тем уездные власти рассудили, что раз Куай Цзингун исчез, значит, он виновен в убийстве, и издали приказ об его аресте. Все его домашние были в панике, тем более что арестовали кое-кого из его родни.

Узнав, что в Тайчжоу – в области, в ведении которой находился уезд Сяньцзюйсянь, как раз свободна должность правителя, Сяньюй Тун обратился к знакомым, и те стали ходатайствовать, чтобы эту должность предоставили ему. В Палате чинов хорошо знали, что назначение в Тайчжоу не из заманчивых, но раз человек сам просит, зачем ему отказывать? И тут же Сяньюй Тун был представлен к повышению и назначен правителем области Тайчжоу.

На третий день после прибытия Сяньюй Туна на место назначения господин Ча уже знал, что новый правитель области – ученик Куай Юйши, знал, что он специально выпросил это назначение, и понимал, что при решении дела начальник будет не на его стороне. Богач стал в ямэне клеветать на нового начальника, но Сяньюй Тун делал вид, что ничего об этом не знает. И даже когда семья Куай подавала ему жалобы, он тоже вел себя так, будто не придает делу ни малейшего значения. А сам тем временем тайно послал людей на поиски беглого слуги из дома Ча, приказав схватить его и доставить к нему в ямэнь.

Прошло месяца два, и слуга был схвачен в Ханчжоу. Сяньюй Тун лично допрашивал его. Тот показал, что просто сбежал от своего хозяина и что все это не имеет никакого отношения к семье Куай. Сяньюй Тун тотчас же велел богачу Ча забрать слугу

蒯家无干。当将小厮责取查家领状。蒯氏家属，即行释放。期会一日，亲往坟所踏看疆界。查家见小厮已出，自知所讼理虚，恐结讼之日，必然吃亏。一面央大分上到太守处说方便，一面又央人到蒯家，情愿把坟界相让讲和。蒯家事已得白，也不愿结冤家。鲜于太守准了和息。将查家薄加罚治，申详上司，两家莫不心服。正是：

只愁堂上无明镜，
不怕民间有鬼奸。

鲜于太守乃写书信一通，差人往云南府回覆房师蒯公。蒯公大喜，想道："'树荆棘得刺，树桃李得荫'，若不曾中得这个老门生，今日身家也难保。"遂写恳切谢启一通，遣儿子蒯敬共赍回，到府拜谢。鲜于同道："下官暮年淹蹇，为世所弃，受尊公老师三番知遇，得掇科目，常恐身先沟壑，大德不报。今日恩兄被诬，理当暴白。下官因风吹火，小效区区，止可少酬老师乡试提拔之德，尚欠情多多也。"因为蒯公子经纪

под расписку. Членов семьи Куай немедленно после этого освободили, а через день-другой Сяньюй Тун сам отправился проверить межи кладбищенских земель.

Понимая, что дела ему теперь уже не выиграть и что в убытке от тяжбы наверняка будет он сам, Ча попросил знакомых походатайствовать за него перед правителем области, а семье Куай передать, что согласен пойти на мировую. Тем тоже не хотелось судиться и наживать врагов, раз обвинение отпало. Сяньюй Тун разрешил Ча пойти на мировую, наложил на него небольшой штраф и доложил о решении дела по начальству. Обе стороны остались довольны. Поистине:

Если умный правитель на месте —
То и плутни людей не страшны.

После этого Сяньюй Тун отправил в Юньнань со своим человеком письмо Куай Юйши. Узнав обо всем, тот очень обрадовался и подумал: «Посадишь терновник — получишь терновник, посадишь персик — тень обретешь». Если бы не этот дряхлый ученик мой, нам бы несдобровать».

В ответном письме, посланном с Куай Цзингуном, он от всей души искренне благодарил Сяньюй Туна.

— Я до самых седин пребывал в неизвестности, и мир меня не признавал, — говорил Сяньюй Тун, когда к нему явился Куай Цзингун. — Ваш отец трижды облагодетельствовал меня, благодаря ему я прошел на экзаменах. Единственно, о чем я все беспокоился, — это о том, что могу умереть, не успев отблагодарить его за содеянное им добро. Вас нынче оклеветали, и так или иначе вас должны были оправдать, так что я лишь немного помог вам: как говорится, «при ветре раздувал огонь». Это такой пустяк — я только в самой малой мере отблагодарил вашего отца и еще в большом долгу перед ним.

家事，劝他闭户读书，自此无话。

　　鲜于同在台州做了三年知府，声名大振，升在徽宁道做兵宪，累升河南廉使，勤于官职。年至八旬，精力比少年兀自有余，推升了浙江巡抚。鲜于同想道："我六十一岁登第，且喜儒途淹蹇，仕途到顺溜，并不曾有风波。今官至抚台，恩荣极矣。一向清勤自矢，不负朝廷。今日急流勇退，理之当然。但受蒯公三番知遇之恩，报之未尽，此任正在房师地方，或可少效涓埃。"乃择日起程赴任。一路迎送荣耀，自不必说。不一日，到了浙江省城。此时蒯公也历任做到大参地位，因病目不能理事，致政在家。闻得鲜于"先辈"又做本省开府，乃领

Поскольку Куай Цзингун вел дома только хозяйственные дела, то Сяньый Тун посоветовал ему уединиться и взяться за книги.

Три года прослужил Сяньый Тун правителем Тайчжоу. Слава о нем разнеслась далеко за пределы Тайчжоу, и он был повышен в должности – назначен на пост военного инспектора в округ Хуэйнин. Затем он вторично получил повышение и стал главным судьей в провинции Хэнань. Служил он, как всегда, прилежно и ревностно. Ему было уже восемьдесят лет – правда, он чувствовал себя куда бодрее иных молодых, – когда он снова получил повышение и был назначен губернатором провинции Чжэцзян.

«На шестьдесят втором году жизни я выдержал экзамен на цзиньши, и хоть путь моей учебы был долг и тернист, но зато служебный оказался гладок: пока что все обходилось без волнений и бурь, – рассуждал про себя Сяньый Тун. – Нынче я дослужился до губернатора. Какого же почета и какой славы еще желать? Я всегда честно и усердно относился к службе и не посрамил себя на доверенных мне постах. Было бы вполне разумно, собственно, на этом и остановиться. Но я еще не отблагодарил господина Куая за все то добро, которое он мне сделал. Назначен я теперь как раз в Чжэцзян, на его родину. Кто знает, может, смогу ему быть полезным».

И, выбрав благоприятный день, он отправился к месту нового назначения. На всем пути его ожидали торжественные и почетные встречи и проводы, но это, разумеется само собой, и об этом говорить нечего.

Не один день прошел, пока он добрался до Ханчжоу.

Куай Юйши к тому времени уже дослужился до должности помощника правителя области, но из-за болезни глаз ему пришлось устраниться от дел и вернуться на родину. Узнав, что Сяньый Тун назначен губернатором в их провинцию, Куай Юйши

了十二岁孙儿，亲到杭州谒见。蒯公虽是房师，到小于鲜于公二十余岁。今日蒯公致政在家，又有了目疾，龙钟可怜。鲜于公年已八旬，健如壮年，位至开府。可见发达不在于迟早。蒯公叹息了许多。正是：

　　松柏何须羡桃李，
　　请君点检岁寒枝。

且说鲜于同到任以后，正拟遣人问候蒯公，闻说蒯参政到门，喜不自胜，倒屣而迎，直请到私宅，以师生礼相见。蒯公唤十二岁孙儿："见了老公祖。"鲜于公问："此位是老师何人？"蒯公道："老夫受公祖活命之恩，犬子昔日难中，又蒙昭雪，此恩直如覆载。今天幸福星又照吾省。老夫衰病，不久于世；犬子读书无成；只有此孙，名曰蒯悟，资性颇敏，特携来相托，求老公祖青目一二。"鲜于公道："门生年齿，已非

взял с собой двенадцатилетнего внука и отправился к нему в Ханчжоу с визитом. И хоть Куай Юйши являлся учителем-экзаменатором Сяньюй Туна, но был он моложе его на двадцать с лишним лет. Теперь этот почтенный полуслепой старик в отставке вызывал сочувствие, а Сяньюй Тун в свои восемьдесят лет выглядел бодро, словно молодой, и вступал в должность губернатора. Нет, не возрастом определяются успех и процветание! Куай Юйши часто об этом думал и, как бы в ответ своим собственным мыслям, вздыхал. Поистине:

Зачем кипарисам и соснам
　　завидовать персику, сливе?
Взгляните в зимнюю пору –
　　что́ будет на ветках у них!

Прибыв в Ханчжоу, Сяньюй Тун собрался было послать человека проведать о здоровье Куай Юйши, но тут ему доложили, что Куай Юйши сам явился к нему. Сяньюй Тун, крайне обрадованный, поспешил встретить гостя, пригласил его в свои личные покои и приветствовал, как подобает приветствовать учителя. Куай Юйши подозвал внука.

– Поклонись господину! – сказал он мальчику.

– Кто это? Кем он вам приходится? – спросил Сяньюй Тун о мальчике.

– Вы меня спасли когда-то, потом выручили сына из беды, и благодарность к вам всегда остается при мне. Ныне счастливая звезда опять засияла над нашей провинцией. Я уже стар, болен, и недолго мне жить на свете. Сын учился, но ничего из этого не получилось, и теперь все мои надежды на этого мальчика, моего внука. Зовут его Куай У. Мальчик довольно смышлен, и вот я специально привел его с собой, чтобы просить вас позаботиться о нем.

仕途人物，正为师恩酬报未尽，所以强颜而来。今日承老师以令孙相托，此乃门生报德之会也。鄙思欲留令孙在敝衙同小孙辈课业，未审老师放心否？"蒯公道："若蒙老公祖教训，老夫死亦瞑目。"遂留两个书童服事蒯悟，在都抚衙内读书。蒯公自别去了。那蒯悟资性过人，文章日进。就是年之秋，学道按临，鲜于公力荐神童，进学补廪。依旧留在衙门中勤学。三年之后，学业已成。鲜于公道："此子可取科第，我亦可以报老师之恩矣。"乃将俸银三百两赠与蒯悟为笔砚之资，亲送到台州仙居县。适值蒯公三日前一病身亡。鲜于公哭奠已毕，问："老师临终亦有何言？"蒯敬共道："先父遗言，自己不幸少年登第，因而爱少贱老，偶尔暗中摸索，得了老公祖大

— Я уже в таком возрасте, что служба – не моя тропа, и если я приехал сюда на должность, то только потому, что до сих пор еще не сумел в полной мере отблагодарить вас за все, – говорил Сяньюй Тун. – А раз вы поручаете моим заботам своего мальчика, то случай этот как раз мне теперь и представляется. Будет ли у вас спокойна душа, если внук ваш будет жить здесь, при мне, и заниматься вместе с моими внуками?

— Если вы сами станете его обучать, я смогу умереть с закрытыми глазами.

И, оставив двух отроков на услужение внуку, Куай Юйши простился и ушел.

Куай У действительно оказался очень способным мальчиком. Он прилежно учился и так преуспел, что осенью того же года Сяньюй Тун рекомендовал его к очередным экзаменам для талантливых отроков. Куай У, выдержав экзамены, был принят в училище, зачислен на стипендию, но жил и занимался по-прежнему у Сяньюй Туна. Так прошло три года, и Куай У обрел познания, необходимые для прохождения дальнейших экзаменов.

«Ну что ж, этот мальчик уже может держать экзамены, и, если он выдержит, это будет моя благодарность Куай Юйши», – сказал как-то себе Сяньюй Тун.

Он дал юноше триста ланов серебром, как говорится, «на кисти и бумагу» и сам проводил его к деду. Они прибыли в Сяньцзюйсянь три дня спустя после кончины Куай Юйши. Совершив обряд поклонения и оплакав покойного, Сяньюй Тун обратился к Куай Цзингуну:

— Не наказывал ли учитель чего-нибудь перед кончиной?

— Он сказал, что жалеет, что сам выдержал экзамены в молодые годы, а потому любил молодых и не ценил стариков, и что совершенно случайно ему встретился такой высоконравственный ученик, как вы. Говорил, что после вас у него было много

人。后来许多年少的门生，贤愚不等，升沉不一，俱不得其气力，全亏了老公祖大人一人，始终看觑。我子孙世世不可怠慢老成之士！"鲜于公呵呵大笑道："下官今日三报师恩，正要天下人晓得扶持了老成人，也有用处，不可爱少而贱老也。"说罢，作别回省，草上表章，告老致仕。得旨予告，驰驿还乡，优悠林下。每日训课儿孙之暇，同里中父老饮酒赋诗。后八年，长孙鲜于涵乡榜高魁，赴京会试，恰好仙居县蒯悟是年中举，也到京中。两人三世通家，又是少年同窗，并在一寓读书。比及会试揭晓，同年进士，两家互相称贺。鲜于同自五十七岁登科，六十一岁登甲，历仕二十三年，腰金衣紫，锡恩三代。告老回家，又看了孙儿科第，直活到九十七岁，整整

молодых учеников, одни более способные, другие – менее, одни вознеслись высоко, другие нет, но ни один из них так не заботился о нем и не помог ему так, как вы. Он завещал нам, чтобы все мы, и сыновья его, и внуки, никогда не относились свысока к людям преклонного возраста.

– Стремясь всем трем поколениям вашей семьи воздать за добро, которое мне сделал мой учитель, я именно и хотел, чтобы люди поняли, что поддерживать пожилых тоже стоит и нельзя любить молодых и не ценить стариков, – сказал Сяньюй Тун, улыбаясь.

Вскоре он простился и уехал.

Вернувшись в Ханчжоу, Сяньюй Тун написал прошение об отставке. Императорским указом ему было разрешено уйти на покой, и он возвратился на родину. Там он жил в тиши и свободное от занятий с внуками время проводил с почтенными старцами за вином и сочинением стихов.

Восемь лет спустя его старший внук Сяньюй Хань среди первых выдержал областные экзамены, и когда прибыл в Пекин на столичные экзамены, то встретил там Куай У, который тоже выдержал у себя в области на цзюйжэня и теперь, как и он, приехал на столичные экзамены.

Внуки старых друзей, теперь молодые одногодки по экзаменам, стали вместе готовиться к предстоящим испытаниям. И когда был объявлен список выдержавших, оба они поздравляли друг друга с получением звания цзиньши.

Да, Сяньюй Тун пятидесяти семи лет выдержал областные экзамены, в шестьдесят один год – столичные, прослужил двадцать три года, дошел до высокого ранга, получил немало пожалований и наград и отплатил за добро трем поколениям семьи благодетеля. Уйдя в отставку и возвратясь на родину, ему еще довелось увидеть, как его внук выдержал столичные экзамены.

Сяньюй Тун прожил девяносто семь лет, и последние сорок

的四十年晚运。至今浙江人肯读书，不到六七十岁还不丢手，往往有晚达者。后人有诗叹云：

> 利名何必苦奔忙，
> 迟早须臾在上苍。
> 但学蟠桃能结果，
> 三千余岁未为长。

лет были для него годами процветания и славы.

В Чжэцзяне и поныне люди охотно учатся и сплошь и рядом до шестидесяти, а то и до семидесяти лет продолжают сидеть за книгами. Поэтому нередко случается, что иные из них достигают успеха уже в почтенные годы.

Впоследствии кто-то написал об этом стихи:

Стоит ли, жизненных сил не щадя,
  к успеху и славе стремиться:
Поздно иль рано их обретешь –
  только от неба зависит.
Если б суметь не спеша вызревать,
  как персик на древе священном,
Тогда даже целых три тысячи лет
  недолгим покажутся сроком!

Цзинь гу цигуань
Глава 15

КИТАЙСКАЯ КЛАССИКА

第十五卷

蒋兴哥重会珍珠衫

仕至千钟非贵,
年过七十常稀。
浮名身后有谁知?
万事空花游戏。

休逞少年狂荡,
莫贪花酒便宜。
脱离烦恼是和非,
随分安闲得意。

　　这首词名为《西江月》,是劝人安分守己,随缘作乐,莫为"酒""色""财""气"四字,损却精神,亏了行止。——求快活时非快活,得便宜处失便宜。说起那四字中,总到不得那"色"字利害。眼是情媒,心为欲种。起手时牵肠

ГЛАВА 15

ЦЗЯН СИНГЭ ВНОВЬ ВИДИТ ЖЕМЧУЖНУЮ РУБАШКУ

Служба не так уж ценна,
*   пусть даже платят немало;*
Возраст за семьдесят лет –
*   редчайший удел человека.*
Многие ль вспомнят потом
*   о славе твоей мимолетной?!*
Хлопоты в жизни, дела –
*   забавы одни, да и только.*
Годы младые даны
*   на то ль, чтоб в безумстве их тратить.*
Счастье и радость искать
*   в одном лишь вине и в красотках?*
Прочь от мирской суеты,
*   где правда и ложь неразлучны;*
С жизни уделом смирясь,
*   довольствуйся мудрым покоем.*

Стихотворение это написано на мотив «Луна над Западной рекой». В нем говорится о том, что надо пытаться удержать достигнутое в жизни, находя радость в сложившейся судьбе, а также избегать четырех вещей: вина, женщин, богатства и тщеславия – и не растрачивать на все это духовные силы. Потому что ведь известно: удовольствие, за которым погнался, обернется неудовольствием; выгода, которую обрел, обернется потерей. Но из четырех этих зол ни одно так не губительно, как женщины. Верно говорят: глаза – сваха в любви, желанье – похоти источ-

挂肚，过后去丧魄消魂。假如路柳墙花，偶然适兴，无损于事；若是生心设计，败俗伤风，只图自己一时欢乐，却不顾他人的百年恩义。假如你有娇妻爱妾，别人调戏上了，你心下如何？古人有四句道得好：

人心不可昧，
天道不差移。
我不淫人妇，
人不淫我妻。

看官，则今日听我说"珍珠衫"这套词话，可见果报不爽，好教少年子弟做个榜样。

话中单表一人，姓蒋，名德，小字兴哥，乃湖广襄阳府枣阳县人氏。父亲叫做蒋世泽，从小走熟广东，做客买卖。因为丧了妻房罗氏，止遗下这兴哥，年方九岁，别无男女。这蒋世泽割舍不下，又绝不得广东的衣食道路，千思百计，无可奈何，只得带那九岁的孩子同行作伴，就叫他学些乖巧。这孩子

ник. Поначалу вас влечет к женщине лишь сердцем, а затем вы теряете и разум. Правда, если случится встретиться где-нибудь с цветочком или с ивой, то в том нет беды. Другое дело, если специально строишь на этот счет планы, нарушаешь приличия, семейные обычаи и ради мига собственного блаженства пренебрегаешь многолетними чувствами других. Подумай, что пришлось бы переживать тебе самому, если бы кто-то стал заигрывать с твоей красавицей-женой или с любимой наложницей и в результате добился бы своего. В древних стихах хорошо об этом сказано:

Да, человека можно обмануть,
Но неба справедливость неизменна:
Коль я не оскверню чужой жены,
И на мою никто не покусится.

Итак, уважаемые, послушайте повесть о жемчужной рубашке. Из этой истории вы увидите, что возмездие неба неминуемо, и рассказ этот да послужит молодым людям хорошим уроком.

Рассказ начнем с одного человека, фамилия которого Цзян, имя – Дэ, молочное имя – Сингэ; был он уроженцем города Цзаоян, что в области Сянъян. Отца его звали Цзян Шицзэ. Еще с юных лет Цзян Шицзэ стал ездить с товарами торговать в провинцию Гуандун. Но вот у него умерла жена, и он остался вдвоем с сыном, которому в то время было всего девять лет. Других детей у супругов не было. Отцу жалко было оставлять сына одного, а отказаться от поездок в Гуандун, бросить дело, которое его кормило, он тоже не мог. Цзян Шицзэ прикидывал и так и этак, думал-думал, но выхода не находил. Оставалось одно: взять девятилетнего сына и вместе с ним отправиться в путь. «К тому же, – рассудил Цзян Шицзэ, – мальчик чему-то научится, узнает кое-какие секреты торговли». Сингэ хоть был еще мал,

虽则年小，生得：

> 眉清目秀，齿白唇红。行步端庄，言辞敏捷。聪明赛过读书家，伶俐不输长大汉。人人唤做粉孩儿，个个羡他无价宝。

蒋世泽怕人妒忌，一路上不说是嫡亲儿子，只说是内侄罗小官人。原来罗家也是走广东的。蒋家只走得一代，罗家到走过三代了。那边客店牙行，都与罗家世代相识，如自己亲眷一般。这蒋世泽做客，起头也还是丈人罗公领他走起的。因罗家近来屡次遭了屈官司，家道消乏，好几年不曾走动。这些客店牙行，见了蒋世泽，那一遍不动问罗家消息，好生牵挂。今番见蒋世泽带个孩子到来，问知是罗家小官人，且是生得十分清

но выглядел уже не ребенком:

*Брови, глаза хороши,
Белые зубы, красные губы.
В походке, движеньях – достоинства полон,
В разговоре разумен, находчив,
Сметливей начитанных многих,
Понятлив не меньше, чем взрослый.
Мальчишкой-красавцем все его звали,
Говорили, что нет ему просто цены.*

Опасаясь, что люди будут ему завидовать, Цзян Шицзэ во время путешествия никому не говорил, что Сингэ – его родной сын, а выдавал мальчика за молодого Ло, племянника жены. Следует сказать, что семья Ло тоже занималась торговлей, совершая поездки в Гуандун. Но если Цзян Шицзэ первым в своей семье взялся за это дело, то в семье Ло этим занимались уже целых три поколения. Поэтому там, в Гуандуне, и хозяева торговых подворий, и посредники в делах на протяжении многих лет были знакомы с людьми из семьи Ло и считали их чуть ли не родственниками. Кстати, и самого Цзян Шицзэ ввел в это дело Ло, отец его жены, некогда взяв его мальчиком с собой в путешествие. Но в последнее время семье Ло пришлось вести тяжбы по несправедливым обвинениям; тяжбы эти окончились для Ло неудачно, семья обеднела, и вот уже который год никто из них не ездил торговать в Гуандун. Неудивительно, что и посредники в делах, и люди на торговых подворьях всякий раз, встречая Цзян Шицзэ, расспрашивали его о семье Ло. Когда же они узнавали, что мальчик, с которым он приехал, из семьи Ло, да еще видели, какой ребенок красивый и умный, все, конечно, очень радовались. При этом они думали о том, что их деды и отцы дружили с семьей Ло, а ныне вот появился мальчик, принадле-

秀，应对聪明，想着他祖父三辈交情，如今又是第四辈了，那一个不欢喜。

闲话休题。却说蒋兴哥跟随父亲做客，走了几遍，学得伶俐乖巧，生意行中，百般都会，父亲也喜不自胜。何期到一十七岁上，父亲一病身亡。且喜刚在家中，还不做客途之鬼。兴哥哭了一场，免不得揩干泪眼，整理大事。殡殓之外，做些功德超度，自不必说。七七四十九日，内外宗亲都来吊孝。本县有个王公，正是兴哥的新岳丈，也来上门祭奠。少不得蒋门亲戚陪侍。叙话中间，说起兴哥少年老成，这般大事，亏他独立支持，因话随话间，就有人撺掇道："王老亲翁，如今令爱也长成了，何不乘凶完配，教他夫妻作伴，也好过日。"王公未肯应承，当日相别去了。众亲戚等安葬事毕，又去撺掇兴哥。兴哥初时也不肯，却被撺掇了几番，自想孤身无伴，落得应允，央原媒往王家去说。王公只是推辞，说道：

жащий уже к четвертому поколению Ло.

Однако не будем отвлекаться.

Итак, Сингэ несколько раз ездил с отцом торговать. Сообразительный мальчик быстро изучил все тонкости и ходы в торговле, все прекрасно понимал, и отец его был этим безмерно доволен.. Когда Сингэ минуло семнадцать лет, отец вдруг заболел и умер. Хорошо еще, что это случилось дома, на родине, и Цзян Шицзэ не стал бродячей душой где-то в чужом краю. Сингэ долго плакал и рыдал. Но что было делать: пришлось утереть слезы и заняться всем тем, что связано с церемонией похорон и трауром по родителю. Он обрядил отца, как полагается в подобных случаях, уложил его в гроб и, само собой разумеется, заказал заупокойную молитву. Сорок девять дней прибывали в дом родственники почтить память умершего и выразить соболезнование Сингэ. Явился и господин Ван, земляк и будущий тесть Сингэ. Помогая при обряде и прислуживая Вану, родственники и друзья Сингэ, разумеется, рассказывали ему, как и что. Разговор зашел и о Сингэ, о том, что он хоть и молод, но серьезен и обстоятелен, что вот сумел сам все подготовить и устроить как положено для совершения траурного обряда. Слово за слово, и кто-то из присутствующих сказал, обращаясь к Вану:

— Уважаемый господин Ван, ваша дочь уже взрослая. Почему бы не поженить их теперь же, учитывая сложившиеся обстоятельства? И ему будет легче, и ей хорошо.

Ван с этим предложением не согласился и вскоре, распрощавшись, ушел. Когда обряд похорон был завершен, родственники Сингэ завели с ним разговор о женитьбе. Поначалу он отказался, но после того как с ним поговорили об этом и раз, и другой, подумал, что вот он остался теперь в доме один, рядом никого нет... и решил согласиться. Попросили пойти к Вану ту самую женщину, которая в свое время была свахой у семей Цзян и Ло. Ван отказал и ей:

"我家也要备些薄薄妆奁,一时如何来得?况且孝未期年,于礼有碍。便要成亲,且待小祥之后再议。"媒人回话。兴哥见他说得正理,也不相强。

光阴如箭,不觉周年已到。兴哥祭过了父亲灵位,换去粗麻衣服。再央媒人王家去说,方才应允。不隔几日,六礼完备,娶了新妇进门。有《西江月》为证:

> 孝幕翻成红幕,
> 色衣换去麻衣。
> 画楼结彩烛光辉,
> 合卺花筵齐备。

> 却羡妆奁富盛,
> 难求丽色娇妻。
> 今宵云雨足欢娱,
> 来日人称恭喜。

说这新妇是王公最幼之女,小名唤做三大儿。因他是七月七日生的,又唤做三巧儿。王公先前嫁过的两个女儿,都是出

– Нужно подготовить хоть какое-то приданое: сразу ведь этого не сделаешь! Кроме того, и года после похорон еще не прошло – не положено так! Дождемся конца малого траура, тогда и поговорим.

Сваха передала все это Сингэ, и тот, понимая, что Ван прав, не стал настаивать.

Время летело словно стрела – незаметно прошел год. Сингэ совершил жертвоприношения перед поминальной табличкой отца, снял с себя грубую пеньковую траурную одежду и снова попросил сваху пойти к Вану. На этот раз согласие было получено, и через несколько дней после совершения всех положенных предсвадебных обрядов молодую ввели в дом Сингэ. Все, в общем, было как в том стихотворении на мотив «Луна над Западной рекой»:

*Траурный занавес на красный сменили,
Пеньковое платье – на пестрый наряд.
Дом празднично убран,
Свечи, сияя, горят.
К торжественному пиру все готово,
И брачные чаши их ждут.
Ничто приданого богатство
В сравнении с изяществом и красотой невесты.
Радостна будет брачная ночь,
Наутро придут с поздравленьями люди.*

Скажу еще, что новобрачная была третьей и самой младшей дочерью господина Вана, звали ее Саньда или, ласкательно, Саньдаэр. Так как она родилась в седьмой день седьмого месяца, ее называли также Саньцяо, то есть «Третья-удачливая». Две старшие дочери господина Вана, которых еще раньше выдали замуж, были так хороши собой, что все в городе восхищались

色标致的。枣阳县中，人人称羡，造出四句口号，道是：

天下妇人多，
王家美色寡。
有人娶着他，
胜似为驸马。

常言道："做买卖不着只一时，讨老婆不着是一世。"若于官宦大户人家，单拣门户相当，或是贪他嫁资丰厚，不分皂白，定了亲事，后来娶下一房奇丑的媳妇，十亲九眷面前，出来相见，做公婆的好没意思。又且丈夫心下不喜，未免私房走野。偏是丑妇极会管老公。若是一般见识的，便要反目；若是顾惜体面，让他一两遍，他就做大起来。有此数般不妙，所以蒋世泽闻知王公惯生得好女儿。从小便送过财礼，定下他幼女，与儿子为婚。今日娶过门来，果然娇姿艳质，说起来，比他两个姐姐加倍标致。正是：

их красотой и даже сочинили о них стишки:

*Женщин немало на свете,
Но красавиц таких, как дочери Вана,
Редко найдешь.
Откажешься стать императорским зятем,
Коль выпадет счастье
Жениться на дочери Вана.*

Поговорка не случайно гласит: не повезло в торговле – это временно; с женой не повезло – вот это на всю жизнь. А ведь когда в богатых, знатных семьях собираются просватать сына, то обычно стараются подыскать невесту из семьи с соответствующим положением; бывает и так: позарившись на большое состояние, без всяких раздумий совершают сговор с каким-нибудь богачом. Но вот наступает день, молодая является в дом жениха – тут-то вдруг, бывает, и обнаруживается, что она уродлива; и когда после бракосочетания она вынуждена выйти к родственникам мужа, дабы представиться им, то тестю и теще становится очень не по себе. Муж, конечно, разочарован и тайком начинает искать любовь на стороне. Но, как правило, именно некрасивые жены умеют держать в руках своих мужей. Если будешь обходиться с такой женой так же, как и она с тобой, то начнутся ссоры, а коли сочтешь, что скандалить неловко, и уступишь ей раз-другой, она станет задирать нос да показывать себя.

Отец Сингэ понимал, что ничего хорошего в подобных браках нет; поэтому, проведав в свое время о том, что дочь у господина Вана девочка хорошая, к тому же еще и недурна собой, он совершил с ним брачный сговор; это было тогда, когда Сингэ и Саньцяо были еще детьми малыми. Теперь, когда Саньцяо вошла в дом Сингэ, он увидел, что его жена действительно хороша собой – изящна, стройна и красива, красивее даже, чем ее стар-

吴宫西子不如，
楚国南威难赛。
若比水月观音，
一样烧香礼拜。

　　蒋兴哥人才本自齐整，又娶得这房美色的浑家，分明是一对玉人，良工琢就，男欢女爱，比别个夫妻更胜十分。三朝之后，依先换了些浅色衣服。只推制中，不与外事，专在楼上与浑家成双捉对，朝暮取乐。真个行坐不离，梦魂作伴。自古"苦日难熬，欢时易过"。暑往寒来，早已孝服完满，起灵除孝，不在话下。兴哥一日间想起父亲存日，广东生理，如今担搁三年有余了，那边还放下许多客账，不曾取得，夜间与浑家商议，欲要去走一遭。浑家初时也答应道该去，后来说到许多路程，恩爱夫妻，何忍分离，不觉两泪交流。兴哥也自割舍不得。两下凄惨一场，又丢开了。如此已非一次。

шие сестры. Вот уж поистине,

*В красоте ей уступит Си Ши из дворца князя У,
Нань Чживэй из владения Чу – не столь хороша.
Как Гуаньинь она, что смотрит на луну в воде,
Достойна поклонения и воскурений.*

Сингэ и сам был красив, а теперь еще и жена красавица. Это была пара, словно выточенная из нефрита искусным мастером, и любили они друг друга так, как, казалось, не любил друг друга никто из супругов. Через три дня после свадьбы Сингэ и Саньцяо сменили нарядную одежду на скромное платье. Под предлогом, что они все еще в трауре, Сингэ не занимался делами и целые дни, с утра до вечера, сидел дома со своей женой и наслаждался общением с нею. Молодые буквально не отходили друг от друга и были вместе даже в своих снах. Издревле известно: тяжкие дни тянутся долго, радости время быстро летит. Минуло лето, прошла зима. Сингэ и Саньцяо даже не заметили, как кончился период большого траура. Они сняли с себя траурное одеяние и убрали поминальную табличку. Но об этом подробно рассказывать не будем.

Однажды, подумав о том, что прошло уже более трех лет с тех пор, как отец был в Гуандуне, где осталось немало счетов, по которым он в свое время так и не успел получить, Сингэ вечером заговорил об этом с женой и сказал, что собирается съездить в Гуандун.

– Надо поехать, – согласилась она поначалу. Но когда речь зашла о том, как далек туда путь и как трудно будет им перенести разлуку, у Саньцяо невольно потекли слезы. Сингэ самому тоже было тяжко расставаться с женой, поэтому, подавленные горем и печалью, они оставили разговор о его отъезде. Так повторялось не раз.

光阴荏苒，不觉又捱过了二年。那时兴哥决意要行，瞒过了浑家，在外面暗暗收拾行李，拣了个上吉的日期，五日前方对浑家说知道："常言'坐吃山空'。我夫妻两口，也要成家立业。终不然抛了这行衣食路道？如今这二月天气，不寒不暖，不上路更待何时？"浑家料是留他不住了，只得问道："丈夫此去，几时可回？"兴哥道："我这番出外，甚不得已。好歹一年便回。宁可第二遍多去几时罢了。"浑家指着楼前一棵椿树道："明年此树发芽，便盼着官人回也。"说罢，泪下如雨。兴哥把衣袖替他揩拭，不觉自己眼泪也挂下来。两下里怨离惜别，分外恩情，一言难尽。到了第五日，夫妇两个啼啼哭哭，说了一夜的说话，索性不睡了。五更时分，兴哥便起身收拾，将祖遗下的珍珠细软，都交付与浑家收管。自己只带得本钱银两，账目底本，及随身衣服铺陈之类；又有预备下送礼的人事，都装叠停当。原有两房家人，只带一个后生些的去，留下一个老成的在家，听浑家使唤，买办日用。两个婆

Время текло, дни шли своим чередом, и вот прошло еще два года. Сингэ наконец твердо решил отправиться в путь и тайно от жены, вне дома, потихоньку подготавливал все необходимое. Он уже выбрал благоприятный день и лишь за пять дней до отъезда признался жене, что решил ехать.

– Как говорится, если сиднем сидеть и только есть, то и гора опустеет, – сказал он ей при этом. – Нам ведь с тобой тоже надо позаботиться о том, чтобы семья была как семья и дом как дом. Неужто так и забросить дело, которое кормило меня? Теперь у нас весна, не холодно и не жарко, и если сейчас не поехать, то когда же еще? Самое время отправиться в путь.

Саньцяо поняла, что на этот раз ей не удержать мужа, и только спросила:

– Когда же ты рассчитываешь вернуться?

– Я ведь и сам не рад, что приходится теперь ехать. Удачно сложатся дела или нет, но через год вернусь. В крайнем случае второй раз съезжу туда и, если нужно будет, тогда уж задержусь.

– В будущем году, когда появятся почки на этом дереве, буду ждать твоего возвращения, – сказала Саньцяо, указывая на душистый ясень, росший перед домом, и слезы дождем полились у нее из глаз. Сингэ стал рукавом утирать их и сам невольно заплакал. Горюя о предстоящей разлуке, они были так нежны друг с другом, что в двух словах это и не передашь.

Наступил день отъезда. Всю ночь супруги, роняя слезы, проговорили до утра, так и не сомкнув глаз. В пятую стражу Сингэ поднялся, привел в порядок вещи, достал все драгоценности и украшения, которые были в его семье, и передал их жене, чтобы та сохранила. В дорогу Сингэ взял лишь необходимую на дело сумму, долговые записи, одежду и постельные вещи. Все это он уложил и упаковал. С собой он решил взять одного из двух слуг – того, что помоложе; того, что постарше, он оставлял дома, дабы тот делал покупки и все необходимое по хозяйству. В доме

娘，专管厨下。又有两个丫头，——一个叫晴云，一个叫暖雪，——专在楼中伏侍，不许远离。分付停当，又对浑家说道："娘子耐心度日。地方轻薄子弟不少，你又生得美貌，莫在门前窥瞰，招风揽火。"浑家道："官人放心。早去早回。"两下掩泪而别。正是：

世上万般哀苦事，
无非死别与生离。

兴哥上路，心中只想着浑家，整日的不瞅不睬。不一日到了广东地方，下了客店。这伙旧时相识，都来会面。兴哥送了些人事，排家的治酒接风，一连半月二十日，不得空闲。兴哥在家时，原是淘虚了的身子；一路受些劳碌，到此未免饮食不节，得了个疟疾，一夏不好，秋间转成水痢。每日请医看脉，服药调治。直延到秋尽，方得安痊。把买卖都担搁了，眼见得一年回去不成。正是：

只为蝇头微利，
抛却鸳被良缘。

были еще две пожилые кухарки и две молодые служанки. Одну из них звали Цинъюнь, другую – Ну-аньсюэ. Обе должны были прислуживать самой Саньцяо и не отлучаться из дома.

Распорядившись обо всем, он сказал на прощание жене:

– Ты уж потерпи, поживи одна. Только не выглядывай на улицу, чтобы не случилось чего неладного: женщина ты красивая, а молодых легкомысленных людей у нас тут хватает.

– Не волнуйся и возвращайся поскорее, – сказала она в ответ. Расстались они со слезами на глазах. Вот уж поистине,

*Нет тяжелее, горестней нет
Разлуки при жизни, прощанья перед смертью.*

В пути Сингэ думал только о жене, и ничто его не интересовало. Но вот наконец он добрался до Гуандуна и остановился в гостином дворе. Все, кто его знал, приходили повидать его, и всем он раздавал подарки; надо было ходить и на званые пиры, которые в честь его приезда по очереди устраивали его добрые знакомые, так что почти три недели у него не было для дела и минуты свободной. Надо сказать, что Сингэ еще дома подорвал свое здоровье, дала себя знать и усталость от дороги, а тут еще жизнь в Гуандуне, когда волей-неволей нарушалась должная мера и своевременность в еде. В результате Сингэ заболел малярией, проболел все лето, а осенью его одолела дизентерия. Каждый день врач щупал его пульс, назначал лекарства. Поправился Сингэ лишь в конце осени. Все дела во время болезни, разумеется, были заброшены, и стало ясно, что к обещанному сроку ему не успеть вернуться домой. Вот уж право,

*Всего-то выгоды с мушиную головку,
А он жену оставил и ушел от счастья.*

兴哥虽然想家，到得日久，索性把念头放慢了。

不题兴哥做客之事。且说这里浑家王三巧儿，自从那日丈夫分付了，果然数月之内，目不窥户，足不下楼。光阴似箭，不觉残年将尽。家家户户，闹轰轰的暖火盆，放爆竹，吃合家欢耍子。三巧儿触景伤情，思想丈夫，这一夜好生凄楚。正合古人的四句诗，道是：

腊尽愁难尽，
春归人未归。
朝来添寂寞，
不肯试新衣。

明日正月初一日，是个岁朝，晴云、暖雪，两个丫头一力劝主母在前楼去看看街坊景象。原来蒋家住宅，前后通连的两带楼房：第一带临着大街，第二带方做卧房。三巧儿闲常只在第二带中坐卧。这一日被丫头们撺掇不过，只得从边厢里走过前楼，分付推开窗子，把帘子放下，三巧儿在帘内观看。这日街坊上好不闹杂。三巧儿道："多少东行西走的人，偏没个卖

Вначале Сингэ беспрестанно думал о доме, но со временем постепенно перестал терзать себя мыслью о нем.

Оставим теперь речь о том, как Сингэ жил в Гуандуне, и расскажем о его жене.

Саньцяо, как и велел ей муж в день отъезда, действительно несколько месяцев подряд не то что в окно не выглядывала – вниз не спускалась из своей комнаты. Между тем время мчалось стрелой, и незаметно наступил канун Нового года. В каждом дворе трещали петарды, пылали сосновые ветки; люди собирались вместе, пили, ели, развлекались, играли в различные игры. Все это навевало на Саньцяо грусть, тоску по мужу, и в эту ночь она чувствовала себя особенно одиноко. Точь-в-точь как в древних стихах:

> *Год кончился, но нет конца печали,*
> *Весна опять пришла, но тот, кого ты ждешь,*
> >   *не возвратился.*
> *Грусть и тоска с утра терзают душу,*
> *И в новую одежду нарядиться нет желанья.*

Следующий день – первый день первого месяца – был Новый год, и обе служанки, Цинъюнь и Нуаньсюэ, стали уговаривать хозяйку пойти в передний дом и поглядеть, что делается на улице. Следует сказать, что дом Сингэ состоял из двух отдельных, соединенных между собой строений. Одно выходило прямо на улицу, другое стояло в глубине и служило спальным помещением. Саньцяо обычно все время проводила во втором доме, и вот, поддавшись уговорам служанок, она наконец впервые решилась пойти в передний дом. Приказав открыть окно и опустить занавеску, она села у окна и вместе со служанками стала смотреть на улицу сквозь занавеску. Что творилось на улице в этот день: оживление, шум, толчея!

卦先生在内。若有时，唤他来卜问官人消息也好。"晴云道："今日是岁朝，人人要闲耍的，那个出来卖卦？"暖雪道："娘，限在我两个身上，五日内包唤一个来占卦便了。"到初四日早饭过后，暖雪下楼小解，忽听得街上当当的敲响。这件东西叫做"报君知"，是瞎子卖卦的行头。暖雪等不及解完，慌忙检了裤腰，跑出门外，叫住了瞎先生，拨转脚头，一口气跑上楼来报知主母。三巧儿分付唤在楼下坐启内坐着，讨他课钱，通陈过了，走下楼梯，听他剖断。那瞎先生占成一卦，问是何用。那时厨下两个婆娘，听得热闹，也都跑将来了，替主母传话道："这卦是问行人的。"瞎先生道："可是妻问夫么？"婆娘道："正是。"先生道："青龙治世，财爻发动。若是妻问夫，行人在半途。金帛千箱有，风波一点无。青龙属木，木旺于春。立春前后已动身了。月尽月初，必然回家。更

— Столько тут народу, а вот гадателя не видно, — заметила Саньцяо. — А то позвала бы его погадать, что с мужем.

— Сегодня Новый год, всем хочется поразвлечься да погулять. Кто в такой день выйдет гадать! — ответила на это Цинъюнь.

— Матушка, мы с Цинъюнь берем это на себя, — вмешалась в разговор Нуаньсюэ. — Ручаюсь, не позднее чем через пять дней гадатель будет у вас.

Утром в четвертый день Нового года после завтрака Нуаньсюэ приспичило выбежать во двор, и вдруг она услышала звук ударов по медной пластине. Стремглав бросившись за ворота, она окликнула слепца-гадателя, попросила его подождать, а сама побежала наверх сообщить о нем хозяйке.

— Приведи его, пусть посидит внизу в гостиной за ширмами, — распорядилась Саньцяо.

Узнав, сколько стоит гадание, Саньцяо помолилась и спустилась вниз послушать, что ей скажет слепец. Гадатель расположил все, что нужно для гадания, и спросил, что здесь хотят узнать.

Услышав необычное оживление в доме, прибежали из кухни и обе кухарки.

— Гадание касается человека, который в отъезде, — сказала одна из них за хозяйку.

— Жена хочет знать о муже, не так ли?

— Именно так, — хором отвечали женщины.

И тут гадатель произнес:

— Ныне зеленый дракон управляет миром, и в действии сейчас символ богатства. Если жена вопрошает о муже, то человек этот уже на полпути домой. Везет он с собой сундуки золота и ценностей, и никаких у него нет тревог и волнений. Зеленый дракон соответствует древу, а древо в расцвете весной; стало быть, где-то в начале весны человек ваш уже отправился в путь и в конце этого или в начале будущего месяца должен верну-

兼十分财采。"三巧儿叫买办的把三分银子打发他去,欢天喜地,上楼去了。真所谓:"望梅止渴,画饼充饥。"大凡人不做指望,到也不在心上;一做指望,便痴心妄想,时刻难过。

三巧儿只为信了卖卦先生之话,一心只想丈夫回来,从此时常走向前楼,在帘内东张西望。直到二月初旬,椿树发芽,不见些动静。三巧儿思想丈夫临行之约,愈加心慌,一日几遍,向外探望。也是合当有事,遇着这个后生。正是:

有缘千里能相会,
无缘对面不相逢。

这个俊俏后生是谁?原来不是本地,是徽州新安县人氏,姓陈,名商,小名叫做大喜哥,后来改呼为"大郎"。年方二十四岁;且是生得一表人物,虽胜不得宋玉、潘安,也不在两人之下。这大郎也是父母双亡,凑了二三千金本钱,来走襄阳,贩卖些米豆之类,每年常走一遍。他下处自在城外,偶

ться, да еще с огромным богатством.

Саньцяо приказала слуге дать слепому три фэня серебром и проводить его, а сама, безмерно счастливая, поднялась к себе наверх. Вот уж действительно, что называется, жажду утолять, глядя на мэй, иль голод умерять, рисуя лепешки.

Обычно на что человек не надеется, о том он мало и думает; но стоит появиться надежде – тотчас рождаются бесплодные мысли, бредовые мечты, и каждая минута ожидания становится непереносимой.

После того что наговорил гадатель, Саньцяо только и думала о возвращении мужа. С этих пор она стала часто ходить в передние покои и выглядывать на улицу из-за занавески.

Шел второй месяц, на душистом ясене уже появились почки, а о Сингэ все еще ничего не было слышно. Помня обещание мужа, Саньцяо начала тревожиться и теперь уже по нескольку раз в день смотрела на улицу. И видимо, так уж должно было случиться, что она увидела молодого и красивого человека. Поистине,

Коль суждено – друг друга встретят,
Хоть сотни ли их разделяют;
А не судьба – так рядом будут
И то друг с другом не столкнутся.

Кто же он, этот молодой и красивый человек? Оказывается, он не местный, а уроженец области Хуэйчжоу, уезда Синьань. Фамилия его – Чэнь, имя – Шан. Молочное имя его было Дасигэ, но потом он сменил его на Далан. Хотя по красоте он и уступал Сун Ююи и Пань Аню, но в свои двадцать четыре года был очень собой недурен. Далан, как и Сингэ, тоже был круглым сиротой. Собрав в свое время несколько тысяч для торговли, Далан стал ездить в Сянъян закупать рис, бобы и прочее. Бывал

然这日进城来，要到大市街汪朝奉典铺中问个家信。那典铺正在蒋家对门，因此经过。你道怎生打扮？头上戴一顶苏样的百柱帽，身上穿一件鱼肚白的湖纱道袍，又恰好与蒋兴哥平昔穿着相像。三巧儿远远瞧见，只道是他丈夫回了，揭开帘子，定睛而看。陈大郎抬头，望见楼上一个年少的美妇人，目不转睛的。只道心上欢喜了他，也对着楼上丢个眼色。谁知两个都错认了。三巧儿见不是丈夫，羞得两颊通红，忙忙把窗儿拽转，跑在后楼，靠着床沿上坐着，兀自心头突突的跳一个不住。谁知陈大郎的一片精魂，早被妇人眼光摄上去了，回到下处，心心念念的放他不下。肚里想道："家中妻子虽是有些颜色，怎比得妇人一半？欲得通个情款，争奈无门可入。若得谋他一宿，就消花这些本钱，也不枉为人在世！"叹了几口气，忽然想起大市街东巷有个卖珠子的薛婆，曾与他做过交易。"这婆子能言快语；况且日逐串街走巷，那一家不认得。须是与他商

он в Сянъяне обычно каждый год и останавливался в Цзаояне, за городом. И вот однажды направился он в город на Большую базарную улицу к некоему господину Вану, владельцу закладной лавки, чтобы узнать, нет ли каких вестей из дому. Лавка эта находилась как раз напротив дома Сингэ. Таким образом Далан и оказался там. Вы спросите, как он был одет? В простом из белого шелка халате, на голове плетеная шапка, какие носят в Сучжоу, словом, точь-в-точь как одевался Сингэ. Увидев из окна Далана, Саньцяо издали приняла его за мужа. Она тотчас откинула занавес и, не отрывая глаз, стала смотреть на приближавшуюся фигуру. Далан, поравнявшись с домом Сингэ, заметил наверху в окне молодую красивую женщину, которая не сводила с него глаз. Он решил, что произвел впечатление, и бросил на красавицу многозначительный взгляд. Как было им знать, что каждый из них ошибался?!

Когда Саньцяо поняла, что обозналась, лицо ее от стыда залилось краской. Она тут же закрыла окно, опустила занавеску и побежала в задний дом. Долго еще, сидя у себя, она чувствовала, как сильно бьется ее сердце.

Что до Далана, то прекрасные женские глаза просто-напросто захватили всю его душу. Вернувшись в гостиницу, он не переставал думать о красавице.

«Жена моя, конечно, тоже хороша собой, но с этой женщиной ей не сравниться, – рассуждал он про себя. – Написать бы ей записку. Но вот через кого передать? Все отдал бы, только бы она согласилась провести со мной хоть одну ночь. Тогда считал бы, что не зря прожил на свете». Молодой человек все вздыхал и вздыхал и вдруг вспомнил, что совсем рядом с Большой базарной улицей, в Восточном переулке, живет некая старушка Сюэ, которая торгует жемчугом. Как-то раз Далану довелось иметь с ней дело, и он помнил, что бабка эта находчивая и поговорить умеет. «Да и ходит она изо дня в день то к одним, то к другим –

议，定有道理。"这一夜翻来覆去，勉强过了。次日起个清早，只推有事，讨些凉水梳洗，取了一百两银子，两大锭金子，急急的跑进城来。这叫做：

欲求生受用，
须下死工夫。

陈大郎进城，一径来到大市街东巷，去敲那薛婆的门。薛婆蓬着头，正在天井里拣珠子，听得敲门，一头收了珠包，一头问道："是谁？"才听说"徽州陈"三字，慌忙开门请进，道："老身未曾梳洗，不敢为礼了。大官人起得好早。有何贵干？"陈大郎道："特特而来；若迟时，怕不相遇。"薛婆道："可是作成老身出脱些珍珠首饰么？"陈大郎道："珠子也要买；还有大买卖作成你。"薛婆道："老身除了这一行货，其余都不熟惯。"陈大郎道："这里可说得话么？"薛婆便把大门关上，请他到小阁中坐着，问道："大官人有何分

конечно, должна знать всех в округе», – подумал Далан и решил с ней посоветоваться – может, и сумеет она что-нибудь придумать.

Всю ночь Далан ворочался с боку на бок и едва дождался утра. Чуть свет он поднялся, умылся холодной водой, причесался и тотчас поспешил в город, захватив с собой сто ланов серебром и два больших слитка золота. Не зря говорят:

*Хочешь чего-то в жизни добиться –
Изволь до изнуренья потрудиться.*

Добравшись до города, Далан направился на Большую базарную улицу, свернул в Восточный переулок и стал стучать в ворота, где жила старуха Сюэ. Та, еще не причесанная, сидела во дворе и отбирала жемчуг для продажи.

– Кто там? – спросила она, пряча жемчуг.
– Чэнь, из Хуэйчжоу.

Этого ей было достаточно, чтобы понять, кто пришел, и она тут же бросилась открывать ворота.

– Я даже не успела причесаться. В таком виде не смею должным образом приветствовать вас, – проговорила она и спросила: – А вы что так рано? Есть дело какое?

– Да, специально по делу и пришел. Боялся, что не застану, если явлюсь позже, – ответил Далан.

– Неужели хотите оказать услугу покупкой жемчуга или каких-нибудь украшений?

– И жемчуг купить хочу, и еще дело одно, большое, выгодное, предложить.

– Но я, старая, только этим и занимаюсь и ничем другим...

– А здесь нам можно поговорить откровенно?

Старуха закрыла ворота, провела Далана в маленькую гостиную и предложила ему сесть.

付？"大郎见四下无人，便向衣袖里摸出银子，解开布包，摊在桌上，道："这一百两银，干娘收过了，方才敢说。"婆子不知高低，那里肯受。大郎道："莫非嫌少？"慌忙又取出黄灿灿的两锭金子，也放在桌上，道："这十两金子，一并奉纳。若干娘再不收时，便是故意推调了。今日是我来寻你，非是你来寻我。只为这桩大买卖，不是老娘成不得，所以特地相求。便说做不成时，这金银你只管受用。终不然，我又来取讨？日后再没相会的时节了？我陈商不是恁般小样的人。"——看官，你说从来做牙婆的人，那个不贪钱钞？见了这般黄白之物，如何不动火？——薛婆当时满脸堆下笑来，便道："大官人休得错怪。老身一生不曾要别人一厘一毫不明不白的钱财。今日既承大官人分付，老身权且留下；若是不能效劳，依旧奉纳。"说罢，将金锭放银包内，一齐包起，叫声"老身大胆了！"拿向卧房中藏过，忙趑出来道："大官人，老身且不敢称谢。你且说什么买卖，用着老身之处。"大郎道："急切要寻一件救命之宝，是处都无，只大市街一家人家有。特央干娘去借借。"婆子笑将起来道："又是作怪！

– Что прикажете, господин Чэнь?

Убедившись, что они одни, Далан вытащил из рукава сверток, развернул его и выложил на стол серебро.

– Здесь сто ланов, прошу вас принять, тогда я и осмелюсь все объяснить.

Не понимая, в чем дело, старуха отказывалась взять деньги.

– Может быть, вы находите, что этого мало? – спросил Далан и выложил на стол еще два блестящих слитка золота. – Здесь еще десять ланов. Прошу все это принять, – настаивал он. – Если, матушка, вы и теперь откажетесь, значит, просто не хотите мне помочь. Ведь это я пришел к вам с просьбой, а не вы ко мне! А пришел потому, что крупное дело, которое я задумал, без вас не получится. Не договоримся – оставьте себе это золото и серебро и делайте с ними, что хотите. Требовать деньги обратно не стану. Будут у нас когда-нибудь потом еще дела – встретимся. А вообще-то, полагаю, вы знаете, я не из мелочных.

Теперь скажи, читатель, есть ли на свете хоть одна бабка-посредница, которая не была бы жадна до денег?! При виде такого количества золота и серебра у старухи, как говорится, душа загорелась огнем жадности. Она просияла.

– Не обессудьте, я в жизни и гроша не брала, если не знала, за что мне платят. Но раз уж вы так хотите, хорошо, я пока оставлю это у себя; не смогу быть полезной – сразу же и верну, – говорила она, расплывшись в улыбке, и со словами: – Уж извините, что осмеливаюсь, – завернула золото и серебро в сверток и унесла к себе. – Не решаюсь пока благодарить вас, – сказала она, вернувшись. – Так объясните же, зачем я вам понадобилась.

– Мне срочно нужно обрести спасающую душу драгоценность, – отвечал Далан. – Ее нигде нет, кроме как в одном доме на Большой базарной улице. Вот я и хотел бы просить вас пойти туда поговорить, чтобы мне ее одолжили.

– Ну и чудеса! – воскликнула старуха, рассмеявшись. – Я

老身在这条巷住过二十多年，不曾闻大市街有甚救命之宝。大官人，你说有宝的，还是谁家？"大郎道："敝乡里汪三朝奉典铺对门，高楼子内，是何人之宅？"婆子想了一回道："这是本地蒋兴哥家里。他男子出外做客，一年多了，只有女眷在家。"大郎道："我这救命之宝，正要问他女眷借借。"便把椅子掇近了婆子身边，向他诉出心腹，如此如此。婆子听罢，连忙摇首道："此事大难。蒋兴哥新娶这房娘子，不上四年。夫妻两个，如鱼似水，寸步不离，如今没奈何出去了。这小娘子足不下楼，甚是贞节。因兴哥做人有些古怪，容易嗔嫌，老身辈从不曾上他的阶头。连这小娘子面长面短，老身还不认得。如何应承得此事？方才所赐，是老身薄福，受用不成了。"陈大郎听说，慌忙双膝跪下。婆子去扯他时，被他两手拿住衣袖，紧紧按定在椅上，动掸不得。口里说："我陈商这条性命，都在干娘身上。你是必思量个妙计，作成我入马，救我残生。事成之日，再有白金百两相酬。若是推阻，即今便是

живу в этом переулке уже больше двадцати лет и никогда не слыхала, чтобы здесь, у нас, на Большой базарной улице, у кого-то была какая-то душеспасительная драгоценность. Ну, ладно, – перебила она сама себя, – так скажите же, господин Чэнь, в чьем доме эта вещь?

– Кто живет в том большом двухэтажном доме, что напротив закладной лавки моего земляка Вана? – спросил в ответ Далан.

– Это дом здешнего человека по имени Цзян Сингэ, – подумав, ответила старуха. – Сам он уже больше года как в отъезде по торговым делам, и в доме теперь только его жена.

– Нужную мне драгоценность я как раз и хотел попросить в долг у этой женщины, – сказал Далан и, придвинув стул поближе к старухе, выложил ей все, что было у него на душе.

Выслушав Далана, старуха покачала головой.

– О, это невозможно! – сказала она. – Цзян Сингэ взял эту женщину в жены четыре года назад, и они, словно рыба и вода, и минуты не могли прожить друг без друга. С тех пор как он уехал, она даже вниз не спускается – так ему верна. А вот сам Сингэ – человек со странностями: чуть что – смотришь, рассердился. Поэтому я никогда и порога их дома не переступала и даже не знаю, какое у нее лицо – продолговатое или круглое. Как же смогу я взять на себя такое поручение?! Видно, малая доля счастья суждена мне в жизни – не смогу я принять ваш подарок, – заключила старуха.

Тут Далан стал перед ней на колени. Старуха протянула руки, чтобы поднять его, но тот схватил ее за рукава и так прижал к стулу, что она и пошевельнуться не смогла.

– Вся моя жизнь теперь зависит только от вас! – взмолился Далан. – Вы должны что-нибудь придумать, чтобы эта женщина стала моей, – этим вы сохраните мне остаток моей жизни. Когда дело сладится, я дам вам еще сто ланов, а если откажетесь помочь – покончу с собой.

个死。"慌得婆子没理会处,连声应道:"是,是,莫要折杀老身!大官人请起。老身有话讲。"陈大郎方才起身拱手道:"有何妙策?作速见教。"薛婆道:"此事须从容图之。只要成就,莫论岁月。若是限时限日,老身决难奉命。"陈大郎道:"若果然成就,便迟几日何妨?只是计将安出?"薛婆道:"明日不可太早,不可太迟。早饭后,相约在汪三朝奉典铺中相会。大官人可多带银两,只说与老身做买卖。其间自有道理。若是老身这两只脚跨进得蒋家的门时,便是大官人的造化。大官人便可急回下处,莫在他门首盘桓,被人识破,误了大事。讨得三分机会,老身自来回复。"陈大郎道:"谨依尊命。"唱了个肥喏,欣然开门而去。正是:

  未曾灭项兴刘,
  先见筑坛拜将。

Старуха не знала, как поступить.

– Ладно, ладно, – твердила она. – Вы сломаете все мои кости! Отпустите меня, прошу, тогда поговорим.

Только теперь Далан поднялся и, поклонившись ей, произнес:

– Так что же вы придумали, говорите скорей!

– В таком деле нужно действовать не торопясь. Важно, чтобы все получилось как надо, а о том, сколько потребуется на это времени, говорить не приходится. Если будете настаивать на каких-то сроках, мне придется отказаться.

– Раз вы обещаете мне удачу, то днем ли раньше, днем ли позже – не так уж важно. Но скажите, что же вы все-таки придумали?

– Завтра с утра, после завтрака, но не раньше и не позже, встретимся с вами в лавке у господина Вана. Захватите с собой побольше денег. Когда придете, скажите, что ищете меня по делу, а там увидите. Считайте, что вам повезло, если моим ногам удастся войти в дом семьи Цзян. Но только после этого, – продолжала старуха, – вы должны будете сразу вернуться к себе, во всяком случае, уж не задерживаться возле их дома, иначе там могут что-нибудь заподозрить, и вы все этим испортите. Если окажется, что есть хоть какая-то надежда, я сама приду к вам и сообщу.

– Покорно повинуюсь, – ответил Далан и, зычным голосом поприветствовав Сюэ на прощанье, радостный, удалился. Вот уж действительно,

Еще Сян Юй не уничтожен
И не взошел на трон Лю Бан,
А выстроен уже помост для церемоний,
Чтобы главу над армией поставить.

当日无话。到次日，陈大郎穿了一身齐整衣服，取上三四百两银子，放在个大皮匣内，唤小郎背着，跟随到大市街汪家典铺来。瞧见对门楼窗紧闭着，料是妇人不在；便与管典的拱了手，讨个木凳儿坐在门前，向东而望。不多时，只见薛婆抱着一个篾丝箱儿来了。陈大郎唤住，问道："箱内何物？"薛婆道："珠宝首饰。大官人可用么？"大郎道："我正要买。"薛婆进了典铺，与管典的相见了，叫声"噪"，便把箱儿打开。内中有十来包珠子，又有几个小匣儿，都盛着新样簇花点翠的首饰，奇巧动人，光灿夺目。陈大郎拣几个极粗极大的珠子，和那些簪珥之类，做一堆儿放着，道："这些我都要了。"婆子便把眼儿瞅着，说道："大官人要用时尽用，只怕不肯出这样大价钱。"陈大郎已自会意，开了皮匣，把这些银两白华华的摊做一台，高声的叫道："有这些银子，难道

На следующее утро Далан принарядился, уложил в большой кожаный короб около четырехсот ланов серебром и позвал своего слугу. Тот взвалил короб на плечо, и они вдвоем направились на Большую базарную улицу, в закладную лавку господина Вана. Подойдя к лавке, Далан заметил, что окна в доме напротив плотно закрыты, и понял, что красавицы сейчас там нет. Поприветствовав приказчика, Далан попросил у него скамейку, сел перед входом и стал поглядывать в сторону Восточного переулка. Через некоторое время он увидел старуху Сюэ, которая направлялась к лавке, держа в руках коробку из тонкого плетеного бамбука.

– Что у тебя там в коробке? – спросил Далан, когда та подошла.

– Жемчуг и разные украшения. Вас, может быть, это интересует?

– Да, я как раз хотел купить что-нибудь в этом роде.

Старуха прошла в лавку, поклонилась приказчику и, извинившись перед ним за беспокойство, раскрыла свою коробку. Там лежало пакетов десять жемчуга и несколько небольших шкатулок с головными украшениями из искусственных цветов и перьев зимородка. Сделаны они были очень красиво и переливались яркими красками. Далан отобрал несколько связок самого крупного белого жемчуга, несколько женских наколок для волос и серьги.

– Вот это все я возьму, – сказал он.

– Коли надо, берите, – ответила та, многозначительно глядя в лицо Далану. – Но только стоит все это очень дорого. Боюсь, не захотите потратиться, – добавила она.

Далан понял намек. Он раскрыл свой короб, выложил на прилавок целую кучу сияющего белизной серебра и умышленно громко бросил старухе:

– Неужто с этакой-то суммой мне не купить твоих безделу-

买你的货不起？"此时邻舍闲汉，已自走过七八个人，在铺前站着看了。婆子道："老身取笑。岂敢小觑大官人？这银两须要仔细，请收过了。只要还得价钱公道便好。"两下一边的讨价多，一边的还钱少，差得天高地远，那讨价的一口不移。这里陈大郎拿着东西，又不放手，又不增添，故意走出屋檐，件件的翻覆认看，言真道假，弹斤估两的在日光中炫耀。惹得一市人都来观看，不住声的人人喝采。婆子乱嚷道："买便买，不买便罢！只管担搁人则甚！"陈大郎道："怎么不买！"两个又论了一番价。正是：

只因酬价争钱口，
惊动如花似玉人。

王三巧儿听得对门喧嚷，不觉移步前楼，推窗偷看。则见珠光闪烁，宝色辉煌，甚是可爱。又见婆子与客人争价不定。便分付丫鬟去唤那婆子，借他东西看看。晴云领命，走过

шек?!

Тем временем у лавки собралось около десятка праздношатающихся, живших поблизости. Они молча стояли, наблюдая за происходящей сценой.

— Я, старая, пошутила, — ответила Далану Сюэ. — Мне ли сомневаться в ваших возможностях?! А с деньгами вы бы поаккуратней! Уберите их, а мне отсчитайте столько, сколько эти вещи стоят, по справедливости.

Старуха запрашивала много, он давал мало, и в цене они разошлись так далеко, как небо с землей. Запрашивающая сторона не желала уступать, а Далан держал вещи, не выпуская их из рук, но и не набавляя ничего. Он нарочно вышел из лавки на улицу и стал перебирать украшения и рассматривать их на свет: про одно скажет, что настоящее, другое назовет подделкой. Прикидывал на вес в руках то то, то это — и все среди белого дня, на виду у всех. Уже чуть ли не весь город собрался у лавки. Вещи были такие красивые, что вызывали возгласы восхищения у окружающих.

— Покупаешь — так покупай, а нет — не задерживай! — заголосила старуха.

— Конечно, покупаю, — отвечал Далан.

И верно:

Из-за цены возникший громкий спор
Встревожил ту, что словно яшма иль цветок.

Шум и гам у ворот невольно заставили Саньцяо пройти в передний дом. Она открыла окно и стала поглядывать на улицу. Жемчуг и другие украшения, которые так и сияли, очень ей понравились. Видя, что старуха спорит с покупателем и что они никак не сойдутся в цене, Саньцяо приказала служанке позвать ее, чтобы поглядеть на ее вещи.

街去，把薛婆衣袂一扯道："我家娘请你。"婆子故意问道："是谁家？"晴云道："对门蒋家。"婆子把珍珠之类，劈手夺将过来，忙忙的包好了，道："老身没有许多空闲与你歪缠！"陈大郎道："再添些，卖了罢？"婆子道："不卖，不卖。像你这样价钱，老身卖去多时了。"一头说，一头放入箱儿里，依先关锁了，抱着便走。晴云道："我替你老人家拿罢。"婆子道："不消。"头也不回，径到对门蒋家去了。陈大郎心中暗喜，也收拾银两，别了管典的，自回下处。正是：

眼望捷旌旗，
耳听好消息。

晴云引薛婆上楼，与三巧儿相见了。婆子看那妇人，心下想道："真天人也！怪不得陈大郎心迷。若我做男子，也要浑了。"当下说道："老身久闻大娘贤慧，但恨无缘拜识。"三巧儿问道："你老人家尊姓？"婆子道："老身姓薛。只在

Цинъюнь тут же вышла на улицу.

— Хозяйка наша приглашает тебя, — сказала она старухе, дернув ее за рукав.

— Кто это ваша хозяйка? — спросила та, делая вид, что не знает, кто ее зовет.

— Из семьи Цзян, в доме напротив, — ответила Цинъюнь.

Тут старуха выхватила вещи из рук Далана и торопливо стала укладывать их в коробку.

— Нет у меня, старой, времени зря с тобой валандаться, — говорила она при этом.

— Ладно, прибавлю еще немного, покупаю! — сказал Далан.

— Не отдам, — заявила старуха. — За ту цену, что ты назначаешь, я давно бы их продала. — С этими словами она заперла коробку с драгоценностями и пошла за служанкой.

— Дайте я понесу, — предложила Цинъюнь.

— Не надо, — ответила старуха и, даже не повернув головы в сторону Далана, прямехонько направилась к дому напротив.

Далан, радуясь про себя, тоже собрал свое серебро и, распрощавшись с приказчиком, пошел обратно в гостиницу. Вот уж о ком можно сказать:

*Очи видят стяг, возвестивший победу,
Уши слышат сердцу приятную весть.*

Итак, Цинъюнь повела старуху наверх к Саньцяо.

«Воистину божественна! — подумала старуха, увидев Саньцяо. — Неудивительно, что Далан сошел с ума. Будь я мужчиной, тоже поволочилась бы за ней».

— Давно я, старая, наслышана о вас, о вашей добродетельности; жаль, не было случая познакомиться и поклониться вам, — сказала Сюэ, обращаясь к хозяйке.

— Как величать вас, матушка? — спросила Саньцяо.

这里东巷住。与大娘也是个邻里。"三巧儿道："你方才这些东西，如何不卖？"婆子笑道："若不卖时，老身又拿出来怎的？只笑那下路客人，空自一表人才，不识货物。"说罢，便去开了箱儿，取出几件簪珥，递与那妇人看；叫道："大娘，你道这样首饰，便工钱也费多少。他们还得忒不像样，教老身在主人家面前，如何告得许多消乏。"又把几串珠子，提将起来，道："这般头号的货，他们还做梦哩！"三巧儿问了他讨价还价，便道："真个亏你些儿。"婆子道："还是大家宝眷，见多识广，比男子汉眼力到胜十倍。"三巧儿唤丫鬟看茶。婆子道："不扰，不扰。老身有件要紧的事，欲往西街走走，遇着这个客人，缠了许多时。正是'买卖不成，耽误工程。'这箱儿连锁放在这里，权烦大娘收拾。老身暂去，少停就来。"说罢便走。三巧儿叫晴云送他下楼，出门向西去了。

— Фамилия моя Сюэ, живу я тут, в переулке, и мы, можно сказать, соседи.

— Вы только что отказались продать свои вещи. Почему это? — спросила Саньцяо.

— Если бы я не желала продать их, мне незачем было бы их и выносить, — улыбаясь, ответила старуха. — Но, смешно сказать, — продолжала она, — тот приезжий торговец только выглядит таким представительным и образованным, а в вещах ну нисколечко не разбирается. — С этими словами она раскрыла коробку, вынула оттуда несколько наколок и серег и передала их хозяйке.

— Вот посмотрите. Одна работа чего стоит! А цена, которую он предлагал, это же просто безобразие! Разве хозяин, у которого я беру эти вещи на продажу, поверил бы, что я понесла такой убыток? — Затем старуха вынула несколько связок жемчуга: — А этот первосортный жемчуг! Да такие, как этот покупатель, ничего подобного и во сне не видывали!

Саньцяо поинтересовалась, сколько старуха просит за украшения и за сколько покупатель соглашался взять их.

— Да, действительно, маловато он давал за них, — заметила Саньцяо, услышав ответ старухи.

— Уж, конечно, в подобных вещах разбираются лучше женщины из богатых семейств. Куда там мужчинам до них! — проговорила старуха.

Саньцяо велела служанкам подать чай.

— Не беспокойтесь, — отказывалась старуха, — у меня есть одно важное дело, и я, собственно, и шла-то туда, да вот встретила этого торговца, и проморочил он меня целых полдня. Действительно, «договариваться купить или продать — только время терять». А вот коробку мою хочу просить разрешения оставить пока у вас. Я скоро вернусь за ней.

Старуха направилась к выходу, и Саньцяо велела служанке проводить ее.

三巧儿心上爱了这几件东西，专等婆子到来酬价。一连五日不至。到第六日午后，忽然下一场大雨，雨声未绝，的敲门声响。三巧儿唤丫鬟开看，只见薛婆衣衫半湿，提个破伞进来，口里道："晴干不肯走，直待雨淋头。"把伞儿放在楼梯边，走上楼来，万福道："大娘，前晚失信了。"三巧儿慌忙答礼道："这几日在那里去了？"婆子道："小女托赖，新添一个外孙。老身去看看，留住了几日，今早方回。半路上下起雨来，在一个相识人家借得把伞，又是破的，却不是晦气！"三巧儿道："你老人家几个儿女？"婆子道："只一个儿子，完婚过了。女儿到有四个。这是我第四个了，嫁与徽州朱八朝奉做偏房，就是这北门外开盐店的。"三巧儿道："你老人家女儿多，不把来当事了。本乡本土，少什么一夫一妇的，怎舍得与异乡人做妾？"婆子道："大娘不知。到是异乡人有情

Украшения, которые увидела Саньцяо, очень понравились ей, и она с нетерпением ждала возвращения старухи, чтобы договориться о цене. Но та целых пять дней не появлялась. На шестой день после обеда вдруг разразился ливень. Через некоторое время раздался стук в ворота. Саньцяо велела служанке открыть и посмотреть, кто там. Это оказалась старуха Сюэ, вся промокшая, с дырявым зонтом в руке. Со словами:

В погожий час сидишь, не вылезая;
Все ждешь, пока польется дождик на тебя, —

она поставила зонт возле лестницы, поднялась наверх, поздоровалась с Саньцяо, кланяясь, как подобает, и извинилась:

— Хозяюшка, я ведь в тот день не сдержала слова, так и не вернулась.

— Где же вы пропадали все эти дни? — поспешно ответив на приветствие, спросила Саньцяо.

— Дочь моя, благодарение небу, родила мне внука, и я отправилась к ней. Провела там несколько дней и только сегодня вернулась. В пути меня застиг дождь, пришлось завернуть к знакомым одолжить зонтик, а он оказался дырявым. Ну и везет же мне!

— А сколько у вас детей? — поинтересовалась Саньцяо.

— Один сын, уже женат, и дочерей четверо. Вот внук родился у самой младшей, а выдали мы ее второй женой за господина Чжу из Хуэйчжоу. Он держит соляную лавку у нас тут, возле Северных ворот.

— А вы, матушка, совсем не цените своих дочерей. Разве здесь, в нашем краю, мало мужчин, которые имеют по одной жене? И не жаль вам было отдавать собственную дочь за человека из другого, далекого края?

— Знаете, женщине куда выгодней выходить замуж за торго-

怀。虽则偏房，他大娘子只在家里；小女自在店中，呼奴使婢，一般受用。老身每过去时，他当个尊长看待，更不怠慢。如今养了个儿子，愈加好了。"三巧儿道："也是你老人家造化，嫁得着。"说罢，恰好晴云取茶上来。两个吃了。婆子道："今日雨天没事，老身大胆，敢求大娘的首饰一看。看些巧样儿在肚里也好。"三巧儿道："也只是平常生活。你老人家莫笑话。"就取一把钥匙，开了箱笼，陆续搬出许多钗钿缨络之类。薛婆看了，夸美不尽，道："大娘有恁般珍异，把老身这几件东西看不上眼了。"三巧儿道："好说；我正要与你老人家请个实价。"婆子道："娘子是识货的，何消老身费嘴？"三巧儿把东西检过，取出薛婆的篾丝箱儿来，放在桌上，将钥匙递与婆子道："你老人家开了，检看个明白。"婆子道："大娘忒精细了。"当下开了箱儿，把东西逐件搬出。三巧儿品评价钱，都不甚远。婆子并不争论，欢欢

вого человека из чужих краев, – проговорила в ответ старуха и продолжала: – Вот, к примеру, первая-то его жена у него дома, на родине, а моя дочь хоть и является второй женой, но живет здесь при лавке как полноправная хозяйка. И слуги в ее распоряжении, и пользуется она теми же благами и правами, какие имеет старшая жена. Всякий раз, когда я бываю у них, ее муж встречает меня с большим почтением, относится ко мне словно к старшей в семье. А теперь, когда родился внук, будет и того лучше.

– Значит, вам повезло, удачно выдали, – заметила Саньцяо.

Тем временем Цинъюнь подала чай.

– Раз сегодня день такой дождливый да и дел у меня никаких нет, – заговорила старуха, попивая чай, – то хотела бы попросить вас дозволить мне взглянуть на ваши украшения, чтобы хоть запомнить, как некоторые из них сделаны.

– Только не смейтесь, пожалуйста, – отвечала Саньцяо, – у меня они все очень простой работы.

Она достала ключ, открыла сундук и стала вынимать из него головные наколки, шпильки, булавки, ожерелья и прочее.

– Ну, знаете, после таких драгоценностей чтб могут стоить мои в ваших глазах! – глядя на все это, восхищалась Сюэ.

– Ну что вы! Я как раз хотела спросить о цене некоторых из ваших вещей.

– В подобных делах вы ведь сами прекрасно разбираетесь, и мне, старой, не к чему зря молоть языком.

Саньцяо убрала свои вещи, затем принесла коробку старухи.

– Откройте, матушка, и проверьте, – сказала Саньцяо, поставив коробку на стол и передав старухе ключ от нее.

– Вы уж слишком щепетильны, – ответила на это старуха, открыла коробку и стала одну за другой вынимать оттуда вещи. Саньцяо рассматривала их и оценивала. Цены, которые она называла, были в общем вполне подходящими, и торговаться

喜喜的道："恁地便不枉了人。老身就少赚几贯钱，也是快活的。"三巧儿道："只是一件。目下凑不起价钱，只是现奉一半。等待我家官人回来，一并清楚。他也只在这几日回了。"婆子道："便迟几日也不妨事。只是价钱上相让多了，银水要足纹的。"三巧儿道："这也小事。"便把心爱的几件首饰及珠子收起，唤晴云取杯现成酒来，与老人家坐坐。婆子道："造次如何好搅扰？"三巧儿道："时常清闲，难得你老人家到此作伴扳话。你老人家若不嫌怠慢，时常过来走走。"婆子道："多谢大娘错爱。老身家里当不过嘈杂，像宅上又忒清闲了。"三巧儿道："你家儿子做甚生意？"婆子道："也只是接些珠宝客人。每日的讨酒讨浆，刮的人不耐烦。老身亏杀各宅门走动，在家时少，还好；若只在六尺地上转，怕不躁死了人。"三巧儿道："我家与你相近，不耐烦时，就过来闲话。"婆子道："只不敢频频打搅。"三巧儿道："老人家说

старуха не стала. – Коли так, я не останусь в обиде, – радостно заявила она. – Пусть даже чуть меньше заработаю, зато получу удовольствие, имея дело с таким покупателем.

– Только вот что, мне не набрать сразу всей суммы, – призналась Саньцяо. – Сейчас я могу предложить вам лишь половину, а когда муж вернется, тотчас рассчитаюсь. Он через день-другой должен вернуться.

– Не беда, если и попозже отдадите. Но коли я уступаю в цене, то уж прошу уплатить серебром качественным.

– Ну, об этом не беспокойтесь, – ответила Саньцяо, убирая отобранные украшения и жемчуг, и тут же приказала служанке подать вино. Услышав это, старуха заявила:

– Я и так обеспокоила вас, надоела. Смею ли еще доставлять хлопоты?

– Как раз очень хорошо, что вы зашли; я ведь целыми днями сижу без дела, вот и побеседуем. И если не сочтете, что принимаю вас без должного внимания, то приходите почаще.

– Благодарю вас, не заслужила я такого милостивого отношения с вашей стороны, – отвечала старуха. – Но как у вас здесь тихо, спокойно! А у меня так шумно, так шумно – просто невыносимо.

– Чем же у вас там дома занимаются? – поинтересовалась Саньцяо.

– Да вот принимаем всяких торговцев жемчугом и драгоценностями. То вина им подай, то отвара, и до того все это хлопотно. До смерти надоело! Хорошо еще, что мне приходится ходить по делам в разные места и я мало бываю дома. Крутись я с утра до ночи на нашем пятачке, так меня уж давно доконал бы этот шум.

– Вы ведь живете неподалеку от нас. Когда будет невмоготу, приходите, потолкуем, – предложила Саньцяо.

– Не решусь так часто тревожить вас.

那里话！"只见两个丫鬟轮番的走动，摆了两副杯箸，两碗腊鸡，两碗腊肉，两碗鲜鱼，连果碟素菜，共一十六个碗。婆子道："如何盛设？"三巧儿道："现成的。休怪怠慢。"说罢，斟酒递与婆子。婆子将杯回敬。两下对坐而饮。原来三巧儿酒量尽去得。那婆子又是酒壶酒瓮，吃起酒来，一发相投了，只恨会面之晚。那日直吃到停晚，刚刚雨止，婆子作谢要回。三巧儿又取出大银钟来，劝了几钟，又陪他吃了晚饭，说道："你老人家再宽坐一时，我将这一半价钱付你去。"婆子道："天晚了，大娘请自在。不争这一夜儿，明日却来领罢。连这篾丝箱儿，老身也不拿去了，省得路上泥滑滑的不好走。"三巧儿道："明日专专望你。"婆子作别下楼，取了破伞，出门去了。正是：

世间只有虔婆嘴，

– Ну что вы, матушка!

Пока они разговаривали, служанки поставили на стол две рюмки, положили две пары палочек и расставили закуски к вину: два блюда куриных, два из солонины, два рыбных, несколько блюд из зелени – всего шестнадцать.

– Зачем же такое богатое угощение!

– Все это приготовлено из того, что нашлось в доме. Уж не обессудьте. – С этими словами Саньцяо налила вина, встала и подошла к старухе. Та, в свою очередь, поднявшись, поднесла вина хозяйке, после чего обе сели.

Саньцяо выпить, оказывается, могла, и немало. А в старуху вино лилось ну прямо как в винный жбан. Пока ели да пили, они все больше и больше нравились друг другу, и обе только и сожалели, что не довелось им раньше встретиться. Просидели они за вином почти до самого вечера. К этому времени дождь прекратился, и старуха стала откланиваться. Тогда Саньцяо достала большие серебряные чары и уговорила старуху выпить еще. После этого они поужинали.

– Вы, матушка, посидите еще немножко, – сказала Саньцяо. – Сейчас я приготовлю ту сумму, которая у меня есть, захватите ее с собой.

– Поздно уже, – ответила старуха. – И не стоит вам беспокоиться. Разве обязательно сейчас? Завтра утром зайду за деньгами. И коробку свою тоже не стану брать, – на улице скользко, идти трудно.

– Буду вас завтра ждать, – сказала на прощание Саньцяо.

Сюэ спустилась вниз, взяла зонт и ушла.

Да, действительно,

Ничто так людям голову не заморочит,
Как бабки-сводницы язык.

哄动多多少少人。

　　却说陈大郎在下处，呆等了几日，并无音信。见这日天雨，料是婆子在家，拖泥带水的进城来问个消息，又不相值。自家在酒肆中吃了三杯，用了些点心，又到薛婆家来打听，只是未回。看看天晚，却待转身，只见婆子一脸春色，脚略斜的走入巷来。陈大郎迎着他，作了揖，问道："所言如何？"婆子摇手道："尚早。如今方下种，还没有发芽哩。再隔五六年，开花结果，才到得你口。你莫在此探头探脑。老身不是管闲事的。"陈大郎见他醉了，只得转去。次日，婆子买了些时新果子、鲜鸡鱼肉之类，唤个厨子安排停当，装做两个盒子，又买一瓮上好的酽酒，央间壁小二挑了，来到蒋家门首。三巧儿这日不见婆子到来，正教晴云开门出来探望，恰好相遇。婆子教小二挑在楼下，先打发他去了。晴云已自报知主母。三巧儿把婆子当个贵客一般，直到楼梯口边迎他上去。婆子千恩万

Но вернемся к Далану. Прождал он у себя несколько дней, а известий так никаких и не получил. И вот в тот день, когда полил дождь, он решил, что старуха наверняка должна быть дома, и, шагая по лужам и грязи, поплелся в город, надеясь что-нибудь разузнать. Но дома старухи не оказалось. Он зашел в винную лавку, закусил, выпил несколько чарок и снова отправился к Сюэ. Ему сказали, что она еще не вернулась. Время было позднее, и Далан уже собрался было в обратный путь, но тут заметил, как из-за угла появилась старуха. Она шла, вся раскрасневшаяся, ноги у нее заплетались. Далан направился ей навстречу.

– Ну как? – поклонившись ей, спросил Далан.

– Рано, рано еще, – отвечала та, отмахиваясь от него. – Только-только посеяла семя, и нет еще ростка. Вот лет через пятьсот расцветут цветы, пойдут плоды, тогда и попробуешь. А пока нечего тут вертеться да выведывать, – продолжала она. – Я, знаешь, не из тех, кто занимается всякими там чужими делишками.

Далану ничего не оставалось, как вернуться к себе.

На следующий день Сюэ купила фрукты, свежую курицу, рыбу, мясо, многое другое и пригласила повара, чтобы тот приготовил все как полагается. Когда блюда были готовы, она уложила их в два короба, купила жбан хорошего крепкого вина, попросила соседского парня взять короба на коромысло, и они вместе направились к дому Сингэ.

Саньцяо ждала старуху с утра, а та все не шла. Тогда Саньцяо велела Цинъюнь пойти за ворота поглядеть. Служанка вышла на улицу как раз в тот момент, когда Сюэ подходила к их дому. Старуха велела парню занести короба в дом, оставить их внизу, а самому отправляться обратно. Тем временем Цинъюнь уже доложила о ней хозяйке.

Спустившись вниз, Саньцяо встретила старуху как дорогую гостью и повела ее наверх. Сюэ долго благодарила, приветство-

谢的，福了一回，便道："今日老身偶有一杯水酒，将来与大娘消遣。"三巧儿道："到要你老人家赔钱。不当受了。"婆子央两个丫鬟搬将上来，摆做一桌子。三巧儿道："你老人家忒迂阔了，恁般大弄起来。"婆子笑道："小户人家，备不出甚么好东西，只当一茶奉献。"晴云便去取杯箸，暖雪便吹起水火炉来。霎时酒暖。婆子道："今日是老身薄意，还请大娘转坐客位。"三巧儿道："虽然相扰，在寒舍岂有此理。"两下谦让多时，薛婆只得坐了客席，这是第三次相聚，更觉熟分了。饮酒中间，婆子问道："官人出外好多时了，还不回，亏他撇得大娘下。"三巧儿道："便是。说过一年就转，不知怎的耽搁了。"婆子道："依老身说，放下恁般如花似玉的娘子，便博个堆金积玉，也不为罕。"婆子又道："大凡走江湖的人，把客当家，把家当客。比如我第四个女婿朱八朝奉，有

вала хозяйку дома, а затем сказала:

— У меня, у старой, сегодня случайно оказалось простенькое вино, и я захватила его с собой, чтобы за чаркой приятно провести с вами время.

— Выходит, я ввожу вас еще и в расходы! Не следовало бы мне принимать все это, — ответила Саньцяо.

Тут старуха попросила служанок занести наверх короба и вино, и они расставили все блюда на столе.

— Уж слишком вы роскошествуете! — воскликнула Саньцяо.

— Что мы, бедные люди, можем приготовить хорошего! — улыбаясь, заметила та. — Это, собственно, не больше чем угостить чаем.

Цинъюнь отправилась за чарками и палочками, а Нуаньсюэ разожгла маленькую печурку, и вино тут же было подогрето.

— Сегодня хоть скромно, но угощаю я, старая, поэтому прошу вас занять почетное место гостя.

— Конечно, вам пришлось из-за меня похлопотать, но все-таки ведь это вы у меня в доме. Как я могу допустить такое!

Они долго препирались, и Сюэ в конце концов пришлось занять место гостя.

Это была уже их третья встреча, и потому они стали ближе друг другу, чувствовали себя свободнее.

— Что это хозяин ваш все не возвращается? — попивая вино, спросила старуха. — Уже и времени-то многовато прошло, как он уехал, — продолжала она. — И как это он решился оставить вас?

— Говорил, что вернется через год, а вот почему-то задержался, — ответила Саньцяо.

— По мне, хоть груды золота, хоть горы нефрита сулит торговля, не стоит она того, чтобы оставлять такую вот, как яшма, жену. А вообще, — продолжала старуха, — кто разъезжает по торговым делам, тот в чужих краях живет словно дома, а дома — словно в гостях. Вот, к примеру, мой четвертый зять, господин

了小女，朝欢暮乐，那里想家。或三年四年才回一遍，住不上一两个月，又来了。家中大娘子替他担孤受寡，那晓得他外边之事。"三巧儿道："我家官人到不是这样的人。"婆子道："老身只当闲话讲。怎敢将天比地。"当日两个猜谜掷色，吃得酩酊而别。第三日，同小二来取家伙，就领这一半价钱。三巧儿果又留他吃点心。从此以后，把那一半赊钱为由，只做问兴哥的消息，不时行走。这婆子俐齿伶牙，能言快语，又半疯半颠的，惯与丫头们打诨，所以上下都欢喜他。三巧儿一日不见他来，便觉寂寞，叫老家人认了薛婆家里，早晚常去请他。所以一发来得勤了。

世间有四种人，惹他不得，引起了头，再不好绝他。是那四种？——游方僧道，乞丐，闲汉，牙婆。上三种人犹可，只有牙婆是穿房入户的，女眷们怕冷静时，十个九个到要扳他来

Чжу: женился на моей дочери, и вечером-то они счастливы, и утром радостны, а о доме он и думать не думает. Съездит раз в три или в четыре года домой к старшей жене, побудет там месяц-другой и возвращается обратно. Она у него там, словно вдова, страдает от одиночества. И разве знает она, как он живет на стороне?

– Нет, мой муж не такой, – возразила Саньцяо.

– Ну что вы, я ведь просто так говорю, – оправдывалась старуха. – Разве посмею я сравнивать небо с землей?

Обе женщины долго сидели за вином, загадывали друг другу загадки, играли в кости и расстались совсем пьяные.

На третий день старуха Сюэ с тем же соседским парнем зашла забрать короба, посуду и заодно взяла половину денег за украшения, проданные Саньцяо. Саньцяо уговорила ее остаться позавтракать.

С тех пор старуха Сюэ часто захаживала к Саньцяо. Всякий раз она справлялась, нет ли известий от Сингэ. Было ясно, что причина ее прихода – желание получить остальную сумму, однако вслух она об этом не говорила. У Сюэ был хорошо подвешен язык, она умела сообразить, где что сказать, что ответить, и, прикидываясь не то глуповатой, не то простоватой, постоянно острила и шутила со служанками. Поэтому в доме Цзян ее полюбили. Дошло до того, что, если она день не заходила, Саньцяо начинала скучать, чувствовать себя одинокой. Она велела слуге узнать, где живет Сюэ, и нет-нет да посылала за ней. Так она стала привязываться к старухе все сильнее и сильнее.

На свете есть четыре сорта людей, с которыми не стоит иметь дела: свяжешься с ними – потом уже и отказать им неудобно. Что же это за люди? Странствующие монахи-бродяги, нищие, бездельники и посредницы-сводни. Первые три – еще полбеды, а вот посредницы-сводни – те бывают вхожи то в одни дома, то в другие, и женщины, когда им скучно, в девяти случаях из де-

往。今日薛婆本是个不善之人，一般甜言软语，三巧儿遂与他成了至交，时刻少他不得。正是：

画虎画皮难画骨，
知人知面不知心。

陈大郎几遍讨个消息，薛婆只回言尚早。其时五月中旬，天渐炎热。婆子在三巧儿面前偶说起家中蜗窄，又是朝西房子，夏月最不相宜，不比这楼上高敞风凉。三巧儿道："你老人家若撇得家下，到此过夜也好。"婆子道："好是好，只怕官人回来。"三巧儿道："他就回，料道不是半夜三更。"婆子道："大娘不嫌蒿恼，老身惯是捱相知的。只今晚就取铺陈过来，与大娘做伴，何如？"三巧儿道："铺陈尽有，也不须拿得。你老人家回复家里一声，索性在此过了一夏，家去不好？"婆子真个对家里儿子媳妇说了，只带个梳匣儿过来。三

сяти сами приглашают их к себе. И вот бабка Сюэ – существо далеко не из добродетельных – сладкими речами да ласковыми словами вкралась в доверие к Саньцяо, и они стали лучшими друзьями, так что Саньцяо и часа не могла прожить без старухи. Вот уж поистине,

Когда рисуешь тигра ты –
Что там, под шкурой, не покажешь;
Когда знакомишься с людьми –
Их лица видишь, а не сердце.

Надо сказать, что за это время Далан не раз наведывался к Сюэ, пытаясь узнать, как идут его дела, но та только и твердила, что еще рано.

В середине пятого месяца началась жара, дни становились все более знойными. Как-то раз, беседуя с Саньцяо, старуха заговорила о тесноте в своем доме, о том, что дом ее обращен окнами на восток, поэтому летом у нее невыносимо, не то что в доме Саньцяо – таком высоком, просторном и прохладном.

– Если вы сможете оставить домашних, приходите сюда ночевать, это было бы только хорошо, – предложила Саньцяо.

– Хорошо-то хорошо, да боюсь, как бы ваш хозяин не вернулся, – ответила старуха.

– Если даже он и вернется, то уж, наверное, не среди ночи, – отвечала Саньцяо.

– Ну, если я не буду вам в тягость, – а я обычно с людьми легко уживаюсь, – то сегодня же вечером перенесу сюда постель и буду ночевать у вас. Не возражаете?

– Постель и все прочее у нас есть, так что переносить ничего не надо. Сходите только домой и предупредите своих. А вообще, лучше всего, живите здесь все лето.

Старуха, не долго думая, пошла предупредить домашних и

1131

巧儿道："你老人家多事，难道我家油梳子也缺了？你又带来怎地？"婆子道："老身一生怕的是同汤洗脸，合具梳头。大娘怕没有精致的梳具？老身如何敢用？其他姐儿们的，老身也怕用得。还是自家带了便当。只是大娘分付在那一间房安歇？"三巧儿指着床前一个小小藤榻儿道："我预先排下你的卧处了。我两个亲近些，夜间睡不着，好讲些闲话。"说罢，检出一顶青纱帐来，教婆子自家挂了。又同饮一会酒，方才歇息。两个丫鬟原在床前打铺相伴；因有了婆子，打发他们在间壁房里去睡。从此为始，婆子日间出去串街做买卖，黑夜便到蒋家歇宿，时常携壶挈盒的殷勤热闹，不一而足。床榻是丁字样铺下的，虽隔着帐子，却像是一头同睡。夜间絮絮叨叨，你问我答，凡街坊秽之谈，无所不至。这婆子或时装醉诈风起来，到说起自家少年时偷汉的许多情事，去勾动那妇人的春

вернулась, захватив с собой только туалетную шкатулку.

– Да вы что, матушка, – возмутилась Саньцяо, – неужто у нас здесь не нашлось бы гребенки?! Зачем было такие вещи брать с собою?!

– Я, старая, больше всего в жизни боюсь мыть лицо из одного таза с другими и причесываться чужим гребешком, – отвечала старуха. – Конечно же, лично у вас есть и прекрасные гребенки, и прочее, но я бы не посмела до них дотронуться, а пользоваться вещами других женщин вашего дома мне бы не хотелось. Поэтому-то я и принесла все свое. Только скажите, в какой комнате мне поселиться?

Указывая на небольшую плетеную лежанку возле своей постели, Саньцяо сказала:

– Я уже заранее приготовила вам место, чтобы мы были ближе друг к другу. Если ночью вдруг не будет спаться, сможем поболтать.

С этими словами она достала зеленый полог из тонкого шелка, чтобы старуха повесила его себе над лежанкой. Затем они выпили вина и легли.

После отъезда мужа в комнате Саньцяо всегда ночевали две ее служанки, но теперь она отправила их спать в соседнюю комнату.

С этих пор старуха днем, как всегда, ходила по своим делам, вечером же, на ночь, возвращалась к Саньцяо. И не раз, а довольно часто она прихватывала с собой вина, угощала хозяйку, и они весело проводили время. Кровать Саньцяо и лежанка Сюэ стояли углом друг к другу, и спали они, собственно, голова к голове, хотя и разделенные пологом. Ночью они заводили разговор: одна спросит, другая ответит, и говорили они о чем угодно, даже о самых непристойных слухах, которые ходили по городу. Частенько, притворяясь совсем пьяной или охваченной безумием, старуха рассказывала о том, какие у нее были в молодости,

心。害得那妇人娇滴滴一副嫩脸，红了又白，白了又红。婆子已知妇人心活，只是那话儿不好启齿。

　　光阴迅速，又到七月初七日了。正是三巧儿的生日。婆子清早备下两盒礼，与他做生日。三巧儿称谢了，留他吃面。婆子道："老身今日有些穷忙，晚上来陪大娘看牛郎织女做亲。"说罢，自去了。下得阶头不几步，正遇陈大郎；路上不好讲话，随到个僻静巷里。陈大郎攒着两眉埋怨婆子道："干娘，你好慢心肠！春去夏来，如今又已立过秋了。你今日也说尚早，明日也说尚早，却不知我度日如年。再延捱几日，他丈夫回来，此事便付东流，却不活活的害死我也！阴司里去，少不得与你索命。"婆子道："你且莫喉急。老身正要相请。来得恰好。事成不成，只在今晚。须是依我而行。如此如此，这般这般，全要轻轻悄悄，莫带累人。"陈大郎点头道："好计，好计！事成之后，定当厚报。"说罢，欣然而去。正是：

тайком от мужа, любовные похождения. Делалось это с расчетом возбудить в Саньцяо соответствующие весенние чувства. Рассказы старухи доводили Саньцяо до того, что ее прекрасное нежное лицо то бледнело, то заливалось краской. Старуха поняла, что добилась своего, но как заговорить о порученном ей деле, все еще не знала.

Время летело быстро, и вот наступил седьмой день седьмого месяца – день рождения Саньцяо. Старуха с раннего утра приготовила два короба яств в подарок Саньцяо. Поблагодарив ее, та стала уговаривать ее поесть вместе лапши.

– Сегодня у меня много дел, тороплюсь, – отказалась Сюэ. – Уж вечером будем вместе с вами наблюдать, как Пастух встречается с Ткачихой.

С этими словами она попрощалась и только вышла за ворота, как тут же натолкнулась на Далана. Разговаривать здесь было неудобно, и поэтому они свернули в тихий переулочек.

– Матушка, ну и тянешь же ты! – упрекнул ее Далан, нахмурив брови. – Прошли весна и лето, теперь уж осень, а ты все твердишь свое: рано да рано. А ведь день для меня словно год. Пройдет еще несколько дней, вернется ее муж, тогда вообще всему конец. Ты меня просто живьем на тот свет отправляешь! Но ничего, я и с того света до тебя доберусь, – пригрозил Далан.

– Да не выходи ты из себя! – прервала его старуха. – Ты очень удачно мне попался, я ведь как раз собиралась найти тебя. Получится что или не получится – зависит от сегодняшнего вечера, но только ты должен делать все так, как я тебе прикажу.

Объяснив ему, как и что, старуха под конец добавила:

– Только делай все тихо, бесшумно, иначе подведешь меня.

– Великолепный план! Великолепный! – восклицал Далан, кивая головой в знак согласия. – Если все получится, щедро отблагодарю!

И, радостный, он удалился. Вот уж поистине,

排成窃玉偷香阵，
费尽携云握雨心。

却说婆子约定陈大郎这晚成事。午后细雨微茫，到晚却没有星月。婆子黑暗里引着陈大郎埋伏在左近。自己却去敲门。晴云点个纸灯儿开门出来，婆子故意将衣袖一摸，说道："失落了一条临清汗巾儿！姐姐，劳你大家寻一寻。"哄得晴云便把灯儿向街上照去。这里婆子捉个空，招着陈大郎一溜溜进门了，先引他在楼梯背后空处伏着。婆子便叫道："有了！不要寻了。"晴云道："恰好火也没了，我再去点个来照你。"婆子道："走熟的路，不消用火。"两个黑暗里关了门，摸上楼来。三巧儿问道："你没了什么？"婆子袖里扯出个小帕儿来，道："就是这个冤家。虽然不值甚钱，是一个北京客人送我的。却不道礼轻人意重。"三巧儿取笑道："莫非是你老相交送的表记？"婆子笑道："也差不多。"当夜两个耍笑饮

Разложены украденные яшма, благовонья:
Продумано все, чтобы встречи любовной, добиться.

Итак, старуха Сюэ договорилась с Даланом, что в этот вечер они попытаются добиться успеха. Во второй половине дня заморосил дождь, и когда наступил вечер, ни луны, ни звезд не было видно. Далан в темноте следовал за старухой. Подойдя к дому Саньцяо, она велела ему притаиться, а сама стала стучать в ворота. Цинъюнь зажгла бумажный фонарик, вышла во двор и открыла ворота. Тут старуха умышленно стала шарить в рукавах.

– Обронила где-то полотенце, – сказала она. И, обращаясь к служанке, попросила: – Доченька, уж потрудись, поищи-ка!

Цинъюнь пошла с фонариком вперед, а старуха, улучив момент, махнула рукой Далану, и тот проскользнул в ворота. Она провела его в дом, спрятала внизу, в проеме за лестницей, и тут закричала:

– Нашла, нашла! Не ищи!

– Вот хорошо, а то свеча у меня как раз догорела, – ответила ей служанка. – Пойду возьму другую, чтобы посветить вам.

– Не нужно, – возразила старуха, – я хорошо знаю, как у вас тут пройти.

Вдвоем с Цинъюнь они заперли внизу дверь и ощупью поднялись наверх.

– Что это вы потеряли? – спросила Саньцяо.

– Вот эту вещичку, – ответила Сюэ, показывая полотенце. – Она хоть и не стоит ничего, зато это подарок от одного продавца из Пекина, а ведь, как говорится, легок пух, привезенный в подарок издалека, да дорого вниманье.

– Уж не старый ли ваш дружок подарил вам его на память? – пошутила Саньцяо.

– Вы недалеки от истины, – улыбаясь, ответила та.

酒，婆子道："酒肴尽多，何不把些赏厨下男女？也教他闹轰轰象个节夜。"三巧儿真个把四碗菜、两壶酒，分付丫鬟拿下楼去。那两个婆娘、一个汉子，吃了一回，各去歇息。不题。两人重饮。又谈些风流之话，然后息灯同寝。婆子暗中放了大

В тот вечер они смеялись, шутили, пили вино.

– У нас так много закусок и вина. Не дать ли чего-нибудь кухаркам? – предложила старуха. – Пусть и они повеселятся, пусть и у них будет праздник.

Саньцяо тут же велела служанке отнести вниз, на кухню, четыре блюда закусок и два чайника вина. Кухарки с пожилым слугой выпили, и вскоре все трое разошлись – каждый к себе отдыхать.

За вином, во время разговора, старуха спросила:

– Что это господин ваш все не возвращается?

– Да, уж полтора года прошло, – ответила Саньцяо.

– Пастух и Ткачиха и те раз в год встречаются, а вы, получается, уже на полгода больше ждете. Впрочем, известно ведь, что чиновник – первая фигура, за ним – разъезжающий торговец. Так есть ли такой край, где бы они не нашли себе ветерок, цветы, снег и луну, когда оказываются вдали от дома?

Саньцяо вздохнула, склонила голову, но ничего не ответила.

– Ой, кажется, я лишнее сболтнула, – проговорила старуха. – Сегодня ночь встречи Пастуха и Ткачихи, надо пить и веселиться, а не заводить разговор о том, что расстраивает человека. – С этими словами Сюэ налила вина и поднесла его Саньцяо.

Обе уже сильно захмелели, когда старуха поднесла чарки прислуживавшим за столом Цинъюнь и Нуаньсюэ.

– Выпейте за радостную встречу Пастуха и Ткачихи, – предложила им старуха. – Да пейте побольше: потом выйдете замуж за любимого и любящего вас человека и будете с ним неразлучны.

Предлагала она так настойчиво, что служанкам, хоть они того и не хотели, пришлось выпить. Пить они не привыкли и потому сразу опьянели. Тогда Саньцяо приказала им запереть входные двери на втором этаже и отправляться спать, а сама продолжала пить со старухой.

Сюэ пила и не переставая говорила то о том, то о сем.

– Сколько вам было лет, когда вы вышли замуж? – спросила она, между прочим, Саньцяо.

– Семнадцать, – ответила та.

– Поздно вы лишились девственности. Можно сказать, не пострадали. А вот со мной это случилось уже в тринадцать лет.

– Почему это вы так рано вышли замуж?

– Вышла-то я, когда мне было восемнадцать. Но, откровенно говоря, задолго до того соблазнил меня сын соседей, у которых я училась шитью. Увлекла меня его красота, я и поддалась. Сначала было очень больно, но после двух-трех встреч я познала удовольствие. А у вас тоже так было? – спросила она хозяйку.

Саньцяо в ответ лишь улыбнулась.

– В этом деле, пожалуй, лучше и не понимать всей прелести: поймешь, потом не бросить – такое с тобой творится, что места не находишь. Днем еще куда ни шло, а ночью – просто невыносимо!

– Вероятно, когда вы жили у своих родных дома, многих повстречали людей, – проговорила Саньцяо. – Но как же вам удалось выйти замуж и утаить, что вы не невинный цветок?

– Видите ли, мать моя кое о чем догадывалась и, чтобы избежать позора, научила меня, как притвориться девственницей. Вот и удалось скрыть правду.

– Но пока вы не были замужем, вам, наверное, приходилось часто спать и одной? – спросила Саньцяо.

– Да, приходилось. Но помню, когда брат уезжал куда-нибудь, я спала с его женой.

– Какой же, собственно, интерес спать с женщиной?

Тут старуха подселя к Саньцяо и сказала:

– Вы не знаете, милая; если обе женщины понимающие, то это так же приятно и это тоже, как говорится, «укрощает огонь».

– Не верю! Врете вы! – воскликнула Саньцяо, хлопая старуху

по плечу.

Сюэ, видя, что страсти у Саньцяо разгораются, нарочно стала подливать масла в огонь:

— Мне вот, старой, пятьдесят два года уже, и то ночью часто, бывает, глупости всякие лезут в голову, да так, что просто не сдержать себя. А вы ведь молодая. Хорошо, что вы из скромных.

— Неужели вы все еще знаетесь с мужчинами, когда, как вы говорите, вам бывает трудно удержаться?

— Ну что вы! Увядший цветок, засохшая ветка ивы — кому я теперь нужна? — ответила на это старуха и продолжала: — Да уж ладно, не буду скрывать от вас, милая: я знаю способ, как самой находить удовольствие, — это на крайний случай.

— Неправду вы говорите! Что это еще за способ?

В ответ на это старуха сказала:

— Ладно! Погодя ляжем спать — все объясню.

В это время залетевшая бабочка стала кружиться возле светильника, и старуха хлопнула по ней с расчетом, чтобы погас свет.

— Ой! — воскликнула она, когда стало темно. — Пойду схожу за огнем.

Она направилась к входной двери на второй этаж и сняла запор. К тому времени Далан уже сам потихоньку пробрался наверх и давно стоял возле входа. Пока все шло как было задумано. Открыв дверь, она вернулась назад.

— Ох, забыла лучину захватить! — громко сказала старуха, ведя за собой Далана. Уложив его в спальне на свою лежанку, Сюэ спустилась вниз, а возвратясь, заявила:

— Уже поздно, на кухне все огни загасили. Как быть?

— Я привыкла спать при свете. Ночью, когда темно, мне страшно.

— Ну, тогда я, старая, лягу с вами. Как вы?

Саньцяо, которой очень хотелось расспросить ее о способе на

крайний случай, ответила:

– Хорошо.

– Тогда вы ложитесь первая, – сказала старуха, – а я запру входные двери наверх и вернусь.

Саньцяо разделась и легла.

– Ложитесь и вы поскорее, – попросила она.

– Сейчас иду, – ответила старуха, а сама тем временем подняла Далана с лежанки и подтолкнула его, уже раздетого, к постели Саньцяо.

Коснувшись голого тела, Саньцяо проговорила:

– Вы, матушка, хоть и в летах, но, оказывается, такая гладкая. Далан, разумеется, молча залез под одеяло.

Саньцяо выпила лишнего, и глаза у нее уже слипались. К тому же старуха так раздразнила ее разговорами, разожгла в ней чувства, что она была сама не своя. И потому свершилось то, чего хотел Далан.

Одна – молода и полна чувств весенних,
    жила, как затворница в доме, скучая;
Другой – гость заезжий из дальних краев,
    мыслью о встрече любовной томился.
Одна – уже долго ждала и терпела
    и, словно Вэньцзюнь, повстречала Сянжу;
Другой – уж давно о красотке мечтая,
    свою Цзяолянь, как Бичжэн, обнимает.
Оба счастливы так, будто дождь благотворный
    в долгую засухи пору пролился;
И больше в той встрече радости было,
    чем при встрече нежданной друзей на чужбине.

Далан, этот бывалый человек, изведавший сладость любовных встреч, знал все тонкости в подобных делах и довел Сань-

郎，遂上床与他备极狎昵。云雨毕后，三巧儿方问道："你是谁？"陈大郎把楼下相逢，如此相慕，如此苦央薛婆用计，细细说了。"今番得遂平生，便死瞑目！"婆子走到床间，说道："不是老身大胆：一来可怜大娘青春独宿；二来要救陈大郎性命。你两个也是宿世姻缘，非干老身之事。"三巧儿道："事已如此，万一我丈夫知觉，怎么好？"婆子道："此事你知我知，只买定了晴云暖雪两个丫头，不许他多嘴；再有谁人漏泄，在老身身上。管成你夜夜欢娱，一些事也没有。只是日后不要忘记了老身。"三巧儿到此，也顾不得许多了。两个又狂荡起来，直到五更鼓绝，天色将明，两个兀自不舍。婆子催促陈大郎起身，送他出门去了。自此无夜不来。或是婆子同来，或是汉子自来。两个丫头被婆子把甜话儿偎他，又把利害话儿吓他，又教主母赏他几件衣服；汉子到时，不时把些零碎

цяо до того, что у нее буквально душа рассталась с телом. И только когда, как говорится, «прекратилась буря и тучи рассеялись», Саньцяо наконец спросила:

– Кто ты такой?

Далан признался ей, как случайно ее увидел, как она понравилась ему и он не мог оставить мысли о ней, как умолял старуху что-либо придумать.

– И вот теперь, когда свершилось то, чего я хотел больше всего в жизни, я могу умереть с закрытыми глазами.

Тут к кровати подошла сама Сюэ.

– Так просто я не осмелилась бы решиться на это, – сказала она, обращаясь к Саньцяо. – Мне было жаль смотреть, как в одиночестве уходят ваши молодые годы; да и господина Чэня я хотела спасти. Можно сказать, что я тут ни при чем, – продолжала она, – так уж, по-видимому, было суждено вам обоим.

– Что случилось, то случилось, – ответила Саньцяо. – Но как быть, если муж узнает?

– Об этом знаем лишь я да вы. А кроме служанок, кто еще может проболтаться? Поэтому надо сделать так, чтобы Цинъюнь и Нуаньсюэ не смели распускать язык... Положитесь на меня – и встречаться будете каждую ночь, – продолжала старуха. – Все будет гладко. Но уж вспоминайте иногда и меня, старую.

Раздумывать Саньцяо уже не приходилось. Всю ночь они предавались бурным страстям. Уже светало, а им все еще было не расстаться. Тут старуха стала торопить Далана, заставила его подняться и выпроводила.

С тех пор не было ночи, чтобы молодые люди не встречались. Далан то один приходил к ней в дом, то со старухой. Что касается обеих служанок, то Сюэ сумела и сладкими речами задурить им голову, и запугать угрозами. Саньцяо по совету старухи дарила им то одни, то другие платья, а когда приходил Далан, он обычно давал им на сладости какую-нибудь мелочь серебром.

银子赏他们买果儿吃；骗得欢欢喜喜，已自做了一路。夜来明去，凡出入，都是两个丫鬟迎送，全无阻隔。真个是你贪我爱，如胶似漆，胜如夫妇一般。陈大郎有心要结识这妇人，不时的制办好衣服好首饰送他；又替他还了欠下婆子的一半价钱；又将一百两银子谢了婆子。往来半年有余，这汉子约有千金之费。三巧儿也有三十多两银子东西送那婆子。婆子只为图这些不义之财，所以肯做牵头。这都不在话下。

古人云："天下无不散的筵席。"才过十五元宵夜，又是清明三月天。陈大郎思想，蹉跎了多时生意，要得还乡，夜来与妇人说知。两个恩深义重，各不相舍。妇人到情愿收拾了些细软，跟随汉子逃走，去做长久夫妻。陈大郎道："使不得。我们相交始末，都在薛婆肚里。就是主人家吕公，见我每

Словом, втроем они так сумели прибрать к рукам Цинъюнь и Нуаньсюэ, что те, довольные, стали заодно с хозяйкой. Поэтому, приходил ли Далан вечером, уходил ли утром, никто ему не чинил препятствий: одна из служанок всегда встречала и провожала его.

Саньцяо и Далана влекло друг к другу, и они любили друг друга больше, чем муж и жена. Далану очень хотелось быть еще ближе любимой женщине, поэтому он часто заказывал для нее красивые платья, дарил ей украшения и вернул за нее деньги, которые Саньцяо осталась должна старухе; самой Сюэ в благодарность Далан преподнес сто ланов серебром; так что за полгода с небольшим он истратил примерно тысячу цзиней. Со своей стороны и Саньцяо отблагодарила Сюэ разными подарками больше чем на тридцать ланов. Нечего и говорить, что на такую богатую прибыль и рассчитывала старуха, соглашаясь быть сводней и посредницей между ними. Но, как говорили древние: не бывает пира, который бы не кончился.

Едва прошел веселый праздник фонарей,
А уж настал день поминанья предков.

Далан стал подумывать о том, что давно забросил дела и пора бы ему возвратиться домой. И вот как-то ночью он поделился этим с Саньцяо. Но настолько были сильны их чувства, так их влекло друг к другу, что расстаться они были не в состоянии. Саньцяо шла даже на то, чтобы собрать вещи, сбежать с милым куда угодно и стать его женой.

— Нет, это не годится, — говорил Далан. — О наших отношениях до малейших подробностей знает старуха Сюэ. Кроме того, и хозяин гостиного двора, почтенный Люй, мог что-то заподозрить, видя, как я каждый вечер отправляюсь в город. Да и джонка, на которой нам пришлось бы ехать, как всегда, будет

夜进城，难道没有些疑惑？况客船上人多，瞒得那个？两个丫鬟又带去不得。你丈夫回来，跟究出情由，怎肯干休？娘子，你且耐心，到明年此时，我到此觅个僻静下处，悄悄通个信儿与你，那时两口儿同走，神鬼不觉，却不安稳？"妇人道："万一你明年不来，如何？"陈大郎就设起誓来。妇人道："你既然有真心，奴家也决不相负。你若到了家乡，倘有便人，托他捎个书信到薛婆处，也教奴家放意。"陈大郎道："我自用心，不消分付。"又过几日，陈大郎雇下船只，装载粮食完备，又来与妇人作别。这一夜倍加眷恋，两下说一会，哭一会，整整的一夜不曾合眼。到五更起身，妇人便去开箱，取出一件宝贝，叫做"珍珠衫"，递与陈大郎道："这件衫儿，是蒋门祖传之物。暑天若穿了他，清凉透骨。此去天道渐热，正用得着。奴家把与你做个记念。穿了此衫，就如奴家贴体一般。"陈大郎哭得出声不得，软做一堆。妇人就把衫儿亲

набита торговцами из разных краев – разве удастся уехать незамеченными? А Цинъюнь и Нуаньсюэ? Мы ведь не можем взять их с собой. Когда вернется твой муж и обо всем узнает, вряд ли он оставит так это дело. Прошу тебя, потерпи: в следующем году в эту пору я снова буду здесь, найду укромный уголок, сообщу тебе и мы тайком уедем. Тут уж ни боги, ни дьявол – никто ничего не узнает. Так будет вернее.

– А если все-таки вдруг случится, что ты в будущем году не приедешь, тогда как? – спросила Саньцяо.

Далан поклялся, что непременно вернется.

– Ну ладно, раз ты мне искренне предан, – сказала Саньцяо, – я тоже буду тебе верна. Только прошу, когда вернешься домой, напиши письмо и, как только представится случай, попроси доставить его Сюэ, чтоб я не тревожилась.

– Не беспокойся, я и сам хотел так поступить.

Несколько дней спустя Далан подрядил джонку, погрузил в нее закупленное зерно и пришел к Саньцяо проститься.

В эту ночь они были особенно нежны, и предстоящая разлука казалась им невыносимой. Поговорят они, поговорят и заплачут, потом безудержно предаются любви. Ночью они так и не сомкнули глаз. В пятую стражу оба поднялись. Саньцяо достала из сундука дорогую рубашку, которую называли жемчужной, и поднесла ее Далану.

– Эта рубашка передавалась из поколения в поколение в семье моего мужа, – сказала она ему. – В знойные дни, когда надеваешь ее, ощущаешь приятную прохладу. Сейчас, когда с каждым днем становится жарче, она тебе как раз пригодится. Дарю ее тебе на память, и, когда наденешь ее, пусть тебе кажется, что это я прильнула к твоей груди.

Далан разрыдался. Он и слова не мог произнести в ответ и сидел поникший. Тут Саньцяо собственноручно надела на Далана рубашку, приказала служанке открыть ворота и сама вышла

手与汉子穿了。叫丫鬟开了门户,亲自送了他出门,再三珍重而别。诗曰:

昔年含泪别夫郎,
今日悲啼送所欢。
堪恨妇人多水性,
招来野鸟胜文鸾。

话分两头。却说陈大郎有了这珍珠衫儿,每日贴体穿着,便夜间脱下,也放在被窝中同睡,寸步不离。一路遇了顺风,不两月行到苏州府枫桥地面。那枫桥是柴米牙行的聚处,少不得招个主家脱货,不在话下。忽一日,赴个同乡人的酒席。席上遇个襄阳客人,生得风流标致。那人非别,正是蒋兴哥。原来兴哥在广东贩了些珍珠、玳瑁、苏木、沉香之类,搭伴起身。那伙同伴商量,都要到苏州发卖。兴哥久闻得"上说天堂,下说苏杭",好个大码头所在,有心要去走一遍,做这一

проводить его до ворот. Они расстались, без конца прося друг друга беречь себя.

Стихи говорят:

Когда-то, роняя слезы,
  супруга она провожала;
А нынче, рыдая, расстаться
  с новым любимым не может.
Изменчивы женские чувства,
  словно текучие воды:
Сегодня – с дивною птицей,
  с птахой залетною – завтра.

Но поведем наш рассказ дальше. Далан каждый день теперь надевал эту жемчужную рубашку, да и вообще ни на минуту с ней не расставался: даже ночью, когда ложился спать, держал ее при себе в спальном мешке.

С попутным ветром через каких-то два месяца Далан уже добрался до города Фэнцяо, что в области Сучжоу. Фэнцяо был центром, где сосредоточивалась торговля деревом, зерном и многими другими товарами. Чтобы сбыть свой товар, он, разумеется, остановился в одном из торговых подворьев, куда обычно заезжали торговцы зерном и где они хранили свою кладь.

Но оставим подробности по этому поводу.

Однажды, на пиру у своего земляка, Далан встретил торговца из Сяньяна. Непринужденный в своих манерах, красивый молодой человек был не кем иным, как Сингэ. Оказывается, Сингэ закупил в Гуандуне жемчуг, панцири черепах, сапановое и орлиное дерево и вместе с попутчиками выехал из Гуандуна; все, с кем он ехал, собирались сбыть свой товар в Сучжоу. Сингэ давно уже слышал, что рай – на небесах, а на земле – Су, Хан, и знал к тому же, что это большие портовые города. Не мудрено,

回买卖，方才回去；还是去年十月中到苏州的。因是隐姓为商，都称为罗小官人，所以陈大郎更不疑虑他。两个萍水相逢，年相若，貌相似，谈吐应对之间，彼此敬慕，即席间问了下处，互相拜望。两个遂成知己，不时会面。兴哥讨完了客帐，欲待起身，走到陈大郎寓所作别。大郎置酒相待，促膝谈心，甚是款洽。此时五月下旬，天气炎热，两个解衣饮酒。陈大郎露出珍珠衫来。兴哥心中骇异，又不好认他的，只夸奖此衫之美。陈大郎恃了相知，便问道："贵县大市街有个蒋兴哥家，罗兄可认得否？"兴哥到也乖巧，回道："在下出外日多，里中虽晓得有这个人，并不相认。陈兄为何问他？"陈大郎道："不瞒兄长说，小弟与他有些瓜葛。"便把三巧儿相好之情，告诉了一遍，扯着衫儿看了，眼泪汪汪道："此衫是他所赠。兄长此去，小弟有封书信，奉烦一寄。明日侵早送到贵

что ему очень хотелось побывать там, продать товар, и уж тогда возвращаться домой. В Сучжоу он прибыл еще в минувшем году, в десятом месяце. Поскольку некогда в торговых делах он скрыл свою настоящую фамилию и все называли его молодым господином Ло, то при встрече с Сингэ у Далана не возникло никаких подозрений. Сингэ и Далан были ровесниками, оба были схожи и по внешнему виду, и в манерах. Случайно познакомившись, они разговорились и прониклись взаимной симпатией. Узнав, где кто остановился, они потом довольно часто навещали друг друга и вскоре стали друзьями.

Покончив с делами и получив все, что ему полагалось по счетам, Сингэ собрался уезжать и зашел к Далану проститься. Далан подал вино, угощение; они сидели и вели дружескую, откровенную беседу. Был уже конец пятого месяца, дни стояли жаркие, оба за вином скинули с себя верхнюю одежду, и тут Сингэ увидел на Далане свою жемчужную рубашку. Крайне удивленный, он не осмелился сказать, что рубашка эта его, и только заметил, какая она, мол, красивая.

Поскольку молодые люди стали друзьями, Далан решился спросить:

— В вашем городе, на Большой базарной улице, живет некто Цзян Сингэ. Знаете ли вы его, брат Ло?

Сингэ, уже настороженный, ответил:

— Я давно не был дома, но помню, что там есть такой человек; правда, сам я с ним не знаком. А почему вы спрашиваете о нем, брат Чэнь?

— Не буду скрывать от вас, я в некотором отношении с ним связан, — ответил Далан и рассказал другу всю историю его любовных отношений с Саньцяо. При этом он дотронулся рукой до жемчужной рубашки и, глядя на нее, прослезился: — Это она подарила ее мне. Прошу вас, раз вы возвращаетесь туда, сделайте мне одолжение — передайте письмо, которое я написал. Завтра я

寓。"兴哥口里便应道："当得，当得。"心下沉吟："有这等异事！现有珍珠衫为证，不是个虚话了。"当下如针刺肚，推故不饮，急急起身别去。回到下处，想了又恼，恼了又想，恨不得学个缩地法儿，顷刻到家。连夜收拾，次早便上船要行。只见岸上一个人气吁吁的赶来，却是陈大郎，亲把书信一大包，递与兴哥，叮嘱千万寄去。气得兴哥面如土色，说不得，话不得，死不得，活不得，只等陈大郎去后，把书看时，面上写道："此书烦寄大市街东巷薛妈妈家。"兴哥性起，一手扯开，却是六尺多长一条桃红绉纱汗巾；又有个纸糊长匣儿，内有羊脂玉凤头簪一根；书上写道：

微物二件，烦干娘转寄心爱娘子三巧儿亲收，聊表记念。相会之期，准在来春。珍重，珍重。

兴哥大怒，把书扯得粉碎，撇在河中，提起玉簪在船板上一掼，折做两段。一念想起道："我好糊涂！何不留此做个证见也好？"便拾起簪儿和汗巾，做一包收拾，催促开船，急

его принесу.

– Пожалуйста, пожалуйста, – отвечал Сингэ, а сам про себя подумал: «Бывают же такие невероятные вещи! Но доказательство – жемчужная рубашка. Значит, это не пустая болтовня». В груди у него словно иглами закололо; под каким-то предлогом он отказался пить, быстро поднялся, простился и ушел. Вернувшись к себе, он не переставал обо всем этом думать, и чем больше думал, тем сильнее выходил из себя. Как хотелось ему овладеть магическим способом сокращать расстояния, чтобы в мгновение ока очутиться дома. В ту же ночь он собрался, а рано утром был на джонке.

Когда они готовы были уже отчалить, Сингэ увидел, как вдоль берега, запыхавшись, бежит человек. Это был Далан. Он передал Сингэ пакет и настойчиво просил во что бы то ни стало его доставить. От злости лицо Сингэ стало землистым, сказать он ничего не мог, не мог ответить, умереть не мог и жить не хотелось. Только когда Далан ушел, Сингэ взглянул на пакет. «Прошу доставить матушке Сюэ. Восточный переулок. Большая базарная улица» – было написано на пакете. Ярость охватила Сингэ. Он разорвал пакет – внутри оказались длинное шелковое полотенце нежно-розового цвета и картонная коробка, в которой лежала шпилька для волос из чисто-белого нефрита с украшением в виде головы феникса. В самом письме говорилось: «Эти две ничтожные вещицы прошу вас, матушка, передать любимой госпоже Саньцяо, лично ей, в знак того, что помню ее и что встреча наша непременно состоится будущей весной. Прошу ее беречь себя, очень прошу». Вне себя от злости, Сингэ разодрал на мелкие клочки письмо и бросил их в воду, а шпильку с такой силой швырнул на палубу, что она разломалась пополам. Но тут он спохватился: «Какой же я дурак! Надо все это сохранить как доказательство». Он поднял шпильку, завернул ее вместе с полотенцем в один пакет и пакет припрятал. Затем он стал торопить

急的赶到家乡，望见了自家门首，不觉堕下泪来。想起"当初夫妻何等恩爱，只为我贪着蝇头微利，撇他少年守寡，弄出这场丑来，如今悔之何及！"在路上性急，巴不得赶回；及至到了，心中又苦又恨，行一步，懒一步。进得自家门里，少不得忍住了气，勉强相见。兴哥并无言语。三巧儿自己心虚，觉得满脸惭愧，不敢殷勤上前扳话。兴哥搬完了行李，只说去看看丈人丈母，依旧到船上住了一夜。次早回家，向三巧儿说道："你的爹娘同时害病，势甚危笃，昨晚我只得住下，看了他一夜。他心中只牵挂着你，欲见一面。我已雇下轿子在门首。你作速回去，我也随后就来。"三巧儿见丈夫一夜不回，心里正在疑虑；闻说爷娘有病，却认真了，如何不慌？慌忙把箱笼上钥匙递与丈夫，唤个婆娘跟了，上轿而去。兴哥叫住了婆娘，

лодочников, чтобы они отчаливали.

Вскоре Сингэ оказался в родном городе. Когда он увидел ворота своего дома, слезы невольно потекли у него из глаз. «Как мы любили друг друга тогда, – думал он. – И надо было мне ради ничтожной, величиной с мушиную головку, выгоды, на которую я позарился, оставить молодую жену одну-одинешеньку, чтобы получился такой вот позор. Но сожалеть об этом теперь уже поздно!»

Надо сказать, что в пути Сингэ не терпелось поскорей добраться домой, а теперь, когда он оказался здесь, возле дома, так ему стало горестно, так тяжко, что он едва передвигал ноги. Переступив порог своего дома, он взял себя в руки и, сдерживая гнев, через силу поздоровался с женой. Больше Сингэ ни слова не произнес, а Саньцяо, чувствуя за собой вину и краснея от стыда, не решилась подойти к мужу и заговорить с ним, проявить должную приветливость. Когда весь багаж был перенесен в дом, Сингэ сказал, что идет навестить тестя и тещу, а сам отправился обратно на джонку и там переночевал.

На следующий день утром он вернулся домой.

– Мать и отец твои больны, и очень тяжело, – сообщил он Саньцяо. – Вчера мне пришлось там остаться, и я провел возле них всю ночь. Они только и думают что о тебе и хотели бы с тобой повидаться. Я уже нанял паланкин, он у ворот – так что побыстрее собирайся и поезжай, я отправлюсь вслед за тобой.

Саньцяо, охваченная тревогой и подозревавшая что-то недоброе после ночи, когда муж не вернулся домой, услышав теперь, что отец и мать больны, конечно, поверила в это и всполошилась. Второпях она передала мужу ключи от сундуков, велела одной из кухарок быстро собраться, чтобы сопровождать ее, а сама направилась к паланкину. Тем временем Сингэ задержал кухарку, вытащил из рукава письмо и сказал ей, чтобы она передала его господину Вану.

向袖中摸出一封书来，分付他送与王公："送过书，你便随轿回来。"

却说三巧儿回家，见爷娘双双无恙，吃了一惊。王公见女儿不接而回，也自骇然；在婆子手中接书，拆开看时，却是休书一纸。上写道：

> 立休书人蒋德，系襄阳府枣阳县人，从幼凭媒聘定王氏为妻。岂期过门之后，本妇多有过失，正合七出之条。因念夫妻之情，不忍明言，情愿退还本宗，听凭改嫁，并无异言。休书是实。成化二年月日手掌为记。

书中又包着一条桃红汗巾，一枝打折的羊脂玉凤头簪。王公看了，大惊，叫过女儿，问其缘故。三巧儿听说丈夫把他休了，一言不发，啼哭起来。王公气忿忿的，一径跑到女婿家来。蒋兴哥连忙上前作揖。王公回礼，便问道："贤婿，我女儿是清清白白嫁到你家的，如今有何过失，你便把他休了？

— Как только отдашь письмо, сразу же возвращайся с паланкином, — приказал он, вручая письмо.

Приехав к родителям, Саньцяо нашла их в добром здравии и не на шутку перепугалась. Отец ее, господин Ван, увидев дочь, которая ни с того ни с сего вдруг приехала домой, тоже всполошился. Распечатав письмо, которое ему передала кухарка, он увидел, что это отпускная. В ней было написано:

Составитель настоящей отпускной — Цзян Дэ родом из Цзаояна, области Сянъян. В свое время был совершен сговор о том, что он берет в жены девицу из семьи Ван. Однако, уже живя в доме мужа, эта женщина совершила немало проступков, которые входят в семь статей, дающих повод для развода. Память о прежних супружеских чувствах удерживает от того, чтобы назвать эти проступки. Посему дается согласие на возвращение ее в родительский дом, а также на вторичное ее замужество по вашему усмотрению.

Настоящая отпускная является подлинной. Второй год Чэн-хуа, такой-то месяц, день. Отпечаток руки в качестве свидетельства.

Вместе с письмом в пакете находился еще и сверток, в котором лежали розовое шелковое полотенце и поломанная головная шпилька из чистого белого нефрита. Увидев все это, Ван, встревоженный, позвал дочь и стал допытываться, что произошло. Когда Саньцяо узнала, что муж отказался от нее, она горько заплакала, но так ничего отцу и не объяснила. Разгневанный, Ван тут же направился к зятю. Сингэ встретил его поклоном, Ван ответил на приветствие.

— Дорогой зять, — без промедлений начал Ван, — дочь моя была чиста и невинна, когда вошла в твой дом. Какой же про-

须还我个明白。"蒋兴哥道："小婿不好说得，但问令爱便知。"王公道："他只是啼哭，不肯开口，教我肚里好闷。小女从幼聪慧，料不到得犯了淫盗。若是小小过失，你可也看老夫薄面，恕了他罢。你两个是七八岁上定下的夫妻，完婚后并不曾争论一遍两遍，且是和顺。你如今做客才回，又不曾住过三日五日，有甚么破绽，落在你眼里？你直如此狠毒！也被人笑话，说你无情无义。"蒋兴哥道："丈人在上，小婿也不敢多讲。家中有祖遗下珍珠衫一件，是令爱收藏，只问他如今在否。若在时，半字休题；若不在时，只索休怪了。"王公忙转身回家，问女儿道："你丈夫只问你讨什么珍珠衫，你端的拿与何人去了？"那妇人听得说着了他紧要的关目，羞得满脸通红，开口不得，一发号啕大哭起来。慌得王公没做理会处。王婆劝道："你不要只管啼哭，实实的说个真情，与爹妈知道，也好与你分剖。"妇人那里肯说，悲悲咽咽，哭一个不住。王

ступок она совершила, что ты от нее отказываешься? Ты должен мне объяснить.

– Нет, мне об этом говорить неудобно, – отвечал Сингэ. – Спросите вашу дочь и узнаете.

– Да она только плачет и рта не желает раскрывать, – вот мне и приходится переживать и думать невесть что! Ведь дочь моя с детства была умной, – продолжал Ван. – Не могла она пойти на прелюбодеяние или кражу; а если и допустила какую малую оплошность, то уж ради меня, старика, простил бы ее. Ведь сговор о браке был совершен, когда вам обоим было лет восемь, а после свадьбы вы жили мирно, спокойно, ни разу не поссорились. Теперь ты только вернулся из поездки, не прожил здесь и двух дней – что же неладное ты заметил? Если ты так жестоко поступишь, то станешь посмешищем, люди будут говорить о тебе, что ты не знаешь чувства жалости и чувства долга.

– Уважаемый тесть, я не осмелюсь много говорить, – отвечал Сингэ, – скажу только, что у меня еще от далеких предков осталась жемчужная рубашка, которую я просил вашу дочь сохранить. Спросите у нее, есть сейчас эта рубашка в доме или нет. Если есть, то все в порядке, и разговору конец. Если нет, тогда извините, не обессудьте.

Ван тут же отправился домой.

– Муж твой только спрашивает о какой-то жемчужной рубашке, – сказал он дочери. – Отдала ты ее кому-то, что ли?

Поняв, что речь идет о самой ее сокровенной тайне, Саньцяо от стыда залилась краской. Сказать в ответ ей было нечего, и она так разрыдалась, что старик Ван растерялся, не зная, как ему поступить.

– Перестань без конца реветь, – уговаривала ее мать. – Лучше расскажи всю правду, как она есть, чтобы мы с отцом знали, в чем дело, и могли за тебя хоть слово замолвить.

Но Саньцяо упорно молчала и продолжала рыдать. Наконец Ван, отчаявшись, передал бумагу о разводе, полотенце и шпиль-

公只得把休书和汗巾簪子，都付与王婆，教他慢慢的偎着女儿，问他个明白。王公心中纳闷，走在邻家闲话去了。王婆见女儿哭得两眼赤肿，生怕苦坏了他，安慰了几句言语，便走厨房下去暖酒，要与女儿消愁。

　　三巧儿在房中独自想着珍珠衫泄漏的缘故，好生难解："这汗巾簪子，又不知那里来的？"沉吟了半晌，道："我晓得了。这折簪是镜破钗分之意。这条汗巾，分明叫我悬梁自尽。他念夫妻之情，不忍明言。是要全我的廉耻。可怜四年恩爱，一旦决绝！是我做的不是，负了丈夫恩情。便活在人间，料没个好日。不如缢死，到得干净。"说罢，又哭了一会，把个坐杌子填高，将汗巾兜在梁上，正欲自缢，也是寿数未绝，不曾关上房门。恰好王婆暖得一壶好酒，走进房来，见女儿安排这事，急得他手忙脚乱，不放酒壶，便上前去拖拽。不期一脚踢番坐杌子，娘儿两个跌做一团，酒壶都泼翻了。王婆

ку жене, велел ей успокоить дочь и постараться выведать у нее, что же произошло, а сам так расстроился, что решил пойти к соседям, чтобы хоть как-то отвлечься от мрачных мыслей.

Саньцяо все плакала, глаза ее распухли от слез. Мать, боясь, как бы дочь совсем не извелась, всячески утешала ее, потом отправилась на кухню согреть вина, надеясь хоть вином отвлечь ее от тяжелых мыслей.

Тем временем Саньцяо сидела у себя в комнате одна. Она все думала и думала и никак не могла понять, каким образом история с жемчужной рубашкой дошла до Сингэ. Не могла она также понять, что это за полотенце и шпилька. «Пожалуй, – наконец решила она, – сломанная шпилька означает разбитое счастье, а полотенце – намек на то, чтобы я повесилась. Во имя нашей былой супружеской любви он не пожелал об этом говорить прямо, хотел сберечь мою честь. Да, – продолжала она мысленно рассуждать, – четыре года любви и, увы, такой конец! В этом виновата я сама – пренебрегла чувствами мужа, изменила ему. Теперь, если я и останусь жить на свете, не видать мне счастливых дней. Действительно, уж лучше повеситься, по крайней мере со всем будет покончено». Придя к этой мысли, она снова расплакалась. И вот она взяла табуретку, положила на нее первое, что попалось под руку, чтобы стать повыше, и закинула на балку то самое полотенце – оставалось только сунуть голову в петлю. Но, видимо, не суждено было тому случиться. Дверь в комнату Саньцяо не была запертой, и как раз в этот момент ее мать вернулась из кухни, держа в руках чайник с подогретым вином. Увидев, что происходит, она настолько растерялась, что бросилась к дочери прямо с чайником в руках, обхватила Саньцяо свободной рукой, пытаясь удержать ее. При этом она задела и опрокинула табуретку. Обе женщины рухнули на пол. Тут же валялся чайник, из которого лилось вино. Встав на ноги, мать стала поднимать дочь, приговаривая:

爬起来，扶起女儿，说道："你好短见！二十多岁的人，一朵花还没有开足，怎做出没下梢的事！莫说你丈夫还有回心转意的日子；便真个休了，恁般容貌，怕没人要你？少不得别选良姻，图个下半世受用。你且放心过日子去，休得愁闷。"王公回家，知道女儿寻死，也劝了他一番；又嘱付王婆用心提防。过了数日，三巧儿没奈何，也放下了念头。正是：

夫妻本是同林鸟，
大限来时各自飞。

再说蒋兴哥将两条索子，将晴云暖雪捆缚起来，拷问情由。那丫头初时抵赖，吃打不过，只得从头至尾，细细招将出来。已知都是薛婆勾引，不干他人之事。到明朝，兴哥领了一伙人赶到薛婆家里，打得他雪片相似，只饶他拆了房子。薛婆情知自己不是，躲过一边，并没一人敢出头说话。兴哥见他如此，也出了这口气。回去唤个牙婆，将两个丫头都卖了。楼上细软箱笼，大小共十六只，写三十二条封皮，紧紧封了，更不

– Пришло же в голову этакое! Всего-то тебе каких-то двадцать лет – можно сказать, бутон, еще полностью не распустившийся! Как же ты решилась на подобную глупость?! – продолжала она. – Муж-то твой, может, еще и одумается. Ну а если даже и окончательно решил отказаться от тебя, так что?! Неужто тебя, такую красивую, никто другой не возьмет! Ничего, выйдешь еще замуж и будешь счастлива. Так что не расстраивайся, живи спокойно!

Когда Ван вернулся домой и узнал, что Саньцяо пыталась покончить с собой, он тоже сказал ей несколько слов в утешение, а жене наказал не спускать с дочери глаз.

Прошло какое-то время, предпринять Саньцяо ничего не могла и наконец оставила мысль о смерти. Поистине,

Жена и муж – совсем как птицы,
  живут в одном лесу;
Но вот великий срок приходит –
  и кто куда летит своим путем.

А теперь вернемся к Сингэ. После ухода тестя он связал Цинъюнь и Нуаньсюэ и стал допрашивать обеих служанок. Сначала они отпирались, но, когда он начал их бить, не выдержали и выложили все начистоту. Узнав, что историю с Даланом подстроила старуха Сюэ и что все это дело только ее рук, Сингэ на следующее же утро собрал десяток молодцов и направился с ними к ее дому. Там они разнесли у нее все в пух и прах, разве что только сам дом не сломали. Сюэ, сознавая свою вину, заранее скрылась, и никто не посмел сказать и слова в ее защиту.

Возвратясь к себе, Сингэ велел привести посредницу и продал ей обеих служанок. Каждый из шестнадцати сундуков с вещами и драгоценностями, – больших и малых, – которые стояли наверху в доме, он опечатал двумя полосами бумаги и больше к

开动。这是甚意儿？只因兴哥夫妇本是十二分相爱的，虽则一时休了，心中好生痛切，见物思人，何忍开看？

话分两头。却说南京有个吴杰进士，除授广东潮阳县知县，水路上任，打从襄阳经过，不曾带家小，有心要择一美妾，一路看了多少女人，并不中意。闻得枣阳县王公之女，大有颜色，一县闻名。出五十金财礼，央媒议亲。王公到也乐从；只怕前婿有言，亲到兴哥家说知。兴哥并不阻当。临嫁之夜，兴哥雇了人夫，将楼上十六个箱笼，原封不动，连钥匙送到吴知县船上交割，与三巧儿当个赔嫁。妇人心上到过意不去。傍人晓得这事，也有夸兴哥做人忠厚的，也有笑他痴呆的，还有骂他没志气的，正是人心不同。

闲话休题。再说陈大郎在苏州脱货完了，回到新安，一心只想着三巧儿，朝暮看了这件珍珠衫，长吁短叹。老婆平氏心知这衫儿来得蹊跷，等丈夫睡着，悄悄的偷去，藏在天花板

ним не прикасался. Почему? Да потому, что Сингэ очень любил жену, и хоть отказался от нее, но на душе у него было тяжело. Глядя на вещи, как известно, вспоминаешь человека. Так мог ли он раскрывать сундуки и заглядывать в них?

Теперь рассказ пойдет еще об одном человеке – о некоем У Цзе, цзиньши из Нанкина. Получив назначение на должность начальника уезда Чаоянсянь в провинции Гуандун, он отправился туда водным путем и проезжал через область Сянъян. Жена у него осталась дома, и он решил подобрать себе молодую наложницу. На пути к месту службы он встречал немало молодых женщин, но ни одна не пришлась ему по душе. Как-то он прослышал о дочери старика Вана из Цзаояна: говорили, что она хороша собой и славится красотой на весь уезд. Он пригласил сваху и в качестве сговорного подарка дал ей пятьдесят ланов золота. Ван был этому рад, но, боясь, как бы его прежний зять не стал протестовать, сам пошел к Сингэ и рассказал ему о сватовстве. У того никаких возражений не было. В день свадьбы Саньцяо Сингэ нанял людей, которые перенесли все шестнадцать сундуков на джонку У Цзе. Опечатанные бумагой сундуки, до которых Сингэ так и не дотронулся, были возвращены вместе с ключами к ним. Все это отдавалось Саньцяо в качестве приданого, и ей, конечно, было не по себе. Когда стало известно, как поступил Сингэ, одни хвалили его, говорили, что он великодушен; другие смеялись над ним, называли дураком; иные поносили его за бесхарактерность. Вот уж поистине, «сколько людей, столько и мнений»!

Но не будем отвлекаться и вернемся теперь к Далану.

Сбыв свой товар в Сучжоу, Далан приехал к себе домой, в Синьань, и все его мысли только и были что о Саньцяо. Утром ли, вечером ли, глядя на жемчужную рубашку, он постоянно вздыхал. Жена его, госпожа Пин, недоумевая, откуда взялась эта рубашка, и заподозрив что-то неладное, однажды, когда муж

上。陈大郎早起要穿时,不见了衫儿,与老婆取讨。平氏那里肯认。急得陈大郎性发,倾箱倒箧的寻个遍,只是不见,便破口骂老婆起来。惹得老婆啼啼哭哭,与他争嚷。闹吵了两三日,陈大郎满怀撩乱,忙忙的收拾银两,带个小郎,再望襄阳旧路而进。将近枣阳,不期遇了一伙大盗,将本钱尽皆劫去。小郎也被他杀了。陈商眼快,走向船梢舵上伏着,幸免残生。思想还乡不得,且到旧寓住下,待会了三巧儿,与他借些东西,再图恢复。叹了一口气,只得离船上岸。走到枣阳城外主人吕公家,告诉其事,又道:"如今要央卖珠子的薛婆与一个相识人家借些本钱营运。"吕公道:"大郎不知,那婆子为勾引蒋兴哥的浑家,做了些丑事。去年兴哥回来,问浑家讨甚么珍珠衫,原来浑家赠与情人去了,无言回答。兴哥当时休了浑家回去,如今转嫁与南京吴进士做第二房夫人了。那婆子被蒋家打得个片瓦不留,婆子安身不牢,也搬在隔县去了。"陈大

спал, тайком унесла ее и спрятала на чердаке. Утром Далан хотел надеть рубашку, ее не оказалось, и он стал требовать ее у жены. Та ни в чем не признавалась. Далан рассвирепел, перевернул вверх дном сундуки и короба, обшарил все углы и, нигде не найдя ее, набросился на жену с руганью. Госпожа Пин разрыдалась, началась перебранка, и они ссорились несколько дней подряд. В полном смятении чувств Далан наспех собрал деньги, взял с собой молодого слугу, сел на джонку и направился обратно в Сянъян. Случилось так, что, когда они подъезжали уже к самому Цзаояну, на джонку напала шайка разбойников. Лодку ограбили, деньги, которые он вез с собой, украли, слугу убили. Далан благодаря своей сообразительности и ловкости успел спрятаться на корме за рулем и тем спас себе жизнь. Понимая, что домой ему теперь нельзя возвращаться, он решил, что поселится в прежней гостинице, свидится с Саньцяо, одолжит у нее какую-то сумму, а когда наладит дело, вернет свой долг. Тяжело вздыхая, он оставил джонку и сошел на берег.

Оказавшись за городом, Далан добрался до гостиницы и поведал хозяину, господину Люю, обо всем, что с ним приключилось. При этом он признался, что собирается попросить старуху Сюэ, которая торгует жемчугом, одолжить у одного его знакомого кое-какую сумму для дела.

— О, вы не знаете, — отвечал ему на это старик Люй. — Эта старуха совратила жену Цзян Сингэ, подстроила там грязное дело. В прошлом году, когда Сингэ вернулся из поездки, он стал требовать у жены какую-то жемчужную рубашку. А жена, оказывается, подарила эту рубашку любовнику и ей нечего было сказать в свое оправдание. Сингэ тотчас же отказался от жены и отправил ее обратно к родным, а теперь она в качестве второй жены вышла за господина У Цзе из Нанкина. Сингэ разнес дом старухи Сюэ, да так, что целой черепицы на нем не осталось. Продолжать здесь жить она, конечно, не могла и переехала в

郎听得这话，好似一桶冷水没头淋下。这一惊非小，当夜发寒发热，害起病来。这病又是郁症，又是相思症，也带些怯症，又有些惊症，床上卧了两个多月，翻翻覆覆，只是不愈。连累主人家小厮，伏侍得不耐烦。陈大郎心上不安，打熬起精神，写成家书一封，请主人来商议，要觅个便人捎信往家中取些盘缠，就要个亲人来看觑同回。这几句正中了主人之意。恰好有个相识的承差，奉上司公文，要往徽宁一路，水陆传递，极是快。吕公接了陈大郎书札，又替他应出五两银子，送与承差，央他乘便寄去。果然的"自行由得我，官差急如火"，不勾几日，到了新安县。问着陈商家中，送了家书，那承差飞马去了。正是：

　　只为千金书信，
　　又成一段姻缘。

соседний уезд.

Услышав такое, Далан был потрясен, словно его холодной водой окатили. Всю ночь его бросало то в жар, то в холод, и он заболел. Причиной болезни была удрученность и тоска по любимой, отчасти – переутомление и нежданное потрясение. Более двух месяцев пролежал он в постели – слуге хозяина даже надоело за ним ухаживать. Доведенный до отчаяния, Далан собрался с духом и написал письмо домой. Пригласив хозяина гостиницы, он попросил, чтобы тот при первой возможности переслал его письмо жене, и добавил, что просит в письме прислать ему денег на дорогу и приехать кого-нибудь из близких, чтобы присмотреть за ним в пути. Это было именно то, чего хотел сам хозяин. В гостинице как раз очень кстати остановился посыльный, направлявшийся с документами в Хуэйнин. Расстояния он преодолевал быстро, пользуясь услугами водных и сухопутных почтовых станций, поэтому Люй передал ему письмо Далана, дал некоторую сумму и попросил заодно доставить это послание по адресу. Известно, что

*Когда идешь по собственным делам –
то бродишь, сколько хочешь,
А коли нарочным по службе послан –
мчишься, как комета.*

Не прошло и нескольких дней, как посыльный был уже в уезде Синьань. Разузнав, где находится дом Далана, он доставил письмо и тут же помчался дальше. И вот:

*Всего лишь было
что письмо к жене,
А вышло так –
что вдруг сыграли свадьбу.*

话说平氏拆开家信，果是丈夫笔迹，写道：

> 陈商再拜。贤妻平氏见字：别后襄阳遇盗，劫资杀仆，某受惊患病，现卧旧寓吕家，两月不愈。字到，可央一的当亲人，多带盘缠，速来看视。伏枕草草。

平氏看了，半信半疑，想道："前番回家，亏折了千金赀本。据这件珍珠衫，一定是邪路上来的。今番又推被盗，多讨盘缠，怕是假话。"又想道："他要个的当亲人速来看视，必然病势利害。这话是真也未可知。如今央谁人去好。"右思左想，放心不下，与父亲平老朝奉商议，收拾起细软家私，带了陈旺夫妇，就请父亲作伴，雇个船只，亲往襄阳看丈夫去。到得京口，平老朝奉痰火病发，央人送回去了。平氏引着男女

Госпожа Пин вскрыла письмо и узнала почерк мужа. В письме говорилось:

Милая жена, госпожа Пин! Тебе кланяется Далан. После того как я уехал из дому, на меня в Сянъяне напали бандиты, ограбили меня и убили слугу. Сам я от потрясений заболел и вот уже больше двух месяцев лежу все в той же гостинице у господина Люя. Когда это письмо дойдет до тебя, прошу направить ко мне надежного человека, дабы он побыстрее приехал присмотреть за мной, и передай с ним побольше денег на дорогу. Пишу кое-как, лежа на подушке.

Не зная, верить ли тому, что говорилось в письме, госпожа Пин раздумывала над ним: «В последний раз, когда он вернулся домой, он, видите ли, потерпел убыток на целую тысячу ланов серебром. А эта жемчужная рубашка? Наверняка ведь досталась ему каким-то нечестным путем. Теперь убеждает, что его ограбили, и просит прислать побольше денег на дорогу. Боюсь, врет он все!» Еще поразмыслив, она рассудила: «Он просит надежного, близкого человека побыстрей явиться ухаживать за ним, значит, действительно тяжело болен, и вполне вероятно, что все это правда. Но кого же послать?»

Чем больше она думала, тем сильнее овладевало ею беспокойство. Она рассказала обо всем своему отцу, господину Пину, решила собрать все ценности, какие были в доме, взять с собой слугу Чэнь Вана и его жену, а также попросила отца поехать вместе с ней. Наконец была нанята лодка, и она отправилась к мужу в Сянъян. Но едва они добрались до Цзинкоу, как у старого господина Пина начался удушающий кашель и его пришлось отправить домой. Сама госпожа Пин вместе с Чэнь Ваном и его женой продолжала путь дальше.

水路前进。不一日,来到枣阳城外,问着了旧主人吕家。原来十日前陈大郎已故了。吕公赔些钱钞,将就入殓。平氏哭倒在地,良久方醒,慌忙换了孝服,再三向吕公说,欲待开棺一见,另买副好棺材,重新殓过。吕公执意不肯。平氏没奈何,只得买木做个外棺包裹,请僧设法事超度,多焚冥资。吕公早已自索了他二十两银子谢仪,随他闹吵,并不言语。过了一月有余,平氏要选个好日子扶柩而归。吕公见这妇人年少,且有姿色,料是守寡不终;又是囊中有物,思想:"儿子吕二还没有亲事,何不留住了他,完其好事,可不两便。"吕公买酒请了陈旺,央他老婆委曲进言,许以厚谢。陈旺的老婆是个蠢货,那晓得什么委曲,不顾高低,一直的对主母说了。平氏大怒,把他骂了一顿,连打几个耳光子,连主人家也数落了几句。吕公一场没趣,敢怒而不敢言。正是:

羊肉馒头没的吃,

В конце концов они добрались до Цзаояна и там разузнали, где подворье господина Люя. Оказалось, Далан еще десять дней тому назад скончался. Лежал он в простеньком гробу, на который пожертвовал какую-то сумму Люй. Госпожа Пин, рыдая, упала на землю и долго не могла прийти в себя. Она надела грубую траурную одежду, стала уговаривать господина Люя открыть гроб, чтобы взглянуть на мужа, и собиралась, как подобает, уложить его тело в другой, хороший гроб, но Люй ни за что не соглашался. Пин оставалось только купить материал и сделать наружный гроб. Затем она пригласила монахов, было совершено молебствие о спасении души усопшего и сожжено огромное количество бумажных денег. Старик Люй, получивший от Пин в благодарность за все его хлопоты двадцать ланов серебром, разрешал ей делать, что она хочет, и без единого слова упрека переносил шум и суматоху в доме.

Прошло больше месяца. Пин решила выбрать благоприятный день и отправиться с гробом на родину. Между тем Люй задумывался над тем, не удержать ли здесь эту женщину: молода, недурна собой – вряд ли до конца своей жизни будет вдовствовать, да и деньги у нее кой-какие водятся, а сын его, Люй Второй, еще не женат. Так почему бы не совершить благое дело, устраивающее обе стороны? Он купил вина, пригласил Чэнь Вана и попросил, чтобы его жена попробовала поговорить об этом с госпожой; разумеется, Люй пообещал щедро его отблагодарить. Жена Чэнь Вана была женщиной глупой, деликатностью не отличалась и потому без всяких обиняков сказала обо всем своей госпоже. Та вышла из себя. Ругая женщину, она несколько раз ударила ее по щеке, понося при этом недобрыми словами и самого хозяина гостиницы. Получив по носу этакий щелчок, Люй обозлился, но сказать ничего не посмел. Вот уж поистине,

Бараньих пампушек поесть не поел,

空教惹得一身腥。

吕公便去撺掇陈旺逃走。陈旺也思量没甚好处了,与老婆商议,教他做脚,里应外合,把银两首饰偷得罄尽,两口儿连夜走了。吕公明知其情,反埋怨平氏,说不该带这样歹人出来,幸而偷了自家主母的东西,若偷了别家的,可不连累人。又嫌这灵柩碍他生理,教他快些抬去。又道后生寡妇在此居住不便,催促他起身。平氏被逼不过,只得别赁下一间房子住了,雇人把灵柩移来,安顿在内。这凄凉景象,自不必说。间壁有个张七嫂,为人甚是活动,听得平氏啼哭,时常走来劝解。平氏又时常央他典卖几件衣服用度,极感其意。不勾几月,衣服都典尽了。从小学得一手好针线,思量要到个大户人家教习女工度日,再作区处。正与张七嫂商量这话。张七嫂道:"老身不好说得,这大户人家不是你少年人走动的。死的

Только вонью бараньей насквозь пропитался.

После этого случая Люй стал подговаривать Чэнь Вана сбежать от хозяйки. Чэнь Ван поразмыслил, что хорошего ему теперь уже не видать, посовещался с женой, и, действуя вдвоем – одна в доме, другой вовне, они сумели прибрать к рукам все деньги и драгоценности хозяйки, после чего однажды ночью сбежали. А Люй, прекрасно знавший подоплеку этого дела, обвинил во всем госпожу Пин, говоря, что не следовало ей брать с собой таких негодяев, что, мол, хорошо еще, что обокрали одну ее, а не многих других. Тут же Люй заявил, что гроб в гостинице мешает ему, и попросил поскорее его убрать. Помимо прочего, он стал торопить госпожу Пин с отъездом, объясняя это тем, что она молодая вдова и жить здесь ей не особенно приличествует. Старик до того допекал Пин, что ей пришлось снять отдельный домик. Она наняла людей, и гроб перенесли туда. О том, как она при всем этом убивалась, излишне и говорить.

Соседкой Пин оказалась некая Чжан Седьмая. Женщина она была общительная и, когда слышала, как госпожа Пин плачет, нередко приходила утешать ее. Пин время от времени просила ее то продать, то заложить что-нибудь из вещей и была очень благодарна соседке за заботы.

Не прошло и нескольких месяцев, как вся одежда оказалась заложенной. Тогда Пин подумала о том, что раз она с детства хорошо вышивает, то могла бы для начала найти какую-нибудь состоятельную семью, где стала бы учить вышиванию – это ее пока прокормит, а дальше видно будет. Как-то она поделилась своими мыслями с Чжан Седьмой.

– Мне не очень удобно говорить вам то, что я собираюсь сказать, – отвечала ей Чжан Седьмая. – Богатые семьи – не те места, куда следует ходить молодой женщине. И вообще, кто умер, тот умер, а кто жив, тому все-таки надо жить. У вас ведь

没福自死了，活的还要做人。你后面日子正长哩！终不然做针线娘，了得你下半世？况且名声不好，被人看得轻了。还有一件，这个灵柩如何处置？也是你身上一件大事。便出赁房钱，终久是不了之局。"平氏道："奴家也都虑到，只是无计可施了。"张七嫂道："老身到有一策。娘子莫怪我说。你千里离乡，一身孤寡，手中又无半钱，想要搬这灵柩回去，多是虚了。莫说你衣食不周，到底难守；便多守得几时，亦有何益？依老身愚见，莫若趁此青年美貌，寻个好对头，一夫一妇的随了他去，得些财礼，就买块土来葬了丈夫，你的终身又有所托，可不生死无憾？"平氏见说得近理，沉吟了一会，叹口气道："罢，罢！奴家卖身葬夫，傍人也笑我不得。"张七嫂道："娘子若定了主意时，老身现有个主儿在此，年纪与娘子相近，人物齐整，又是大富之家。"平氏道："他既是富家，怕不要二婚的。"张七嫂道："他也是续弦了。原对老身说，不拘头婚二婚，定要人才出众。似娘子这般丰姿，怕不中

все еще впереди, – продолжала Чжан Седьмая, – так неужели же всю оставшуюся жизнь быть вышивальщицей? Да и репутация за этой профессией не больно-то хорошая: люди к вышивальщицам относятся с пренебрежением. И еще одно – как быть с гробом? Без конца снимать помещение для него – не выход.

– Да я обо всем этом сама думала, – отвечала Пин, – только не знаю, что и предпринять.

– Есть у меня одно соображение, – сказала Чжан Седьмая, – только не обижайтесь на мои слова. Вы здесь за тысячу ли от родных мест, одна, без денег, и думать о том, чтобы увезти гроб на родину, – пустая мечта. Я уж не говорю о том, что и одеться-то вам почти не во что, да и питаться нечем – так долго не продержишься. А если какое-то время и продержитесь так вот, соблюдая вдовство, какая в том польза? Вот мне и кажется, не лучше ли, пока вы молоды и красивы, найти себе хорошего человека и последовать за ним, как жена за мужем? Появятся у вас кой-какие деньги в виде свадебных даров, купите клочок земли, похороните мужа да и себе жизнь обеспечите. И получится тогда, что и мертвый не в обиде, и живому не в чем себя упрекнуть.

Госпожа Пин понимала, что Чжан Седьмая права.

– Что ж, пусть так, – подумав немного, со вздохом произнесла Пин. – Если я продам себя ради того, чтобы похоронить мужа, люди надо мной не станут смеяться.

– Если вы действительно решитесь на это, то у меня как раз есть на примете подходящий человек. Ему примерно столько же лет, сколько и вам, выглядит он привлекательно, к тому же очень богат.

– Ну, если богат, вряд ли захочет взять себе в жены женщину, которая уже была замужем, – сказала Пин.

– Он тоже женится вторично, – отвечала Чжан Седьмая. – Он говорил мне, что ему неважно, была или не была женщина замужем, лишь бы была красивой. А вы, с вашей внешностью,

意！"原来张七嫂曾受蒋兴哥之托，央他访一头好亲；因是前妻三巧儿出色标致，所以如今只要访个美貌的。那平氏容貌虽及不得三巧儿，论起手脚伶俐，胸中泾渭，又胜似他。张七嫂次日就进城与蒋兴哥说了。兴哥闻得是下路人，愈加欢喜。这里平氏分文财礼不要，只要买块好地殡葬丈夫要紧。张七嫂往来回复几次，两相依允。话休烦絮。却说平氏送了丈夫灵柩入土，祭奠毕了，大哭一场，免不得起灵除孝。临期，蒋家送衣饰过来，又将他典下的衣服都赎回了。成亲之夜，一般大吹大擂，洞房花烛。正是：

规矩熟闲虽旧事，
恩情美满胜新婚。

蒋兴哥见平氏举止端庄，甚相敬重。一日从外而来，平氏

не можете ему не понравиться.

Оказывается, это Цзян Сингэ просил Чжан Седьмую подыскать ему жену. И так как его первая супруга – Саньцяо – была необыкновенная красавица, он непременно хотел найти подобную ей. Что касается госпожи Пин, то хоть она и уступала в красоте Саньцяо, но ловкостью, сообразительностью и трезвостью ума превосходила ее.

На следующий же день после этого разговора Чжан Седьмая отправилась в город и рассказала Сингэ о госпоже Пин. Когда Сингэ узнал, что эта женщина к тому же, как и он, из низовья Янцзы, он остался очень доволен. Пин отказалась от каких-либо денежных свадебных даров и только высказала пожелание, чтобы была куплена земля, на которой она могла бы похоронить мужа. Не один раз пришлось Чжан Седьмой ходить от Сингэ к госпоже Пин, от госпожи Пин к Сингэ, пока в конце концов обе стороны не пришли к полному согласию.

Однако не будем многословны. Скажем только, что госпожа Пин предала земле гроб с телом мужа, совершила жертвоприношение и долго плакала возле могилы. Вслед за этим, само собой разумеется, все траурное в доме было убрано, и Пин сняла траурное одеяние. К определенному сроку Сингэ прислал госпоже Пин одежду и украшения, а также выкупил из закладной лавки все, что она в свое время заложила. В день, когда состоялось бракосочетание, как положено, играла музыка, брачные покои были празднично украшены, всюду горели свечи. Поистине,

> *Справляли свадьбу оба не впервые,*
> *Но нежных чувств и в этот раз не меньше.*

Видя, как скромно и с каким достоинством держит себя Пин, Сингэ относился к ней с большим уважением. Однажды, вернувшись откуда-то домой, Сингэ застал жену за тем, что она

正在打叠衣箱，内有珍珠衫一件。兴哥认得了，大惊，问道："此衫从何而来？"平氏道："这衫儿来得蹊跷。"便把前夫如此张智，夫妻如此争嚷，如此赌气分别，述了一遍。又道："前日艰难时，几番欲把他典卖，只愁来历不明，怕惹出是非，不敢露人眼目。连奴家至今，不知这物事那里来的。"兴哥道："你前夫陈大郎，名字可叫做陈商？可是白净面皮，没有须，左手长指甲的么？"平氏道："正是。"蒋兴哥把舌头一伸，合掌对天道："如此说来，天理昭彰，好怕人也！"平氏问其缘故。蒋兴哥道："这件珍珠衫原是我家旧物。你丈夫奸骗了我的妻子，得此衫为表记。我在苏州相会，见了此衫，始知其情。回来把王氏休了。谁知你丈夫客死，我今续弦，但闻是徽州陈客之妻，谁知就是陈商。却不是一报还一报！"平

укладывала сундуки. И вдруг среди вещей он увидел свою жемчужную рубашку.

– Откуда у тебя эта вещь? – в крайнем недоумении спросил он.

– Не знаю, какими судьбами она оказалась у мужа, – ответила Пин и рассказала о том, как однажды, возвратясь из поездки домой, странно вел себя ее бывший муж Далан, как они повздорили и как он, рассердившись, уехал. Затем добавила: – В былые дни, когда мне было особенно трудно, я не раз помышляла о том, чтобы заложить или продать эту рубашку, но так как не знала, откуда она взялась, то и не решалась показывать ее людям – боялась, как бы не вышло чего неладного. Ведь я до сих пор так и не знаю, откуда она у него.

– Твой муж Чэнь Далан, он же Чэнь Шан, не так ли? Без усов, с чистой гладкой кожей на лице, с длинным ногтем на левом мизинце?

– Да, – подтвердила Пин.

Сингэ даже рот раскрыл от удивления и, сложив перед грудью руки и подняв глаза к небу, произнес:

– Если так, то действительно пути небесные всеведущи и справедливы. Страшно даже!

Пин стала расспрашивать, в чем дело.

– Эта жемчужная рубашка давно принадлежит моей семье, – отвечал Сингэ. – Твой муж совратил мою жену, и она подарила ему эту рубашку на память. Обо всем этом я узнал в Сучжоу, когда встретился там с твоим мужем и увидел на нем свою жемчужную рубашку. Поэтому, возвратясь домой, я отказался от жены. И нужно же было так случиться, что твой муж умер на чужбине, а я решил жениться вторично. Но я знал только, что ты жена некоего купца Чэня из Хуэйчжоу, и все. Кто мог подумать, что твой муж и есть тот самый Чэнь Шан! Вот уж поистине: тем же тебе и воздастся!

氏听罢,毛骨悚然。从此恩情愈笃。这才是《蒋兴哥重会珍珠衫》的正话。诗曰:

　　天理昭彰不可欺,
　　两妻交易孰便宜。
　　分明欠债偿他利,
　　百岁姻缘暂换时。

　　再说蒋兴哥有了管家娘子,一年之后,又往广东做买卖。也是合当有事。一日,到合浦县贩珠,价都讲定,主人家老儿只拣一粒绝大的偷过了,再不承认。兴哥不忿,一把扯他袖子要搜,何期去得势重,将老儿拖翻在地,跌下便不做声。忙去扶时,气已断了。儿女亲邻,哭的哭,叫的叫,一阵的簇拥将来,把兴哥捉住,不由分说,痛打一顿,关在空房里。连夜写了状词,只等天明,县主早堂,连人进状。县令准了,因这日有公事,分付把凶身锁押,次日候审。你道这县主是谁?姓

Пин похолодела, узнав обо всем этом. С тех пор они еще больше стали любить друг друга.

Такова подлинная история о том, как Цзян Сингэ снова увидел жемчужную рубашку. Стихи говорят:

*Небесный путь всегда всевидящ,
Его никак не обмануть.
Вот двое женами сменялись,
А выгадал при этом кто?
Сказать тут, право, можно смело:
Проценты отданы за долг,
И все внезапно изменилось
В судьбе, давно уж предрешенной.*

Остается добавить следующее. Сингэ, у которого была теперь в доме хозяйка, спустя год снова отправился по торговым делам в Гуандун. И видимо, суждено было случиться тому, что случилось. Однажды он продавал жемчуг в городе Хэпу. В одном доме он уже договорился о цене, сделка была совершена, но тут покупатель-старик взял и упрятал самую большую жемчужину и ни за что не хотел в этом признаться. Возмущенный, Сингэ схватил старика за рукав с намерением обыскать его, да так резко дернул, что тот повалился наземь, а упав, не произнес ни звука. Сингэ бросился поднимать его, но оказалось, что тот уже мертв. Сбежались родственники старика, соседи. Кто плакал, кто кричал. Сингэ схватили, не желая ничего слушать, жестоко избили и заперли в пустом помещении. В тот же вечер была написана жалоба, а на следующее утро Сингэ поволокли к начальнику уезда на утренний прием. Начальник уезда принял жалобу, но так как в этот день у него были другие дела, то велел преступника запереть, с тем чтобы учинить допрос на следующее утро.

吴名杰，南畿进士，正是三巧儿的晚老公。初选原任潮阳，上司因见他清廉，调在这合浦县采珠的所在来做官。是夜，吴杰在灯下将进过的状词细阅。三巧儿正在傍边闲看，偶见宋福所告人命一词，凶身罗德，枣阳县客人，不是蒋兴哥是谁？想起旧日恩情，不觉酸痛，哭告丈夫道："这罗德是贱妾的亲哥，出嗣在母舅罗家的。不期客边犯此大辟。相公可看妾之面，救他一命还乡。"县主道："且看临审如何。若人命果真，教我也难宽宥。"三巧儿两眼噙泪，跪下苦苦哀求。县主道："你且莫忙。我自有道理。"明早出堂，三巧儿又扯住县主衣袖，哭道："若哥哥无救，贱妾亦当自尽，不能相见了！"当日县主升堂，第一就问这起。只见宋福、宋寿，兄弟两个，哭哭啼啼，与父亲执命，禀道："因争珠怀恨，登时打闷，仆地身

И кто, как вы думаете, был этот начальник уезда? Это, оказывается, был тот самый У Цзе из Нанкина, который взял себе второй женой Саньцяо. Он прослужил начальником уезда в Чаоянсяне, и высшее начальство, учтя его бескорыстие, перевело его сюда, в Хэпу, где промышляли добычей жемчуга. В тот же день, вечером, когда начальник, у себя дома, при лампе просматривал жалобы, Саньцяо сидела подле него. Случайно она обратила внимание на жалобу некоего Сун Фу об убийстве. Убийцей в документе значился Ло Дэ, торговец из Цзаояна. Ну кто же это мог быть иной, как не Цзян Сингэ! Саньцяо вспомнила об их былой любви, сердце у нее невольно сжалось, и она со слезами обратилась к мужу:

— Ло Дэ — мой родной брат, усыновленный дядей по матери. Подумать только, что на чужбине он мог совершить такое преступление! Очень прошу вас, ради меня — спасите его и помогите ему вернуться на родину.

— Там видно будет в ходе допроса. Если он действительно убил человека, трудно мне будет дать ему поблажку.

Саньцяо, рыдая, опустилась на колени и продолжала молить.

— Ладно, успокойся, найду какой-нибудь выход, — сказал У Цзе.

На следующий день, когда У Цзе собрался выйти на утренний прием, Саньцяо схватила его за рукав и снова, плача, взмолилась:

— Если брата нельзя будет спасти, я покончу с собой, и больше мы не увидимся.

Утренний прием начальник уезда начал именно с жалобы на Сингэ. Братья Сун Фу и Сун Шоу — оба, плача, просили о том, чтобы убийца понес должное наказание за смерть их отца.

— В споре из-за жемчужины он по злобе побил отца, тот свалился на землю и умер, — доложили они. — Просим вас решить это дело.

死。望爷爷做主！"县主问众干证口词。也有说打倒的，也有说推跌的。蒋兴哥辩道："他父亲偷了小人的珠子，小人不忿，与他争论。他因年老脚蹉，自家跌死，不干小人之事。"县主问宋福道："你父亲几岁了？"宋福道："六十七岁了。"县主道："老年人容易昏绝，未必是打。"宋福、宋寿坚执是打死的。县主道："有伤无伤，须凭检验。既说打死，将尸发在漏泽园去，候晚堂听检。"原来宋家也是个大户，有体面的。老儿曾当过里长。儿子怎肯把父亲在尸场剔骨？两个双双叩头道："父亲死状，众目共见，只求爷爷到小人家去相验，不愿发检。"县主道："若不见贴骨伤痕，凶身怎肯伏罪？没有尸格，如何申得上司过？"兄弟两个只是苦求。县主

Начальник уезда стал допрашивать свидетелей: одни говорили, что старика били и он упал, другие – что его просто толкнули.

Сингэ показал следующее:

– Отец жалобщика украл у меня жемчужину, я возмутился, и мы заспорили. Старик, оказывается, плохо держался на ногах, сам упал, ушибся и умер, так что я не виноват.

– Сколько лет было твоему отцу? – спросил начальник уезда у Сун Фу.

– Шестьдесят семь.

– Такой пожилой человек вполне мог упасть в обморок, и вполне возможно, что его и не били, – сказал начальник уезда.

Но оба брата упорно настаивали на том, что отец их умер от побоев.

– Раз вы говорите, что его избили до смерти, то надо проверить, есть ли на теле следы побоев или ран, – ответил на это начальник уезда и распорядился: – Отправьте тело на казенное кладбище, а во второй половине дня совершим официальное освидетель-ствование трупа.

Надо сказать, что семья Сунов была из богатых, пользующихся хорошей репутацией, а сам старик одно время был даже старостой их квартала. Поэтому сыновья его, разумеется, не могли допустить, чтобы отца повезли на казенное кладбище и ковырялись там в его теле. Опустившись на колени, оба они земно кланялись и говорили:

– Очень многие видели, каким образом отец скончался. Поэтому просим вас побывать у нас дома и там все расследовать, а освидетельствования на кладбище не совершать.

– Разве преступник признается в своей вине, если не будет обнаружено следов увечья?! Да и как я могу без бумаги об освидетельствовании трупа отправить дело начальству на утверждение?

发怒道："你既不愿检，我也难问。"慌的他弟兄两个连连叩头道："但凭爷爷明断。"县主道："望七之人，死是本等。倘或不因打死，屈害了一个平人，反增死者罪过。就是你做儿子的，巴得父亲到许多年纪，又把个不得善终的恶名与他，心中何忍？但打死是假，推仆是真。若不重罚罗德，也难出你的气。我如今教他披麻带孝，与亲儿一般行礼，一应殡殓之费，都要他支持。你可服么？"兄弟两个道："爷爷分付，小人敢不遵依？"兴哥见县主不用刑罚，断得干净，喜出望外。当下原被告都叩头称谢。县主道："我也不写审单，着差人押出，

Но братья продолжали молить его, настаивая на своем.

– Не желаете освидетельствования трупа, значит, и не надейтесь на продолжение расследования дела! – в гневе воскликнул начальник уезда.

Тут братья, в замешательстве, кланяясь, согласились:

– Полагаемся во всем на ваше решение.

Тогда начальник заявил:

– Человеку уже под семьдесят, в этом возрасте смерть – дело вполне естественное. Если окажется, что он умер не от побоев, то зря пострадает невинный человек, а это отяготит душу скончавшегося. И вы, его дети, которые, конечно, хотели, чтобы отец жил подольше, обвинением этим сослужите ему плохую службу. Так неужели же вы, его родные сыновья, решитесь пойти на такое?! И еще должен сказать, – продолжал начальник, – что умер он от побоев – это ложь. А вот что обвиняемый толкнул вашего отца и он упал – похоже на правду. Но если со всей строгостью не наказать обвиняемого До Дэ, то вы будете все-таки в обиде. Так вот, я полагаю, надо заставить обвиняемого надеть на себя грубую пеньковую траурную одежду, совершить обряды, как полагается в подобном случае родному сыну, и все расходы, связанные с похоронами, также возложить на До Дэ. Согласны ли вы с таким решением?

– Не посмеем не согласиться с вашим распоряжением, – отвечали в один голос братья.

Сингэ был безмерно счастлив, что начальник уезда не прибегнул к пыткам и решил дело, не запятнав его. Поэтому и жалобщики, и Сингэ – все земно кланялись и благодарили начальника.

– Ну, раз так, то и никакого документа по этому делу составлять не буду, – заключил начальник и, обращаясь к Сингэ, добавил: – Тебя будут сопровождать служащие ямэня, и, когда ты все совершишь, как должно, я просто аннулирую жалобу. Вот уж

待事完回话。把原词与你销讫便了。"正是：

> 公堂造孽真容易，
> 要积阴功亦不难。
> 试看今朝吴大尹，
> 解冤释罪两家欢。

却说三巧儿自丈夫出堂之后，如坐针毡，一闻得退衙，便迎住问个消息。县主道："我如此如此断了。看你之面，一板也不曾责他。"三巧儿千恩万谢，又道："妾与哥哥久别，渴欲一见，问取爹娘消息。官人如何做个方便，使妾兄妹相见，此恩不小！"县主道："这也容易。"看官们，你道三巧儿被蒋兴哥休了，恩断义绝，如何恁地用情？他夫妇原是十分恩爱的，因三巧儿做下不是，兴哥不得已而休之，心中兀自不忍，

поистине,

> *Власть предержащие очень легко*
> *зло нанесут человеку;*
> *И доброе дело им совершить*
> *тоже труда не составит.*
> *Вот, например, как начальник У Цзе*
> *дело решил справедливо:*
> *Выяснил суть, разобрался во всем —*
> *и стороны обе довольны.*

Надо сказать, что с того момента, как У Цзе направился в зал присутствия разбирать дело, Саньцяо сидела словно на подстилке из иголок. И как только ей стало известно, что присутствие закончилось, она сразу же пошла навстречу мужу и стала его расспрашивать, как и что.

— Дело я решил следующим образом... — начал У Цзе и, рассказав Саньцяо, как все было, добавил: — Ради тебя я пощадил Сингэ, даже не наказал его ни единым ударом.

Саньцяо благодарила и благодарила мужа.

— Я давно рассталась с братом, — сказала она под конец, — и очень хотела бы его повидать, порасспрашивать об отце и матери. Не сделали бы вы одолжение и не разрешили бы нам как-то встретиться? Это было бы величайшей милостью с вашей стороны.

— Ну, это нетрудно, — ответил начальник уезда.

Читатель! Ведь Сингэ сам отказался от Саньцяо и порвал с ней всякие отношения. Почему же, по-вашему, она так беспокоилась о его судьбе и проявляла такую о нем заботу? Дело в том, что они очень любили друг друга и Сингэ именно по вине Саньцяо пришлось от нее отказаться, хотя расставаться с ней ему было больно и тяжко. Вот почему в день ее вторичного

所以改嫁之夜，把十六只箱笼完完全全的赠他。只此一件，三巧儿的心肠也不容不软了。今日他身处富贵，见兴哥落难，如何不救？这叫做"知恩报恩"。

再说蒋兴哥听了县主明断，着实小心尽礼，更不惜费。宋家弟兄都没话了，丧葬事毕，差人押到县中回复。县主唤进私衙赐坐，讲道："尊舅这场官司，若非令妹再三哀恳，下官几乎得罪了。"兴哥不解其故，回答不出。少停茶罢，县主请入内书房，教小夫人出来相见。你道这番意外相逢，不像个梦景么？他两个也不行礼，也不讲话，紧紧的你我相抱，放声大哭，就是哭爹哭娘，从没见这般哀惨。连县主在旁，好生不

замужества Сингэ в качестве подарка отправил ей все шестнадцать сундуков с вещами и драгоценностями. Уже одного этого было вполне достаточно, чтобы смягчить ожесточение Саньцяо против Сингэ, если у нее в свое время и возникало подобное чувство. И вот сегодня, когда сама она была знатна и богата, а Сингэ очутился в беде, как же ей было не помочь ему! Это и есть: помнить о добре и отвечать добром.

Но вернемся к Сингэ. Неукоснительно придерживаясь решения начальника уезда, он совершил все положенные обряды, нисколько не жалея на это денег, так что у братьев Сун не оставалось больше повода для претензий или недовольства. После похорон служащие ямэня привели Сингэ к начальнику, чтобы доложить о выполнении вынесенного по делу решения. Тот пригласил Сингэ на свою жилую половину, провел его в гостиную и предложил сесть.

— Уважаемый свояк! — заговорил начальник, обращаясь к Сингэ. — В этой тяжбе, если бы не ваша сестра, я чуть было не оказался неправым по отношению к вам.

Сингэ не мог понять, о чем идет речь, и потому не нашелся, что ответить. Через некоторое время, после чая, начальник предложил Сингэ пройти в его кабинет и приказал, чтобы позвали младшую госпожу. Представляете себе эту неожиданную встречу! Настоящий сон! Саньцяо и Сингэ, даже не поприветствовав друг друга и не сказав друг другу ни слова, бросились в объятия и громко разрыдались. Так горько не плачут даже по матери или по отцу.

Начальнику уезда, стоявшему тут же в стороне, стало так жаль молодых людей, что он наконец сказал:

— Ну, будет, хватит вам убиваться! Как я вижу, вы не походите на брата и сестру. Расскажите мне сейчас же всю правду, и я что-нибудь предприму.

Сингэ и Саньцяо пытались сдержать себя, однако это им не

忍，便道："你两人且莫悲伤。我看你两人不像哥妹。快说真情，下官有处。"两个哭得半休不休的，那个肯说？却被县主盘问不过，三巧儿只得跪下，说道："贱妾罪当万死！此人乃妾之前夫也。"蒋兴哥料瞒不过，也跪下来，将从前恩爱，及休妻再嫁之事，一一诉知。说罢，两人又哭做一团。连吴知县也堕泪不止，道："你两人如此相恋，下官何忍拆开？幸然在此三年，不曾生育，即刻领去完聚。"两个插烛也似拜谢。县主即忙讨个小轿，送三巧儿出衙。又唤集人夫，把原来赔嫁的十六个箱笼抬去，都教兴哥收领。又差典吏一员，护送他夫妇出境。——此乃吴知县之厚德。正是：

　　珠还合浦重生采，
　　剑合丰城倍有神。
　　堪羡吴公存厚道，

удавалось, и они продолжали рыдать, не выдавая тайны. Начальник уезда снова потребовал разъяснений, и наконец Саньцяо, не выдержав, опустилась перед ним на колени.

— Я, ничтожная, во всем виновата и заслуживаю тысячи и тысячи смертей, — проговорила она. — Человек, который перед вами, — мой первый муж.

Сингэ, пристыженный, тоже опустился на колени и подробно рассказал начальнику уезда об их прежней любви, о разводе, о ее вторичном замужестве. И тут они с Саньцяо опять разрыдались и бросились обнимать друг друга. Глядя на них, и сам начальник уезда невольно уронил слезу.

— Раз вы так любите друг друга, как могу я вас разлучить?! — сказал он и продолжал: — Вам повезло, что за эти три года у нас так и не было детей, так что вы, Цзян Сингэ, возьмите ее и живите снова вместе.

Саньцяо и Сингэ без конца били земные поклоны начальнику, словно ставили свечи перед божеством.

У Цзе тут же приказал подать паланкин для Саньцяо. Затем он позвал людей и велел вынести все шестнадцать сундуков приданого Саньцяо и передать их в распоряжение Сингэ. Помимо того, он распорядился, чтобы один из служащих ямэня сопроводил супругов до границы с соседним уездом. Это был великодушный и поистине добродетельный поступок со стороны начальника У Цзе. Да,

> *Жемчуг вернулся в Хэпу,*
> *вновь засиял нежным блеском;*
> *Встретились снова мечи,*
> *мощь проявили былую.*
> *Добрым поступком У Цзе,*
> *право же, нас восхищает.*
> *Можно ль людьми называть*

贪财好色竟何人？

此人向来艰子，后行取到吏部，在北京纳宠，连生三子，科第不绝。人都说阴德之报。这是后话。

再说蒋兴哥带了三巧儿回家，与平氏相见。论起初婚，王氏在前，只因休了一番，这平氏倒是明媒正娶，又且平氏年长一岁，让平氏为正房，王氏反做偏房，两个姐妹相称。从此一夫二妇，团圆到老。有诗为证：

恩爱夫妻虽到头，
妻还作妾亦堪羞。
殃祥是报无虚谬，
咫尺青天莫远求。

падких до женщин и денег?!

У Цзе постоянно печалился о том, что у него не было сыновей. Но потом, когда его перевели в Пекин, в ведомство гражданских чинов, он нашел там себе другую младшую жену, и она родила ему подряд трех сыновей. Впоследствии все трое, один за другим, выдержали экзамены на высшую ученую степень. Люди говорили, что это было вознаграждением за добро, содеянное в свое время У Цзе. Но это уж мы заглянули вперед.

Вернемся к Сингэ, который увез к себе домой Саньцяо и представил ее Пин. Вообще-то Саньцяо была первой женой Сингэ и ей следовало бы быть старшей. Но так как в свое время Сингэ от нее отказался, а брак с госпожой Пин был совершен по всем должным правилам и с соблюдением всех обрядов, да еще к тому же Пин была на год старше Саньцяо, то Саньцяо стала теперь младшей женой Сингэ, а госпожа Пин – старшей. Женщины называли друг друга сестрами, и с этих пор муж и обе его жены жили вместе до самой старости.

Вот стихи, которые можно привести в подтверждение этой истории:

Хотя до конца своих дней
    супругами нежными были,
Но, право, позорно жене
    наложницей вдруг оказаться.
Воздастся за зло иль добро
    лишь так, как положено будет:
Далеко ли от нас до него –
    до чистого, синего неба?!

Цзинь гу цигуань
Глава 16

КИТАЙСКАЯ КЛАССИКА

第 十 六 卷

吕大郎还金完骨肉

毛宝放龟悬大印，
宋郊渡蚁占高魁。
世人尽说天高远，
谁识阴功暗里来。

话说浙江嘉兴府长水塘地方，有一富翁，姓金名钟，家财万贯，世代都称员外。性至悭吝，平生常有五恨，那五恨？

一恨天，
二恨地，
三恨自家，
四恨爹娘，
五恨皇帝。

恨天者：恨他不常常六月，又多了秋风冬雪，使人怕冷，不免费钱买衣服来穿。恨地者：恨他树木生得不凑趣；若是凑趣，生得齐整如意，树本就好做屋柱，枝条大者，就好做梁，细者就好做椽，却不省了匠人工作？恨自家者：恨肚皮不会作家，

ГЛАВА 16

ЛЮЙ СТАРШИЙ ВОЗВРАЩАЕТ ДЕНЬГИ И ВОССОЕДИНЯЕТ СВОЮ СЕМЬЮ

Дал Мао Бао черепахе волю –
и получил он чин высокий;
Сун Цзяо на реке спас муравья –
и первым выдержал экзамен.
Все люди говорят обычно:
до неба далеко и высоко,
Не зная, что за тайное благодеянье
приходит незаметно воздаянье.

Рассказывают, что в провинции Чжэцзян, в округе Цзясин в, местечке Чаншуйтан, жил богач Цзинь Чжун. Богатства его исчислялись десятками тысяч связок монет, и все в его роду из поколения в поколение слыли богачами. Чжун по природе своей был жаден и скуп.

Всю свою жизнь лелеял он пять ненавистей. Что же это за пять ненавистей? Во-первых, он ненавидел небо, во-вторых – землю, в-третьих – самого себя, в-четвертых – своих родителей, в-пятых – императора.

Небо он ненавидел за то, что оно не всегда такое, как в шестой месяц, за то, что ветер осенью и снег зимой заставляют страдать от холода и тратиться на одежду. Землю он ненавидел за то, что деревья, которые она рождает, растут нелепо. Ему хотелось, чтобы каждый ствол был подобен столбу, каждая большая ветка – балке, а маленькая – перекладине, тогда не пришлось бы тратиться на плотницкие работы. Самого себя Цзинь Чжун ненавидел за то, что его брюхо не давало ему экономить

一日不吃饭，就饿将起来。恨爹娘者：恨他遗下许多亲眷朋友，来时未免费茶费水。恨皇帝者：我的祖宗分授的田地，却要他来收钱粮！不止五恨，还有四愿，愿得四般物事。那四般物事？

一愿得邓家铜山，
二愿得郭家金穴，
三愿得石崇的聚宝盆，
四愿得吕纯阳祖师点石为金这个手指头。

因有这四愿、五恨，心常不足。积财聚谷，日不暇给。真个是数米而炊，称柴而爨。凡损人利己的事，无所不为。真是一善不作，众恶奉行。因此乡里起他一个异名，叫做金冷水，又叫金剥皮。尤不喜者是僧人。世间只有僧人讨便宜，他单会募化俗家的东西，再没有反布施与俗家之理。所以金冷水见了僧人，就是眼中之钉，舌中之刺。他住居相近处，有个福善庵。金员外生年五十，从不晓得在庵中破费一文的香钱。所喜浑家单氏，与员外同年同月同日，只不同时。他偏吃斋好

– стоило ему один день не поесть, как его начинал мучить голод. Родителей он ненавидел за то, что они оставили ему в наследство много родственников и друзей, которых приходится угощать, когда те приходят в гости. И, наконец, императора он ненавидел за то, что тот брал с него деньги и зерно в уплату налогов с земли и полей, доставшихся ему от предков.

Были у Цзинь Чжуна еще и четыре желания. Какие это четыре желания? Первое – стать, как Дэн Тун, хозяином медной горы; второе – чтобы его дом был такой же «золотой пещерой», как дом Го Куана; третье – обладать магической чашей Ши Чуна и, наконец, четвертое – иметь палец Люй Чуньяна, которым достаточно прикоснуться к камню, чтобы превратить его в золото.

Эти пять источников его огорчений и четыре заветных желания были причиной его вечной неудовлетворенности.

Богач экономил каждый грош, старался сберечь каждую крупинку зерна – словом, относился к той породе людей, которые, как говорится, рис варят – зерна считают, печь топят – взвешивают хворост. За все это односельчане прозвали Цзинь Чжуна «Цзинем-черствой душой» и «Цзинем-живодером».

Цзинь Чжун особенно не любил монахов.

«На всем белом свете в полное удовольствие живут лишь одни монахи, – рассуждал он про себя. – Они существуют за счет пожертвований, но сами никому ничего не дают». Поэтому каждый монах был для него как гвоздь в глазу или заноза в языке.

Неподалеку от того места, где жил Цзинь Чжун, находился буддийский монастырь Фушань. Хотя богачу было уже за пятьдесят, он не знал, что такое потратить хоть один грош на возжигание курильных свечей в храме.

Жена Цзинь Чжуна, госпожа Шань, родилась в тот же год, тот же месяц и тот же день, что и муж, и только часы их рождения были различны. Она аккуратно соблюдала посты и любила

善。金员外喜他的是吃斋，恼他的是好善。因四十岁上，尚无子息，单氏瞒过了丈夫，将自己钗梳二十余金，布施与福善庵老僧，教他妆佛诵经，祈求子嗣。佛门有应，果然连生二子，且是俊秀。因是福善庵祈求来的，大的小名福儿，小的小名善儿。单氏自得了二子之后，时常瞒了丈夫，偷柴偷米，送与福善庵，供养那老僧。金员外偶然察听了些风声，便去咒天骂地，夫妻反目，直聒得一个不耐烦方休。如此也非止一次。只为浑家也是个硬性，闹过了，依旧不理。其年夫妻齐寿，皆当五旬。福儿年九岁，善儿年八岁，踏肩生下来的，都已上学读书，十全之美。到生辰之日，金员外恐有亲朋来贺寿，预先躲出。单氏又凑些私房银两，送与庵中打一坛斋醮。一来为老夫妇齐寿，二来为儿子长大，了还愿心。日前也曾与丈夫说过来，丈夫不肯，所以只得私房做事。其夜，和尚们要铺设长生

делать людям добро. За первое муж любил ее, за второе – ненавидел. Ей перевалило уже за сорок, а детей у нее еще не было.

И вот однажды она потихоньку от мужа взяла из собственных денег на шпильки и гребешки двадцать с лишним ланов и послала их старому монаху из монастыря Фушань, чтобы тот помолился за нее Будде и попросил о потомстве. Молитвы дошли до Будды, и вскоре госпожа Шань одного за другим родила двух мальчиков. Оба они росли красивыми и умными. В честь монастыря старшему мальчику дали молочное имя Фу, а младшему – Шань.

После рождения детей госпожа Шань тайком от мужа часто брала из дома немного риса и дров и относила старому монаху. Когда Цзинь Чжун узнавал об этом, он выходил из себя, начинал кричать, жена не уступала, и они ссорились. Такие ссоры случались между ними не раз, но так как госпожа Шань была женщиной упрямой и настойчивой, то, несмотря на размолвки с мужем, поступала по-своему.

История, которую я вам поведаю, случилась в тот год, когда богачу Цзиню и его жене было по пятидесяти лет, старшему их сыну – девять, младшему – восемь. Оба мальчика уже были отданы в школу и учились очень хорошо.

Наступил день рождения супругов Цзинь. Богач, полагая, что с поздравлениями могут прийти друзья и родственники, заранее ушел из дома.

Тем временем госпожа Шань достала из своих сбережений несколько серебряных монет и велела отнести деньги в монастырь и передать, чтобы почтенные отцы помолились по случаю дня рождения ее и мужа и воздали бы Будде за сыновей, которые выросли большими и здоровыми мальчиками. Правда, накануне госпожа Шань просила мужа дать ей немного денег для храма, но, так как богач отказал, ей пришлось взять из собственных сбережений.

佛灯，叫香火道人至金家，问金阿妈要几斗糙米。单氏偷开了仓门，将米三斗，付与道人去了。随后金员外回来，单氏还在仓门口封锁。被丈夫窥见了，又见地下狼藉些米粒，知是私房做事。欲要争嚷，心下想道："今日生辰好日，况且东西去了，也讨不转来，干拌去了涎沫。"只推不知，忍住这口气。一夜不睡。左思右想道："叵耐这贼秃时常来蒿恼我家！到是我看家的一个耗鬼。除非那秃驴死了，方绝其患。"恨无计策。到天明时，老僧携着一个徒弟来回覆醮事。原来那和尚也怕见金冷水，且站在门外张望。金老早已瞧见。眉头一皱，计上心来。取了几文钱，从侧门走出市心，到山药铺里买些砒霜。转到卖点心的王三郎店里。王三郎正蒸着一笼熟粉，摆一碗糖馅，要做饼子。金冷水袖里摸出八文钱撇在柜上道："三郎收了钱，大些的饼子与我做四个。馅却不要下少了。你只捏

Собираясь в этот вечер устроить моленье, монах послал к госпоже Шань одного из своих прислужников попросить у нее немного риса. Стараясь быть никем не замеченной, госпожа Шань открыла амбар, загребла три меры риса и тут же передала рис прислужнику.

Цзинь Чжун, только что вернувшийся домой, застал жену как раз в тот момент, когда она запирала амбар. Заметив на земле просыпанные зерна, богач понял, что жена его вздумала распоряжаться сама. Он готов был накинуться на нее, но сдержался и сделал вид, будто ничего не заметил.

«Ладно уж, сегодня день нашего рождения, – подумал он про себя. – Да и рис все равно унесен из дому, вернуть его не вернешь, только слюной зря изойдешь».

Всю эту ночь богач не мог заснуть.

«Дармоеды! Дьяволы-разорители моего дома! – ругался про себя Цзинь Чжун. – Нет, только смерть этих плешивых ослов избавит меня от несчастий», – решил он, но так и не мог придумать, как с ними расправиться.

Когда рассвело, к дому богача подошли старый монах с послушником: они собирались сообщить госпоже Шань, как прошло молебствие. Старый монах, опасаясь встречи с Цзинь Чжуном, стоял за воротами и не решался войти в дом. Между тем Цзинь Чжун успел заметить незваных гостей. Он призадумался, нахмурил брови, и вдруг мысль пришла ему в голову. Взяв несколько монет, он вышел из дому через боковую дверь и направился к рынку. В аптеке он купил мышьяка, а затем зашел в лавку Вана Третьего, где продавались разные сладости. У Вана Третьего как раз на пару было готовое тесто, перед хозяином стояла чашка со сладкой начинкой, и он собирался лепить пирожки.

– Возьми-ка и сделай мне четыре больших пирожка, – обратился богач к продавцу, вытаскивая из рукава восемь монет и

着窝儿，等我自家下馅则个。"王三郎口虽不言，心下想道："有名的金冷水、金剥皮。自从开这几年点心铺子，从不见他家半文之面。今日好利市，难得他这八个钱，胜似八百。他是好便宜的，便等他多下些馅去，扳他下次主顾。"王三郎向笼中取出雪团样的熟粉，真个捏做窝儿，递与金冷水，说道："员外请尊便。"金冷水却将砒霜末悄悄的撒在饼内，然后加馅，做成饼子。如此一连做了四个，热烘烘的放在袖里。离了王三郎店，望自家门首踱将进来。那两个和尚，正在厅上吃茶。金老欣然相揖。揖罢，入内对浑家道："两个师父侵早到来，恐怕肚里饥饿。适才邻舍家邀我吃点心。我见饼子热得好，袖了他四个来。何不就请了两个师父？"单氏深喜丈夫回心向善，取个朱红碟子，把四个饼子装做一碟，叫丫鬟托将出去。那和尚见了员外回家，不敢久坐，已无心吃饼了。见丫鬟送出来，知是阿妈美意，也不好虚得。将四个饼子装做一袖，

кладя их на прилавок. – Только не жалей начинки!.. Или лучше ты приготовь лепешки, а начинку я положу сам.

«С тех пор как я открыл свою лавку, этот Цзинь-живодер и на полгроша ни разу у меня ничего не купил, – рассуждал про себя продавец. – Быть сегодня хорошей торговле! Ведь от такого скряги получить восемь монет труднее, чем от другого восемьсот. Он любит на всем выгадывать – так пусть себе кладет побольше начинки, авось, зайдет в другой раз».

Отщипнув кусок белого, как снежный ком, рисового теста, помяв его в руках и сделав в нем углубление, Ван Третий передал неначиненный пирожок богачу:

– Прошу, почтеннейший, начиняйте по своему усмотрению.

Цзинь Чжун взял у продавца пирожок и так, чтобы тот не заметил, всыпал в него мышьяк, а сверху положил начинку. Начинив так четыре пирожка, Цзинь Чжун спрятал их в рукава и покинул лавку. Когда он вернулся домой, монахи еще сидели в гостиной и пили чай.

Цзинь Чжун любезно их приветствовал. После взаимных поклонов богач прошел в свои покои.

– Почтенные отцы пришли к нам рано утром и, наверное, еще ничего не ели, – обратился он к жене. – Только что сосед пригласил меня поесть сладостей и угощал такими вкусными пирожками, что я решил прихватить с собой несколько штук. Не угостить ли ими наших гостей?

Обрадованная, что муж ее стал добрее, госпожа Шань достала тарелку, выложила на нее пирожки и велела служанке подать монахам угощение.

Между тем возвращение богача заставило монахов поторопиться с уходом, им было уже не до угощений. Когда служанка вынесла тарелку с пирожками, они решили, что это госпожа Шань послала угощение, отказывать им было неудобно, и, спрятав пирожки в рукава и извинившись за беспокойство, они уда-

叫声咭噪，出门回庵而去。金老暗暗欢喜，不在话下。

却说金家两个学生，在社学中读书。放了学时，常到庵中顽耍。这一晚，又到庵中。老和尚想道："金家两位小官人，时常到此，没有什么请得他。今早金阿妈送我四个饼子还不曾动，放在橱柜里。何不将来煠热了，请他吃一杯茶？"当下分付徒弟，在橱柜里取出四个饼子，厨房下煠得焦黄，热了两杯浓茶，摆在房里，请两位小官人吃茶。两个学生顽耍了半晌，正在肚饥。见了热腾腾的饼子，一人两个，都吃了。不吃时犹可，吃了呵，分明是：

　　一块火烧着心肝，
　　万杆枪攒却腹肚！

两个一时齐叫肚疼。跟随的学童慌了，要扶他回去。奈两个疼做一堆，跑走不动。老和尚也着了忙，正不知什么意故。只得叫徒弟一人背了一个，学童随着，送回金员外家，二僧自去了。金家夫妇这一惊非小，慌忙叫学童问其缘故。学童道："方才到福善庵吃了四个饼子，便叫肚疼起来。那老师父说，

лились. Цзинь Чжун в душе ликовал.

Надо сказать, что сыновья Цзинь Чжуна после окончания занятий в школе часто приходили играть в монастырский сад. Там оказались они и в этот вечер.

«Сыновья почтенного Цзиня часто заходят к нам в скит, – подумал старый монах, – а я ни разу их ничем не угощал. К пирожкам, которые сегодня утром дала нам госпожа Шань, я не прикасался. Надо бы положить их в печь, подогреть и предложить детям к чаю».

Распорядившись на кухне, чтобы подогрели пирожки и приготовили крепкий чай, монах пригласил детей к себе. Мальчики, уже долго игравшие в саду, успели проголодаться, и при виде пышных горячих пирожков глаза их разгорелись. Каждый из них тут же съел по две штуки. Дети, которые только что чувствовали себя совершенно бодрыми и здоровыми, едва успели проглотить пирожки, как

Пламя страшное
им сердце обожгло
И десять тысяч пик
в живот вонзилось.

Оба мальчика закричали от нестерпимой боли. Слуга Цзинь Чжуна, который обычно провожал мальчиков из школы и был с ними в монастырском дворе, перепугался и хотел тотчас увести их домой. Но дети скорчились от боли и не могли двинуться с места. Монах не понимал, что произошло, и тоже переполошился. Он тут же приказал двум послушникам взять детей на плечи и отнести их домой. При виде детей Цзинь Чжун и его жена не на шутку испугались и поспешили узнать у слуги, что произошло.

– В монастыре Фушань они съели четыре пирожка и сразу же

这饼子原是我家今早把与他吃的。他不舍得吃,将来恭敬两位小官人。"金员外情知跷蹊了,只得将砒霜实情对阿妈说知。单氏心下越慌了,便把凉水灌他,如何灌得醒!须臾七窍流血,呜呼哀哉,做了一对殃鬼。单氏千难万难,祈求下两个孩儿,却被丈夫不仁,自家毒死了。待要厮骂一场,也是枉然。气又忍不过,苦又熬不过。走进内房,解下束腰罗帕,悬梁自缢。金员外哭了儿子一场,方才收泪。到房中与阿妈商议说话,见梁上这件打秋千的东西,唬得半死。登时就得病上床,不勾七日,也死了。金氏族家,平昔恨那金冷水、金剥皮悭吝,此时天赐其便,大大小小,都蜂拥而来,将家私抢个罄尽。此乃万贯家财,有名的金员外一个终身结果;不好善而行恶之报也。有诗为证:

饼内砒霜那得知?
害人番害自家儿。
举心动念天知道,

после этого стали кричать, что болит живот. Настоятель говорит, что дал им те самые пирожки, которыми сегодня утром его у нас угощали. Он сам не съел их и решил дать детям.

Цзинь Чжун понял, что произошло, и ему ничего не оставалось, как признаться во всем жене. В страшном испуге госпожа Шань бросилась поить детей холодной водой, но их уже было не спасти. Изо рта, ушей и носа у них пошла кровь, и, увы, несчастные тут же умерли.

С таким трудом вымолила она себе на старости лет двух детей, и вот они оказались жертвой злых козней отца! Ругаться и ссориться с мужем теперь было бесполезно. Не в силах сдержать злости на мужа и вынести скорби по детям, госпожа Шань пошла в свою комнату, сняла с себя поясной платок, прикрепила его к балке и повесилась.

Цзинь Чжун поплакал над детьми и пошел в комнату жены, чтобы посоветоваться с ней. Увидев раскачивающееся под потолком тело, он чуть не умер от страха. В тот же день Цзинь Чжун тяжело заболел, слег и дней через семь умер.

Родственники Цзинь Чжуна, всегда ненавидевшие «Цзиня-живодера», или, как его еще называли, «Цзиня-черствую душу», за скупость и жадность, решили воспользоваться случаем, предоставленным самим небом, и все — молодые и старые — налетели на его дом и опустошили амбары. Вот так кончил свою жизнь обладатель многих тысяч связок монет, знаменитый богач Цзинь Чжун! Такова была расплата неба с тем, кто не любил делать добро и творил лишь одно зло.

Когда мышьяк клал в пирожки,
 как было знать ему при этом,
Что навредит он не другим,
 а собственных детей отравит.
И мысли наши и дела —

果报昭彰岂有私？

方才说金员外只为行恶上，拆散了一家骨肉。如今再说一个人，单为行善上，周全了一家骨肉。正是：

善恶相形，祸福自见。
戒人作恶，劝人为善。

话说江南常州府无锡县东门外，有个小户人家，兄弟三人，大的叫做吕玉，第二的叫做吕宝，第三的叫做吕珍。吕玉娶妻王氏，吕宝娶妻杨氏，俱有姿色。吕珍年幼未娶。兄弟中只有吕宝一味赌钱吃酒，不肯学好；老婆也不甚贤晓：因此妯娌间有些面和意不和。那王氏生下一个孩子，小名喜儿，方才六岁，一日跟邻舍家儿童出去看神会，夜晚不回。夫妻两个烦恼，出了一张招子，街坊上叫了数日，全无影响。吕玉气闷，在家里坐不过，向大户家借了几两本钱，往太仓嘉定一路，收些绵花布匹，各处贩卖，就便访问儿子消息。每年正二月出门，到八九月回家，又收新货。走了四个年头，虽然趁些利

все хорошо известно небу,
Получишь по заслугам ты —
и разве может быть иначе?

Только что я поведал вам историю о том, как из-за злодеяний богача Цзинь Чжуна погибла его семья. Теперь я расскажу вам о человеке, которому благодаря его добрым поступкам удалось воссоединить свою семью. Действительно,

Поступки добрые иль злые
сулят нам счастье иль беду.
Людей от зла остерегая,
к добру их вечно побуждай!

Рассказывают, что в Цзяннани, в округе Чанчжоу, в уездном городе Уси, около Восточных ворот, жила бедная семья, состоявшая из трех братьев. Старшего звали Люй Юй, среднего — Люй Бао, а младшего — Люй Чжэнь. Люй Юй взял себе жену из семьи Ван, Люй Бао — из семьи Ян. Обе женщины были молоды и красивы. Младший брат еще не был женат. У Ван, жены старшего брата, был сын по имени Сиэр. Ребенку только исполнилось шесть лет, когда он вместе с соседскими детьми отправился поглядеть на праздник духов. Прошел вечер, наступила ночь, а он так и не вернулся домой. Взволнованные, родители расклеили объявления о пропаже ребенка, несколько дней подряд искали его по всему городу, но напасть на след мальчика не удалось.

Люй Юй в неутешной своей тоске не мог больше оставаться дома. Одолжив у богатых соседей денег и купив на них в уездах Цзядин и Тайцан хлопка-сырца и тканей, он отправился распродавать свой товар. Разъезжая по стране, он повсюду наводил справки о сыне. Из года в год в первом или во втором месяце Люй Юй уезжал из дому, только в восьмом или в девя-

息，眼见得儿子没有寻处了。日久心慢，也不在话下。到第五个年头，吕玉别了王氏，又去做经纪。何期中途遇了个大本钱的布商，谈论之间，知道吕玉买卖中通透，拉他同往山西脱货，就带绒货转来发卖，于中有些用钱相谢。吕玉贪了蝇头微利，随着去了。及至到了山西，发货之后，遇着连岁荒歉，讨赊帐不起，不得脱身。吕玉少年久旷，也不免行户中走了一两遍，走出一身风流疮。服药调治，无面回家。捱到三年，疮才痊好。讨清了帐目。那布商因为稽迟了吕玉的归期，加倍酬谢。吕玉得了些利物，等不得布商收货完备，自己贩了些粗细绒褐，相别先回。一日早晨，行至陈留地方，偶然去坑厕出恭。见坑板上遗下个青布搭膊，拾在手中，觉得沉重。取回下

том возвращался, набирал товар и снова уезжал. За четыре года ему удалось скопить небольшое состояние, но о сыне никаких вестей не было. Само собой, с годами родители смирились с мыслью о потере сына, и поиски становились все менее настойчивыми.

На пятый год где-то в пути Люй Юй повстречался с богатым торговцем тканями. Разговорившись с Люй Юем и узнав, что у того уже есть большой опыт в такой торговле, богач предложил ему поехать вместе с ним в провинцию Шаньси продать товары и закупить там тонкой шерсти, чтобы продать ее на обратном пути. При этом богач обещал Люй Юю отблагодарить его за услуги. Соблазнившись довольно выгодным предложением, Люй Юй согласился.

Вскоре они добрались до провинции Шаньси, где разместили все свои товары в кредит. Но в Шаньси несколько лет подряд были страшная засуха и неурожай. Поэтому, когда пришел срок платежей, они не смогли получить деньги за товар и не могли уехать.

Люй Юй, который был еще довольно молод и уже около двух лет находился в разъездах, вдали от родного дома, не мог воздерживаться от посещения публичных домов; там он заразился дурной болезнью, и все его тело покрылось язвами. Возвращаться в таком виде было стыдно, и он решил лечиться на месте. Пока Люй Юй поправился, пока были получены деньги по всем счетам, прошло три года с того дня, как он покинул дом.

Купец-богач, чувствуя себя виноватым в том, что Люй Юй задержался с возвращением на родину, заплатил ему вдвое больше условленного. Получив деньги, Люй Юй не стал дожидаться богача, накупил разной шерсти, попрощался с компаньоном и отправился восвояси.

Как-то рано утром в местечке Чэньлю Люй Юй в отхожем месте нашел синий матерчатый мешочек. Мешочек оказался до-

处，打开看时，都是白物，约有二百金之数。吕玉想道："这不意之财，虽则取之无碍；倘或失主追寻不见，好大一场气闷。古人见金不取，拾带重还。我今年过三旬，尚无子嗣，要这横财何用！"忙到坑厕左近伺候。只等有人来抓寻，就将原物还他。等了一日，不见人来。次日只得起身。又行了三五百余里，到南宿州地方。其日天晚，下一个客店。遇着一个同下的客人，闲论起江湖生意之事。那客人说起自不小心，五日前，侵晨到陈留县解下搭膊登东。偶然官府在街上过，心慌起身，却忘记了那搭膊。里面有二百两银子。直到夜里脱衣要睡，方才省得。想着过了一日，自然有人拾去了。转去寻觅，也是无益。只得自认晦气罢了。吕玉便问："老客尊姓？高居何处？"客人道："在下姓陈，祖贯徽州。今在扬州闸上开个粮食铺子。敢问老兄高姓？"吕玉道："小弟姓吕，是常州无锡县人，扬州也是顺路。相送尊兄到彼奉拜。"客人也不知详

вольно увесистым. В гостинице Люй Юй раскрыл свою находку и обнаружил одно только серебро, около двухсот ланов.

«Нет преступления в том, что я возьму эти случайно доставшиеся мне деньги, – подумал про себя Люй Юй, – но если тот, кому они принадлежат, вернется за ними и не найдет их, это его очень огорчит. Когда древние находили деньги, они не присваивали их себе, а подбирали, чтобы возвратить хозяину. Мне теперь уже за тридцать, сына я потерял, на что мне эти деньги!»

Рассудив так, он тотчас пошел к месту, где нашел деньги, и стал терпеливо ждать, не вернется ли их хозяин. Прождал он целый день, но так как никто за мешком не приходил, ему ничего не оставалось, как на следующий день отправиться в дальнейший путь.

За три-четыре дня он проделал около ста ли, добрался до Сучжоу и остановился на ночлег в гостинице. Здесь он встретился с одним торговцем. Заговорили о торговле, о делах, и новый знакомый рассказал Люй Юю о своей оплошности.

– Пять дней тому назад, когда я был в Чэньлю и зашел в отхожее место, я сбросил с себя мешок, – рассказывал торговец. – В это время по дороге проезжал начальник уезда. Я второпях выбежал и забыл мешок. А там было двести ланов серебра. Вспомнил я об этом только вечером, когда ложился спать, но решил, что бесполезно идти разыскивать: за целый день его наверняка кто-нибудь успел подобрать. Теперь остается только сожалеть об этой потере.

Люй Юй спросил торговца, как его зовут и откуда он родом.

– Моя фамилия Чэнь, – отрекомендовался незнакомец. – Моя родина – Хуэйчжоу. Теперь я торгую зерном и содержу небольшую зерновую лавку в городе Янчжоу у шлюза. Осмелюсь ли спросить, а кто вы будете?

– Моя фамилия Люй, я живу в Чанчжоу, в городе Уси, так что Янчжоу мне как раз по пути и я смогу вас, почтеннейший, про-

细，答应道："若肯下顾最好。"次早，二人作伴同行。不一日，来到扬州闸口。吕玉也到陈家铺子，登堂作揖。陈朝奉看坐献茶。吕玉先提起陈留县失银子之事。盘问他搭膊模样。"是个深蓝青布的，一头有白线缉一个陈字。"吕玉心下晓然。便道："小弟前在陈留拾得一个搭膊，到也相像，把来与尊兄认看。"陈朝奉见了搭膊，道："正是。"搭膊里面银两，原封不动。吕玉双手递还陈朝奉。陈朝奉过意不去，要与吕玉均分。吕玉不肯。陈朝奉道："便不均分，也受我几两谢礼，等在下心安。"吕玉那里肯受。陈朝奉感激不尽。慌忙摆饭相款。思想："难得吕玉这般好人，还金之恩，无门可报。自家有十二岁一个女儿，要与吕君扳一脉亲往来，但不知他有儿子否？"饮酒中间，陈朝奉问道："恩兄，令郎几岁了？"吕玉不觉掉下泪来，答道："小弟只有一儿，七年前为看神会

водить.

— Если вы мне окажете честь и заедете ко мне, я буду очень доволен, — ответил торговец.

На следующее утро они вместе покинули гостиницу. Через несколько дней они добрались до Янчжоу, и Люй Юй зашел к своему попутчику. Чэнь подал чай. За чаем Люй Юй заговорил о пропавшем мешке и стал расспрашивать Чэня о том, как выглядел его мешок. Оказалось, что это был темно-синий матерчатый набрюшный мешок, на одной стороне которого белыми нитками был вышит фамильный знак Чэня.

Люй Юй, уверенный в том, что он подобрал мешок Чэня, обратился к хозяину, протягивая ему свою находку:

— Несколько дней тому назад в уезде Чэньлю я подобрал мешок точно такого вида, как вы только что описали. Посмотрите, не ваш ли это?

Чэнь взял мешок, проверил содержимое и сказал:

— Да, это мой, и в нем в полной сохранности все мои деньги.

Люй Юй вернул мешок хозяину. Чэнь, обрадованный, тут же предложил гостю взять половину денег, но Люй Юй отказался.

— Но ведь это же несправедливо! — возразил Чэнь. — Вы меня очень огорчите, если не возьмете от меня в знак благодарности хоть несколько ланов.

Люй Юй ни за что не соглашался. Взволнованный и растроганный, Чэнь тут же устроил в честь гостя угощение.

«Трудно найти такого хорошего человека, — подумал про себя Чэнь. — Чем я смогу отблагодарить его?»

У Чэня была двенадцатилетняя дочь, и он решил предложить своему благодетелю породниться семьями, но не знал, есть ли у Люй Юя сыновья. Поэтому за вином Чэнь спросил гостя:

— Сколько у вас, почтеннейший, сыновей?

— У меня был только один сын, — ответил гость, и слезы невольно полились у него из глаз. — Семь лет тому назад он

失去了。至今并无下落。荆妻亦别无生育。"陈朝奉闻言，沉吟半晌，问道："恩兄，令郎失去时几岁了？"吕玉道："刚刚六岁。"陈朝奉又问："令郎叫甚么名字？状貌如何？"吕玉道："小儿乳名叫做喜儿。痘疮出过，面白无麻。"陈朝奉听罢，喜动颜色，便唤从人近前，附耳密语。从人点头领命去了。吕玉见他盘问跷蹊，心中疑惑。须臾，有个小厮走来，年纪约莫十三四岁，穿一领芜湖青布的道袍，生得眉清目秀，见了客人，朝上深深唱个喏。便对陈朝奉道："爹爹，唤喜儿则甚？"陈朝奉道："你且站着。"吕玉听得名字与他儿子相同，心中愈疑。看那小厮面庞颇与儿子相似，听得他呼爹称儿，情知与陈朝奉是父子，不好轻易启齿动问。凄惨之色，形于面貌；目不转睛看那小厮。那小厮也举眼频睃。吕玉忍不住问道："此位是令郎么？"陈朝奉道："此非我亲生之子。七年前，有下路人携此儿到这里，说妻子已故，止有此儿。因经

отправился смотреть праздник и потерялся. Так до сих пор мы и не можем его найти. Кроме этого ребенка, других детей у нас с женой нет.

Чэнь о чем-то задумался.

— Сколько лет было вашему сыну, когда он пропал? — наконец спросил он.

— В тот день ему как раз исполнилось шесть лет.

— А как звали вашего сына? Как он выглядел?

— Его молочное имя Сиэр. У него была оспа, но на личике следов не осталось.

Чэнь просиял. Тут же он подозвал к себе слугу и что-то прошептал ему на ухо. Слуга кивнул в ответ и вышел.

Расспросы нового приятеля показались Люй Юю странными, и он не мог понять, в чем дело.

Через некоторое время в комнату вошел красивый и изящный мальчик в голубом халате. На вид ему было лет тринадцать или четырнадцать.

Увидев гостя, мальчик низко поклонился ему.

— Зачем вы, батюшка, велели мне прийти? — обратился он к Чэню.

— Постой здесь, Сиэр, — ответил Чэнь.

Люй Юй еще больше удивился, когда услышал, что мальчика зовут Сиэр. Несмотря на то, что юноша и лицом был похож на его пропавшего сына, Люй Юй счел неудобным расспрашивать хозяина, тем более что он слышал, как мальчик назвал Чэня отцом. Глубокая скорбь выразилась на лице Люй Юя. Не отрывая глаз смотрел он на мальчика. Сиэр тоже внимательно рассматривал гостя.

— Это ваш сын? — не выдержав, обратился наконец Люй Юй к Чэню.

— Это не родной мой сын. Семь лет тому назад у моего дома остановился какой-то прохожий, который привел с собой вот

纪艰难,欲往淮安投奔亲戚,中途染病,盘缠用尽,愿将此儿权典三两银子。一到淮安寻见亲戚,便来取赎。学生怜他落难,将银付彼。那人临别,涕泣不舍。此儿倒不以为意。那人一去不回。学生疑惑起来,细问此儿,方知是无锡人。因看会失落,被人哄骗到此。父母姓名,又与恩兄相同。学生见他乖巧慎密,甚爱惜他,将他与子女一般看待,同小儿在学堂中读书。学生几番思到贵县访问,恨无其便。适才恩兄言语相同,物有偶然,事有凑巧,特唤他出来,请恩兄亲自认个详细。"喜儿听说,掉下泪来。吕玉亦泪下,道:"小儿还有个暗记:左膝下有两个黑痣。"喜儿连忙卷裤解袜,露出左膝,果然有两个黑痣。吕玉一见,便抱喜儿在怀,叫声:"亲儿!我正是你的亲爹了。失了你七年,何期在此相遇!"正是:

этого мальчика. Странник сказал, что жена его умерла, а он остался со своим сыном один и, так как дела его идут плохо, решил отвести сына к родственникам в Хуайань. Сославшись на то, что в дороге он заболел и израсходовал все деньги, незнакомец просил меня дать ему в залог под сына три лана серебра и обещал выкупить ребенка сразу после того, как навестит своих родственников. Я сжалился над путником и дал ему деньги. Когда он уходил, то очень плакал, и казалось, что ему трудно расстаться с сыном, хотя мальчик отнесся к этому вполне спокойно. Вначале я ничего не заподозрил. Но незнакомец больше не появлялся, и в душу мою закралось сомнение. Как-то раз я подозвал мальчика и стал его подробно расспрашивать. Тогда я узнал, что ребенок жил в Уси, что он потерял своих, когда был на празднике, и что человек, с которым он пришел, обманным путем завел его сюда. Когда я спросил у него фамилию отца и матери, он назвал мне вашу фамилию. Мальчик оказался очень умным и сообразительным. Мне было жаль его, я относился к нему, как к родному сыну, и вместе со своим сыном определил в школу. Не раз я собирался поехать в ваш уезд и разыскать вас, но, к сожалению, до сих пор мне все никак не удавалось этого сделать. То, что вы мне сегодня рассказали о вашем сыне, полностью сходится с рассказом мальчика. В жизни бывают случайности, а в случайностях бывают совпадения, поэтому я и велел позвать Сиэра, чтобы вы посмотрели, не ваш ли это сын.

Сиэр и Люй Юй заплакали.

– У моего сына есть примета, – произнес Люй Юй, – на левой ноге под коленом у него два маленьких родимых пятна.

Сиэр быстро закатал штанину, снял чулок: под левым коленом действительно оказались два маленьких родимых пятнышка.

– Сын мой! – закричал Люй Юй и бросился обнимать мальчика. – Семь лет назад я потерял тебя. Кто бы мог подумать, что здесь я увижу тебя снова! Действительно,

水底捞针针已得，
掌中失宝宝重逢。
筵前相抱殷勤认，
犹恐今朝是梦中。

当下父子伤感，自不必说。吕玉起身拜谢陈朝奉："小儿若非府上收留，今日安得父子重会？"陈朝奉道："恩兄有还金之盛德，天遣尊驾到寒舍，父子团圆。小弟一向不知是令郎，甚愧怠慢。"吕玉又叫喜儿拜谢了陈朝奉。陈朝奉定要还拜。吕玉不肯。再三扶住，受了两礼。便请喜儿坐于吕玉之傍。陈朝奉开言："承恩兄相爱，学生有一女，年方十二岁，欲与令郎结丝萝之好。"吕玉见他情意真恳，谦让不得，只得依允。是夜父子同榻而宿，说了一夜的话。次日，吕玉辞别要行。陈朝奉留住，另设个大席面，管待新亲家、新女婿，就当

Ищешь иголку на дне,
  вновь та игла у тебя;
Вещь обронил дорогую,
  к счастью, ее ты нашел.
Так на случайном пиру
  обнимают друг друга они,
Кажется им этот день
  чудесным несбыточным сном.

О том, что переживали в это время отец и сын, говорить излишне. Низко кланяясь, Люй Юй стал благодарить Чэня:

— Если бы вы не оставили мальчика у себя, разве могла бы сегодня произойти эта встреча?

— Вы совершили добрый поступок, вернув мне мои деньги. Это небо привело вас, почтеннейший, ко мне, чтобы здесь вы нашли вашего мальчика. Мне стыдно перед вами, что я не относился с должным вниманием к вашему сыну.

В ответ на это Люй Юй приказал Сиэру низко поклониться своему благодетелю. Чэнь тоже собирался поклониться, но Люй Юй остановил его.

Попросив мальчика сесть рядом с отцом, Чэнь обратился к Люй Юю:

— Вы были так добры ко мне, почтенный друг! У меня есть дочь, которой только-только исполнилось двенадцать лет. Я бы хотел отдать ее в жены вашему сыну.

Видя, что предложение Чэня исходит от чистого сердца, Люй Юй не мог отказать ему.

В эту ночь отец и сын, лежа на одной подушке, проговорили до самого утра.

На следующий день Люй Юй решил проститься с хозяином и отправиться в дорогу. Чэнь ни за что не соглашался отпустить

送行。酒行数巡，陈朝奉取出白金二十两，向吕玉说道："贤婿一向在舍有慢，今奉些须薄礼，权表亲情，万勿固辞。"吕玉道："过承高门俯就，舍下就该行聘定之礼。因在客途，不好苟且。如何反费亲家厚赐？决不敢当！"陈朝奉道："这是学生自送与贤婿的，不干亲翁之事。亲翁若见却，就是不允这头亲事了。"吕玉没得说，只得受了。叫儿子出席拜谢。陈朝奉扶起道："些微薄礼，何谢之有。"喜儿又进去谢了丈母。当日开怀畅饮，至晚而散。吕玉想道："我因这还金之便，父子相逢，诚乃天意。又攀了这头好亲事，似锦上添花。无处报答天地。有陈亲家送这二十两银子，也是不意之财。何不择个洁净僧院，籴米斋僧，以种福田。"主意定了。次早，陈朝奉又备早饭。吕玉父子吃罢，收拾行囊，作谢而别。唤了一只小

гостя и устроил большой пир в честь будущих свата и зятя.

После того как вино обошло несколько кругов, Чэнь достал двадцать ланов серебра и протянул их Люй Юю:

— Я не уделил должного внимания моему будущему зятю. Прошу вас взять этот небольшой подарок, которым я хочу выразить мои искренние чувства к вам. Убедительно прошу вас не отказываться.

— Вы снизошли до нас своим выбором, и, собственно, мне следовало бы поднести вам свадебный подарок. Но я здесь проездом и не хочу делать это кое-как. Принять же подарок от вас я тем более не могу себе позволить.

— Эти деньги я дарю моему будущему зятю, и это не имеет никакого отношения к свадебным дарам. Если вы не примете денег, я буду думать, что вы не хотите со мной породниться.

Люй Юю пришлось принять деньги, и он приказал сыну поклониться и поблагодарить будущего тестя.

— Этот ничтожный подарок не стоит благодарности, — возразил Чэнь.

Затем Сиэр пошел благодарить свою будущую тещу. Весь этот день до поздней ночи длился веселый пир.

«Я смог найти своего сына только благодаря тому, что вернул найденные деньги. Все это, конечно, произошло по воле неба! — размышлял про себя Люй Юй. — Но я не только нашел сына, нашел еще ему прекрасного тестя, и вышло так, будто „к узорчатой ткани прибавили еще цветов". Как мне отблагодарить за все это небо и землю!? Двадцать ланов, которые подарил сегодня сват, — это деньги случайные. Почему бы мне не пожертвовать их на монастырь? Так я и сделаю!»

На следующее утро Чэнь приготовил угощение. После еды Люй Юй с сыном собрали свои пожитки, поблагодарили хозяина, простились с ним, наняли небольшую джонку и отправились в путь.

船，摇出闸外。约有数里，只听得江边鼎沸。原来坏了一只人载船，落水的号呼求救。崖上人招呼小船打捞，小船索要赏犒，在那里争嚷。吕玉想道："救人一命，胜造七级浮屠。比如我要去斋僧，何不舍这二十两银子做赏钱，教他捞救，见在功德。"当下对众人说："我出赏钱，快捞救。若救起一船人性命，把二十两银子与你们。"众人听得有二十两银子赏钱，小船如蚁而来。连崖上人，也有几个会水性的，赴水去救。须臾之间，把一船人都救起。吕玉将银子付与众人分散。水中得命的，都千恩万谢。只见内中一人，看了吕玉，叫道："哥哥那里来？"吕玉看他，不是别人，正是第三个亲弟吕珍。吕玉合掌道："惭愧！惭愧！天遣我捞救兄弟一命。"忙扶上船，将干衣服与他换了。吕珍纳头便拜。吕玉答礼。就叫侄儿见了叔叔。把还金遇子之事，述了一遍。吕珍惊讶不已。吕玉问道："你却为何到此？"吕珍道："一言难尽。自从哥哥出门

Не успели они проехать нескольких ли, как заметили на берегу страшную суматоху. Оказалось, что какое-то пассажирское судно пошло ко дну. Люди, очутившись в воде, кричали и молили о помощи. На берегу собралась целая толпа. Все кричали, чтобы лодочники поспешили на помощь, а те требовали вознаграждения. Поднялся шум, начались споры. «Спасти человека важнее, чем построить семиэтажную пагоду в честь Будды. Чем жертвовать монахам, не лучше ли отдать эти двадцать ланов на спасение людей и совершить таким образом добродетельный поступок?» – рассудил Люй Юй и крикнул лодочникам:

– Я заплачу! Скорее помогите людям. Спасете всех – получите двадцать ланов.

Услышав о такой награде, лодочники тотчас взялись за весла, и лодки, как муравьи, расползлись по реке. Даже из толпы кое-кто бросился в воду и поплыл на помощь утопающим. Очень скоро все были спасены. Люй Юй роздал лодочникам деньги, а люди, которых спасли, окружили его и долго благодарили.

Один из спасенных, взглянув на Люй Юя, воскликнул:

– Брат, как это ты здесь очутился?!

Посмотрев на этого человека, Люй Юй признал в нем своего младшего брата Люй Чжэня.

– Это небо послало меня спасти моего младшего брата! – воскликнул Люй Юй, хлопая в ладоши от счастья.

Люй Юй помог брату подняться на джонку и дал ему на смену сухое платье. Люй Чжэнь низкими поклонами благодарил брата, тот кланялся ему в ответ. Затем Люй Юй позвал сына, велел ему поклониться дяде, а сам стал рассказывать брату о том, как он вернул найденные деньги и как нашел сына. Слушая брата, Люй Чжэнь не переставал удивляться.

– Как ты, брат, очутился в этих краях? – спросил затем Люй Юй.

– В двух словах всего не расскажешь. Три года спустя после

之后，一去三年。有人传说哥哥在山西害了疮毒身故。二哥察访得实，嫂嫂已是成服戴孝。兄弟只是不信。二哥近日又要逼嫂嫂嫁人。嫂嫂不从。因此教兄弟亲到山西访问哥哥消息，不期于此相会。又遭覆溺，得哥哥捞救。天与之幸！哥哥不可怠缓，急急回家，以安嫂嫂之心。迟则怕有变了。"吕玉闻说惊慌。急叫家长开船，星夜赶路。正是：

心忙似箭惟嫌缓，
船走如梭尚道迟！

再说王氏闻丈夫凶信，初时也疑惑。被吕宝说得活龙活现，也信了。少不得换了些素服。吕宝心怀不善，想着哥哥已故，嫂嫂又无所出。况且年纪后生，要劝他改嫁，自己得些财礼。教浑家杨氏与阿姆说。王氏坚意不从。又得吕珍朝夕谏

того, как ты уехал, до нас дошли слухи, что во время пребывания в Шаньси ты заболел и умер. Наш средний брат навел справки и сказал, что так оно и есть. Жена твоя носит сейчас по тебе траур. Но я все никак не мог поверить, что тебя нет в живых. В последнее время наш средний брат стал принуждать твою жену вторично выйти замуж. Она ни за что не соглашалась и послала меня в Шаньси, с тем чтобы я постарался разузнать о тебе. И вот встретил здесь тебя! В том, что я попал в катастрофу и ты меня спас, была милость неба! Сейчас не следует медлить. Надо скорей возвращаться домой и успокоить твою жену. Не опоздать бы нам, а то неизвестно, что может случиться за это время.

Напуганный предостережением брата, Люй Юй тотчас же приказал отчаливать, и звездной ночью джонка двинулась в путь.

Когда б стрелою мог помчаться,
не счел бы быстрым он свой бег.
Как вихрь, вперед несется джонка —
и то ему не угодить.

Теперь вернемся к жене Люй Юя, урожденной Ван, которая сначала ни за что не хотела поверить слухам о смерти мужа. Лишь после убедительных доводов Люй Бао Ван смирилась с мыслью о смерти Люй Юя и сменила свои наряды на белое платье. Но у Люй Бао было недоброе на уме. Он считал, что раз его невестка осталась без мужа и сына еще совсем молодой, то ей следует снова выйти замуж. Уговаривая невестку, Люй Бао, как старший в семье, надеялся получить свадебные подарки. Он попросил жену поговорить с Ван о замужестве, но та наотрез отказалась и слушать об этом. Кроме того, за невестку заступался младший брат, Люй Чжэнь. Так что замысел Люй Бао не удался.

阻，所以其计不成。王氏想道："'千闻不如一见。'虽说丈夫已死，在几千里之外，不知端的。"央小叔吕珍是必亲到山西，问个备细。如果然不幸，骨殖也带一块回来。吕珍去后，吕宝愈无忌惮。又连日赌钱输了，没处设法。偶有江西客人丧偶，要讨一个娘子。吕宝就将嫂嫂与他说合。那客人访得吕大的浑家有几分颜色，情愿出三十两银子。吕宝得了银子，向客人道："家嫂有些妆乔，好好里请他出门，定然不肯。今夜黄昏时分，唤了人轿，悄地到我家来。只看戴孝髻的便是家嫂，更不须言语，扶他上轿，连夜开船去便了。"客人依计而行。

却说吕宝回家，恐怕嫂嫂不从，在他跟前不露一字，却私下对浑家做个手势道："那两脚货，今夜要出脱与江西客人去了。我生怕他哭哭啼啼，先躲出去，约定他每在黄昏时候，便来抢他上轿，莫对他说。"言还未毕，只听得窗外脚步

«Лучше один свидетель, чем десять тысяч слухов, – рассуждала между тем Ван. – Говорят, мой муж умер, но кто может определенно сказать, что произошло с ним там, за десятки тысяч ли?»

Тогда она стала просить Люй Чжэня отправиться в Шаньси, все хорошенько разузнать на месте и, если выяснится, что Люй Юй действительно умер, привезти домой его останки.

После отъезда Люй Чжэня средний брат вообще перестал с кем-либо и с чем-либо считаться. А тут еще несколько дней кряду он проигрывал в карты и не знал, как выйти из положения. Случайно в их краях оказался некий купец из провинции Цзянси, который, овдовев, собирался вновь жениться. Люй Бао не замедлил предложить ему в жены свою невестку. Купец узнал, что женщина эта хороша собой, принял предложение Люй Бао и тут же дал ему тридцать ланов серебра.

– Моя невестка строит из себя гордячку, – забирая деньги, сказал Люй Бао купцу. – И если начать по-хорошему уговаривать ее выйти замуж, она ни за что не согласится. Поэтому я бы вам советовал нанять паланкин, сегодня же, когда стемнеет, тихонько подъехать к дому и, как только увидите женщину, у которой на голове будет белая наколка, хватайте ее и сажайте в паланкин. Лучше всего, если вы наймете джонку и этой же ночью уедете отсюда.

Купец ушел к себе, собираясь поступить так, как ему предложили, а Люй Бао вернулся домой. Опасаясь, что невестка не послушается, он ни слова не сказал ей о купце, только тихонько предупредил жену:

– Этот двуногий товар я сбыл купцу из Цзянси, и сегодня вечером ее увезут. Боюсь только, что она начнет реветь, поднимет крик и успеет куда-нибудь скрыться. Поэтому, когда стемнеет, уговори ее уехать с купцом, а до того ни о чем ей не рассказывай.

响。吕宝见有人来，慌忙踅了出去，却不曾说明孝髻的缘故，也是天使其然。却是王氏见吕宝欲言不言，情状可疑，因此潜来察听，仿佛听得"抢他上轿"四字，末后"莫对他说"这句略高，已被王氏听在耳内，心下十分疑虑，只得先开口问杨氏道："奴与婶婶骨肉恩情，非止一日。适才我见叔叔语言情景，莫非在我身上，已做下背理的事？婶婶与奴说个明白。"杨氏听说，红了脸皮，道："这是那里说起？姆姆，你要嫁人也是不难，却不该船未翻先下水。"王氏被他抢白了这两句，又恼又苦，走到房中，哭哭啼啼。想着丈夫不知下落；三叔吕珍尚在途中；父母亲族又住得窎远，急切不能通信；邻舍都怕吕宝无赖，不敢来管闲事；我这一身，早晚必落他圈套。左思右想，无可奈何；千死万死，总是一死，只得寻个自尽罢。主意已定，挨至日暮，密窥动静。只见杨氏频到门首探听。王氏见他如此，连忙去上了栓。杨氏道："姆姆也是好笑。这早晚又没有强盗上门，恁般慌上栓。那魍魉还要回来！"一头说，一头走去，把栓都拔下来。

　　此时王氏已十分猜着，坐立不宁，心如刀割，进到房中，紧闭房门，将条索子搭在梁上，做个活落圈，把个杌子衬了脚，叫声"皇天与我报应！"叹了口气，把头钻入圈里，簪髻落地，蹬开杌子，眼见得不能够活了。却是王氏禄命未终，恁般一条粗麻索，不知怎地就断做两截，扑通的一声，颠翻在地。杨氏听得声响，急跑来看时，见房门紧闭；情知诧异，急取木杠撞开房门，黑洞洞的；才走进去，一脚绊着王氏，跌了一交，簪髻都跌在一边。杨氏吓得魂不附体，爬起来跑到厨下点灯来看，只见王氏横倒地上喘气，口吐痰沫，项上尚有索子绊住。杨氏着了急，连忙解放。忽听得门上轻轻的敲响。杨氏知是那话儿，急要去招引他进来，思想髻儿不在头上，不相模样，便向地上拾取簪髻，忙乱了手脚，自己黑的不拾，反拾了

С этим Люй Бао ушел из дому, так и не объяснив жене, что купец узнает женщину по траурной наколке.

Надо сказать, что жена Люй Бао, урожденная Ян, была дружна со своей невесткой и потому чувствовала себя теперь весьма неловко; с другой стороны, что ей оставалось делать, раз муж приказал: и хотела бы все открыть, да не могла. Только к вечеру решилась она поведать Ван о том, что случилось:

— Мой муж продал вас, уважаемая, в жены купцу из Цзянси, и он вот-вот приедет за вами. Мне не велено было говорить об этом, но между нами такие добрые отношения, что скрывать что-то было бы нехорошо. Соберите заранее то, что у вас здесь есть — платья, украшения, другие вещи, и завяжите в узел, иначе потом придется все делать кое-как, в спешке.

Ван горько заплакала, призывая на помощь небо и землю.

— Я не принуждаю вас, невестушка. Но вы ведь теперь остались в семье одна, без мужа. Долго так не продержитесь. Уж если, как говорится, упало ведро в колодец, то это навсегда. Слезами тут не поможешь!

— Что ты несешь! — возмутилась Ван. — Хоть и говорят, что мой муж уже умер, но никто этого своими глазами не видел. Надо подождать младшего брата — наверняка вернется с какими-то вестями. А вынуждать меня на такое — это ужасно!

Ван снова разрыдалась, а Ян продолжала ее утешать и уговаривать.

— Ладно, невестушка, — вымолвила наконец Ван, едва сдерживая слезы, — пусть будет по-вашему, раз уж вы так хотите выдать меня замуж. Только что же мне — так с траурной наколкой и выходить из дома? Найди мою черную наколку, чтобы заменить эту, белую.

Обрадованная тем, что удалось выполнить приказание мужа, Ян бросилась искать черную наколку. Но ведь все предопределено небом: найти ее не удалось. Тогда Ван предложила:

王氏白髻，戴在头上，忙走出去探问。外边江西客人已得了吕宝暗号，引着灯笼火把，抬着一顶花花轿，吹手虽有一副，不敢吹打，在门上剥啄轻敲；觉得门不上栓，一径推开大门，拥入里面，火把照耀，早遇杨氏。江西客人见头上戴着孝髻的，如饿鹰见雀，赶上前一把扯着便走。众人齐来相帮。只认戴孝髻的就抢。抢出门去，杨氏急嚷道："不是！"众人那里管三七二十一，抢上轿时，鼓手吹打，轿夫飞也似抬去了：

　　一派笙歌上客船，
　　错疑孝髻是姻缘。
　　新人若向新郎诉，
　　只怨亲夫不怨天。

　　王氏得杨氏解去缢索，已是苏醒；听得外面嚷闹，惊慌无措；忽地门外鼓吹顿起，人声嘈杂，渐渐远去。挨了半晌，方敢出头张望。叫婶婶时，那里有半个影儿？心下已是明白，取亲的错抢去了，恐怕复身转来，急急关门，收拾拣起簪珥黑髻歇息。一夜不睡，巴到天明，起身梳洗，正欲寻顶旧孝髻来戴，只听得外面敲门响，叫声"开门！"却是吕宝声音。王氏恼怒，且不开门，任他叫得个喉干口燥，方才隔着门问道："你是那个？"吕宝听得是嫂子声音，大惊；又见嫂子不肯开门，便哄道："嫂嫂，兄弟吕珍得了哥哥实信归家，快开了门。"王氏听说吕珍回了，权将黑髻戴了。连忙开门，正是吕

— Ты ведь остаешься дома, так заколи пока волосы моей наколкой, а мне дай свою. Завтра с утра попросишь мужа, пусть сходит в лавку, купит тебе другую, тогда и поменяешь. Только и всего.

— Хорошо, — согласилась Ян. Она тут же открепила свою наколку и заколола ею волосы невестки, а траурную наколку приколола себе. Ван переоделась во все нарядное.

Когда совсем стемнело, к дому Люй Бао поднесли паланкин купца из Цзянси, рядом несли разукрашенный паланкин для невесты. Люди с фонарями и факелами в руках сопровождали купца; тут же были и музыканты, но играть они пока не решались. Вся эта орава подбежала к воротам; по знаку, поданному Люй Бао, люди навалились на них и ворвались во двор. Как только они увидели женщину с траурной наколкой в волосах, они сразу же схватили ее.

— Нет, не меня! Ошибка! — орала жена Люй Бао, но где им было разбираться что к чему. Женщину насильно усадили в паланкин, стали бить в барабаны, дуть в трубы; носильщики подняли паланкин и понеслись, словно подгоняемые ветром.

С музыкой громкой, со свадебной песней
подвялись все на джонку купца;
Думал он: женщина с белой наколкой
предназначена в жены ему.
Если придется ей новому мужу
поведать о том, что случилось в тот день,
Прежнего мужа пускай обвиняет,
на небо не смеет роптать.

Оставшись в доме, Ван благодарила небо и землю. Она заперла ворота и пошла к себе отдыхать.

На следующий день, как только рассвело, Люй Бао, доволь-

宝一个,那里有甚吕珍?吕宝走到房中,不见浑家,见嫂子头上戴的是黑髻,心中大疑,问道:"嫂嫂,你婶子那里去了?"王氏道:"是你每自做的勾当,我那里知道!"吕宝道:"且问嫂嫂如何不戴孝髻?"王氏将自己缢死,绳断髻落,及杨氏进来,跌失黑髻,值娶亲的进来,忙抢我孝髻戴了出去的缘故,说了一遍。吕宝捶胸,只是叫苦:"指望卖嫂子,谁知倒卖了老婆。江西客人已是开船去了,三十两银子,昨晚一夜就赌输了一大半,再要娶这房媳妇子,今生休想。"复又思量:"一不做,二不休,有心是这等,再寻个主顾,把嫂子卖了,还有讨老婆的本钱。"方欲出门,只见门外四五个人一拥进来。不是别人,却是哥哥吕玉,兄弟吕珍,侄子喜儿,与两个脚夫,搬了行李货物进门。吕宝自觉无颜,后门逃出,不知去向。王氏接了丈夫,又见儿子长大回家,问其缘故。吕玉从头至尾叙了一遍。王氏也把抢去婶婶,吕宝无颜,

ный собой, в приподнятом настроении постучался в ворота. Открыла невестка, и это его немало удивило. Жены своей он в доме не нашел, а когда заметил на невестке черную наколку, заподозрил неладное.

– Куда девалась моя жена? – набросился он на невестку.

– Какой-то подонок из Цзянси вчера поздно вечером насильно увез ее из дому, – отвечала Ван, посмеиваясь в душе над деверем.

– Что ты говоришь такое! И почему у тебя в волосах не траурная наколка?

Тогда Ван рассказала ему, что произошло накануне. Люй Бао только и оставалось, что бить себя в грудь и кричать от досады. Собирался продать невестку, а вышло, что продал собственную жену. Купец из Цзянси, в ту же ночь уехавший на джонке, был теперь уже далеко. Больше половины денег, которые Люй Бао получил от него, он той же ночью проиграл в карты, а без денег, конечно, нечего было и думать о том, чтобы сосватать теперь другую жену.

«Раз уж на то пошло, – решил он про себя, – найду еще охотника, продам все-таки невестку и женюсь».

Только Люй Бао собрался отправиться на поиски нового покупателя, как заметил группу людей, приближавшуюся к дому. Это были не кто иные, как его старший брат Люй Юй, младший – Люй Чжэнь, племянник Сиэр и двое носильщиков с багажом и товарами. При виде этой процессии Люй Бао, сгорая от стыда и не зная, куда податься, выбежал через задние ворота. Госпожа Ван бросилась навстречу мужу. Увидев перед собой уже взрослого сына, она стала расспрашивать мужа, как все это произошло. Тогда Люй Юй подробно рассказал жене о том, что с ним приключилось. Ван, в свою очередь, поведала мужу о том, как была украдена ее невестка, о том, что пристыженный Люй Бао убежал из дому.

后门走了一段情节叙出。吕玉道："我若贪了这二百两非意之财，怎能勾父子相见？若惜了那二十两银子，不去捞救覆舟之人，怎能勾兄弟相逢？若不遇兄弟时，怎知家中信息？今日夫妻重会，一家骨肉团圆，皆天使之然也。逆弟卖妻，也是自作自受，皇天报应，的然不爽！"自此益修善行，家道日隆。后来喜儿与陈员外之女做亲，子孙繁衍，多有出仕贵显者。诗云：

  本意还金兼得子，
  立心卖嫂反输妻。
  世间惟有天工巧，
  善恶分明不可欺。

– Если бы я позарился на двести ланов, я бы не нашел сына, – рассуждал вслух Люй Юй. – А если бы пожалел двадцать ланов на спасение потерпевших крушение людей, разве мог бы встретиться с братом? А если бы я не встретил брата, где было бы мне знать, что происходит дома? Теперь по воле неба мы снова все вместе. Что до моего преступника-брата, который продал свою жену, так это небо покарало его. Сам натворил, сам и получай по заслугам!

С этих пор Люй Юй не переставал делать добро людям, и достаток семьи рос с каждым днем.

Через некоторое время Сиэр женился на дочери богача Чэня, и сыновей и внуков у них было столько, что и не пересчитать; многие из них стали известными и знатными чиновниками.

В стихах говорится:

> *Кто добровольно деньги возвратил,*
> > *нашел тот собственного сына;*
> *А кто продать невестку вздумал,*
> > *тот без жены своей остался.*
> *Одно лишь небо всемогуще*
> > *и разбирается во всем:*
> *За зло и за добро заплатит,*
> > *его ни в чем не проведешь.*

Цзинь гу цигуань
Глава 17

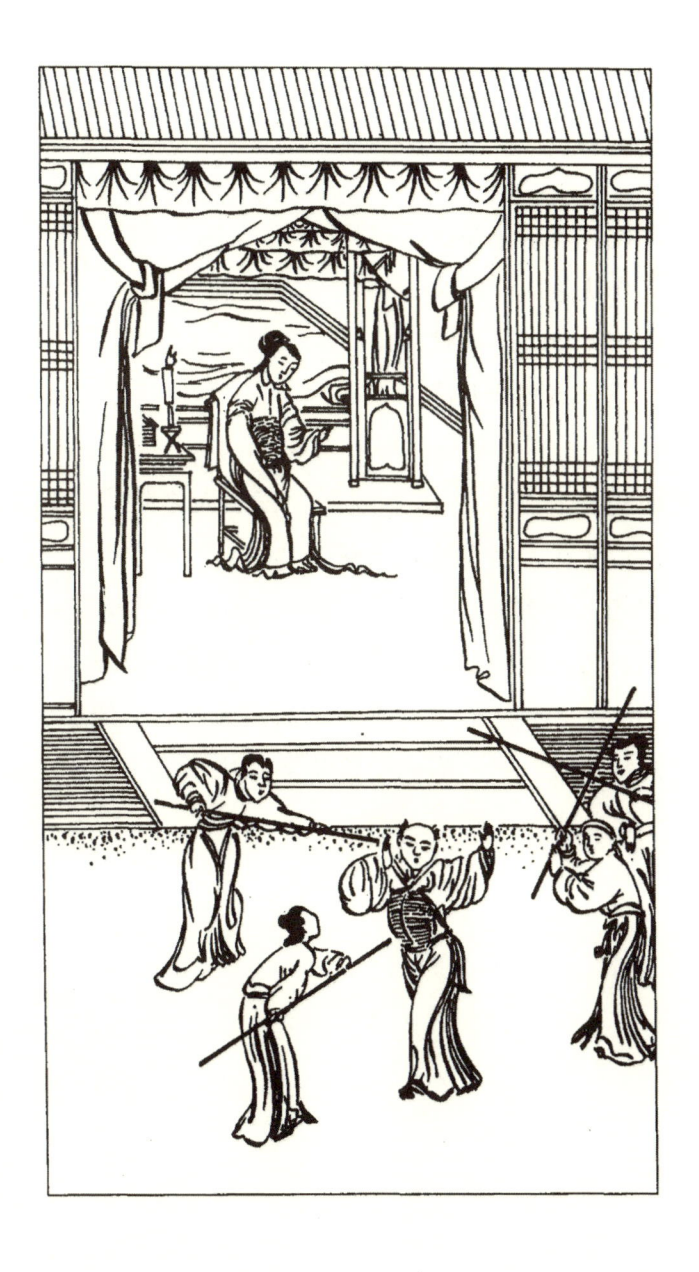

КИТАЙСКАЯ КЛАССИКА

第十七卷

金玉奴棒打薄情郎

枝在墙东花在西,
自从落地任风吹。
枝无花时还再发,
花若离枝难上枝。

这四句,乃昔人所作弃妇词。言妇人之随夫,如花之附于枝;枝若无花,逢春再发;花若离枝,不可复合。劝世上妇人事夫尽道,同甘同苦,从一而终;休得慕富嫌贫,两意三心,自贻后悔。且说汉朝一个名臣,当初未遇时节,其妻"有眼不识泰山",弃之而去,到后来悔之无及。你说那名臣何方人氏?姓甚名谁?——那名臣姓朱名买臣,表字翁子,会稽郡

ГЛАВА 17

ЦЗИНЬ ЮЙНУ ИЗБИВАЕТ НЕВЕРНОГО МУЖА

Оторвался от ветки,
  упал за ограду цветок,
На земле оказался,
  и ветер его подхватил.
Пусть ветка цветок потеряла –
  опять ведь она зацветет,
Цветок, если ветки лишился,
  на ней не окажется вновь.

Так написано в древней элегии «Покинутая жена». Стихи говорят о том, что жена неотделима от мужа, как цветок от ветки. Если на ветке нет цветов, то они появляются с наступлением весны. Когда же цветок оторвется от ветки, он уже не сможет вновь прирасти к ней. Мораль этих стихов в том, что жена должна верно служить мужу, делить с ним все радости и лишения, что, последовав за одним, она должна идти за ним до конца, не бояться бедности и не гнаться за богатством, а если она проявит в этом епостоянство, то потом сама же будет раскаиваться.

Расскажу вам об одном знаменитом сановнике времен династии Хань. Человек этот в молодости был совсем неизвестен миру. Его жена оказалась женщиной весьма недальновидной, и, хоть у нее и были глаза, она, как говорится, горы Тайшань не узнала и ушла от мужа. Правда, потом она раскаялась в своем поступке, но было уже поздно.

Вы спросите, о каком это знаменитом сановнике идет речь, как его фамилия и имя, откуда он родом. Фамилия этого человека – Чжу, имя его – Майчэнь, второе имя – Вэнцзы, родом он из

人氏。家贫未遇，夫妻二口，住于陋巷蓬门。每日买臣向山中砍柴，挑至市中卖钱度日。性好读书，手不释卷，肩上虽挑着柴担，手里兀自擎着书本，朗诵咀嚼，且歌且行。市人听惯了，但闻读书之声，便知买臣挑柴担来了。可怜他是个儒生，都与他买；更兼买臣不争价钱，凭人估值，所以他的柴比别人容易出脱。一般也有轻薄少年，及儿童之辈，见他又挑柴，又读书，三五成群，把他嘲笑戏侮。买臣全不为意。一日，其妻出门汲水，见群儿随着买臣柴担，拍手共笑，深以为耻。买臣卖柴回来，其妻劝道："你要读书，便休卖柴；要卖柴，便休读书。许大年纪，不痴不颠，却做出恁般行径，被儿童笑话，岂不羞死！"买臣答道："我卖柴以救贫贱，读书以取富贵，各不相妨，由他笑话便了。"其妻笑道："你若取得富贵，也不去卖柴了。自古及今，那见卖柴的人做了官？却说这没把鼻的话！"买臣道："富贵贫贱，各有其时。有人算我八字，到

Гуйцзи. Человек этот был крайне беден, ему все не везло с государственными экзаменами и со службой, и он со своей женой ютился в жалкой лачуге в глухом переулке.

Майчэнь каждый день собирал в горах хворост, продавал его в городе и на вырученные гроши они кое-как перебивались. Стремясь к знаниям, Майчэнь не выпускал из рук книги. С вязанками дров на коромысле, он, шествуя по дороге, держал в руках книгу и читал ее вслух. Горожане уже привыкли к этому и по голосу узнавали о приближении Майчэня. Питая к Майчэню, как к ученому человеку, сострадание, люди охотно покупали у него хворост, тем более что Майчэнь никогда не торговался и довольствовался тем, что ему давали. Поэтому, естественно, ему было легче сбыть свой товар, чем другим. Часто ватага взрослых бездельников и детишек, завидев Майчэня с хворостом за спиной и книгой в руках, окружала его, смеясь и издеваясь над ним. Майчэнь не обращал на это никакого внимания.

Как-то раз жена Майчэня, выйдя за водой, увидела своего мужа в окружении ребятишек, которые хлопали в ладоши и издевались над ним. Ей стало стыдно за мужа, и, когда тот пришел домой, она стала упрекать его:

– Если тебе так нужно читать книги, то нечего продавать хворост, а продаешь хворост – нечего книги читать! Ты ведь не мальчишка, не дурак и не сумасшедший. Не стыдно тебе идти в толпе ребят, которые смеются над тобой?

– Я продаю хворост, чтобы кое-как свести концы с концами, – ответил Майчэнь, – а книги читаю, чтобы стать богатым и знатным. Одно не мешает другому. Пусть себе смеются.

– Если бы тебе суждено было стать богатым и знатным, ты не продавал бы сейчас хворост, – заметила жена с усмешкой. – Еще никогда не случалось, чтобы продавец хвороста смог стать чиновником. Нечего говорить ерунду!

– Всему свое время: и богатству и нищете. Один гадатель

五十岁上，必然发迹。常言'海水不可斗量'。你休料我。"其妻道："那算命先生，见你痴颠模样，故意要笑你。你休听信。到五十岁时，连柴担也挑不动，饿死是有分的，还想做官！除是阎罗王殿上少个判官，等你去做！"买臣道："姜太公八十岁尚在渭水钓鱼，遇了周文王，以后车载之，拜为尚父。本朝公孙弘丞相，五十九岁上，还在东海牧豕，整整六十岁，方才际遇今上，拜将封侯。我五十岁上发迹，比甘罗虽迟，比那两个还早。你须耐心等去。"其妻道："你休得攀今吊古。那钓鱼牧豕的，胸中都有才学。你如今读这几句死书，便读到一百岁，只是这个嘴脸，有甚出息，晦气做了你老婆！你被儿童耻笑，连累我也没脸皮！你不听我言，不抛却书本，我决不跟你终身。各人自寻道路，休得两相担误！"朱买臣道："我今年四十三岁了，再七年，便是五十，前长后短，你

предсказал мне, что в пятьдесят лет я непременно прославлюсь. Часто говорят: воду в море не измеришь – так и ты не можешь знать, что станет со мной в будущем.

– Твой гадатель решил, что имеет дело с блаженным, и все это просто выдумал, чтобы посмеяться над тобой. Нечего ему верить! В пятьдесят лет ты уже и хворост таскать не сможешь, не то что стать чиновником. К этому времени ты, вернее всего, помрешь с голоду, и вот, может быть, тогда властитель подземного царства Яньло призовет тебя на службу, если в его дворце не хватит какого-либо судьи, чтобы судить грешников.

– Разве ты не знаешь, что Люй Шану было восемьдесят лет и он все еще был рыбаком и удил рыбу в реке Вэй, когда князь Вэнь-ван, увидев его, посадил в свою колесницу, привез во дворец и просил стать первым советником? А главный советник нынешней династии господин Гунсунь Хун в пятьдесят девять лет еще пас свиней в Дун-хае и только в шестьдесят лет повстречал нашего императора и тогда получил высокую должность и княжеский титул. Если я в пятьдесят лет стану известен, то хоть и уступлю по возрасту Гань Ло, но все же прославлюсь более молодым, чем те двое. Так что тебе остается лишь терпеливо ждать.

– Нечего сравнивать себя с ними. Те оба, и рыбак и свинопас, были людьми талантливыми. А ты с твоими никому не нужными книгами хоть до ста лет доживи, все равно останешься таким же простофилей. Какая тебе польза от книг? Жалею теперь, что вышла за тебя замуж! Когда мальчишки поднимают тебя на смех, это ведь задевает и мое достоинство. Если не послушаешься меня и не бросишь своих книг, не стану больше жить с тобой. Пусть каждый идет своей дорогой, незачем быть друг другу помехой.

– Мне теперь сорок три, через семь лет будет пятьдесят. Позади уже больше, чем осталось: ждать недолго. Если ты под-

就等耐也不多时；直恁薄情，舍我而去，后来须要懊悔。"其妻道："世上少甚挑柴担的汉子？懊悔甚么来？我若再守你七年，连我这骨头不知饿死于何地了！你倒放我出门，做个方便，活了我这条性命！"买臣见其妻决意要去，留他不住，叹口气道："罢！罢！只愿你嫁得丈夫，强似朱买臣的便好！"其妻道："好歹强似一分儿！"说罢，拜了两拜，欣然出门而去，略不回顾。买臣愀然感慨不已，题诗四句于壁云：

嫁犬逐犬，嫁鸡逐鸡。
妻自弃我，我不弃妻。

买臣到五十岁时，值汉武帝下诏求贤。买臣到西京上书，待诏公车，同邑人严助荐买臣之才。天子知买臣是会稽人，必知水土民情利弊，即拜为会稽太守，驰驿赴任。会稽长吏闻新太守将到，大发人夫修治道路。买臣妻之后夫亦在役中。其妻

дашься своему легкомыслию и бросишь меня, позже непременно раскаешься.

– В чем? Мало, что ли, на свете разносчиков хвороста! Если буду еще семь лет ждать, то сама сдохну где-нибудь от голода. Отпусти меня и дай мне возможность спокойно дожить оставшиеся мне годы.

– Ну что ж, ладно! – сказал со вздохом Майчэнь, видя, что жена твердо решила его бросить и что он не сможет ее удержать. – Желаю лишь, чтоб твой новый муж был лучше меня!

– Какой ни есть, а будет получше! – бросила она на прощание, отвесив мужу два низких поклона. Очень довольная, она покинула дом и ушла, ни разу даже не оглянувшись.

Майчэнь долго грустил и написал по этому поводу на стене стихи:

Пошла за пса – иди за псом,
пошла за петуха – иди за петухом.
Жена оставила меня,
не я жену свою покинул.

Майчэню исполнилось пятьдесят лет как раз в то время, когда ханьский император У-ди издал указ, в котором призывал ко двору всех ученых и мудрых людей. Майчэнь поехал в столицу, где подал прошение на высочайшее имя. Янь Чжу, один из земляков Майчэня, рекомендовал его императору как талантливого человека. Узнав, что Майчэнь родом из Гуйцзи и, следовательно, сумеет понять запросы и нужды местного населения, император назначил его начальником этой области.

Получив приказ, Майчэнь тотчас отправился на место назначения. Прослышав о готовящемся приезде нового начальника области, местное начальство срочно послало людей чинить дорогу. Среди дорожных рабочих был и новый муж жены Ма-

蓬头跣足，随伴送饭；见太守前呼后拥而来，从旁窥之，乃故夫朱买臣也。买臣在车中一眼瞧见，还认得是故妻，遂使人招之，载于后车，到府第中。故妻羞惭无地，叩头谢罪。买臣教请他后夫相见。不多时，后夫唤到，拜伏于地，不敢仰视。买臣大笑，对其妻道："似此人未见得强似朱买臣也。"其妻再三叩谢，自悔有眼无珠，愿降为婢妾，伏事终身。买臣命取水一桶，泼于阶下，向其妻说道："若泼水可复收，汝亦可复合。念你少年结发之情，判后园隙地与汝夫妇耕种自食。"其妻随后夫走出府第，路人都指着说道："此即新太守旧夫人也。"于是羞极无颜，到于后园，遂投河而死。有诗为证：

漂母尚知怜饿士，

йчэня, а рядом стояла она сама, полуразутая, взлохмаченная. Она только что принесла мужу еду. Когда пышный поезд нового начальника области поравнялся с ними, женщина украдкой взглянула на человека, сидящего в паланкине, и сразу узнала Майчэня. Майчэнь заметил ее, узнал в ней свою бывшую жену и приказал слуге позвать ее и посадить в одну из последних повозок своего поезда. Когда они прибыли в управление, бесконечно пристыженная женщина, низко опустив голову, стала просить у мужа прощения. Майчэнь попросил привести ее второго мужа.

Тот явился, стал отбивать земные поклоны, не смея поднять головы и взглянуть на своего правителя.

– Непохоже что-то, чтобы этот человек был лучше меня! – громко рассмеявшись, сказал Майчэнь.

Женщина снова стала низко кланяться и молить о прощении. Она говорила, что ненавидит себя за то, что у нее раньше не было глаз, что она всю жизнь готова служить Майчэню.

Тогда Майчэнь приказал принести ведро воды и, выплеснув воду на ступеньки, сказал:

– Если эту воду можно было бы вновь собрать, то и ты могла бы стать моей женой. Но я не забыл о твоих добрых супружеских чувствах ко мне в дни нашей молодости. Даю тебе и твоему мужу кусок земли в моей усадьбе. Будете обрабатывать эту землю – она вас прокормит.

Когда жена Майчэня вместе со своим новым мужем выходила из здания управления, все указывали на нее пальцем:

– Это бывшая жена нашего нового правителя!

Сгорая от стыда, она пробралась к реке и утопилась.

Есть стихи, которые можно привести в подтверждение этой истории:

Простая прачка, много ль понимает,

亲妻忍得弃贫儒？
早知覆水难收取，
悔不当初任读书。

又有一诗说欺贫重富，世情皆然，不止一买臣之妻也。诗曰：

尽看成败说高低，
谁识蛟龙在污泥？
莫怪妇人无法眼，
普天几个负羁妻？

这个故事是妻弃夫的。如今再说一个夫弃妻的。一般是欺贫重富，背义忘恩，后来徒落得个薄幸之名，被人讲论。

话说故宋绍兴年间，临安虽然是个建都之地，富庶之乡，其中乞丐的依然不少。那丐户中有个为头的，名曰"团头"，

но не дала ученому погибнуть.
А вот жена Майчэня так жестока,
что бросила достойного супруга.
Известно уж давно, что воедино
собрать нельзя расплесканную воду.
Пускай бы прежде мужу не мешала,
чем каяться потом в своем поступке!

И еще есть стихи, в которых говорится о том, что люди всегда стремились к богатству и бежали от бедности, так что не с одной женой Майчэня случалось подобное:

О людях судят по тому,
чего они достигли в жизни,
И многие ль в сплошной грязи
дракона распознать сумеют?!
Чему дивиться, если та
вперед смотреть не научилась, –
Таких ведь, как жена Фуцзи, –
на белом свете редко встретишь.

Рассказав историю о том, как жена бросила мужа, я предложу вам историю, повествующую о муже, который отказался от своей жены. Человек, о котором пойдет речь, так же, как жена Майчэня, хотел избежать бедности и в погоне за богатством пренебрег своим долгом, забыл об оказанной ему милости и в конце концов приобрел лишь славу бессердечного человека, которого все осуждали.

История эта переносит нас во времена династии Сун, в годы правления Шао-син, в округ Линьань. Линьань в то время был многонаселенным столичным округом, и в нем всегда было немало нищих. Их главари назывались «туаньтоу», и все нищие

管着众丐。众丐叫化得东西来时，团头要收他日头钱；若是雨雪时，没处叫化，团头却熬些稀粥，养活这伙丐户；破衣破袄，也是团头照管：所以这些丐户，小心低气，服着团头，如奴一般，不敢触犯。那团头见成收些常例钱，将钱在众丐户中放债盘利，若不嫖不赌，依然做起大家事来。他靠此为生，一时也不想改业。只是一件：团头的名儿不好，随你挣得有田有地，几代发迹，终是个叫化头儿，比不得平等百姓人家，出外没人恭敬，只好闭着门自屋里做大。虽然如此，若数着"良贱"二字，只说娼优隶卒四般为贱流，到数不着那乞丐。看来乞丐只是没钱，身上却无疤瘢。假如春秋时伍子胥逃难，也曾吹箫于吴市中乞食；唐时郑元和做歌郎唱《莲花落》，后来富贵发达，一床锦被遮盖。这都是叫化中出色的。可见此辈虽然

отдавали им определенную часть ежедневного заработка. Туаньтоу был обязан кормить всю компанию в ненастные дни, когда нельзя было просить милостыню, он же заботился и об одежде нищих. Поэтому нищие, как рабы, безропотно подчинялись своему главарю, боясь чем-нибудь вызвать его гнев. Туаньтоу, которые, ничего не делая, всегда имели определенный доход, давали свои деньги нищим в долг под проценты, извлекая из этого немалую выгоду. Таким путем туаньтоу становились зажиточными людьми, если, конечно, не кутили и не проигрывались. Жили они в полном достатке и обычно никогда не думали о том, чтобы менять свою профессию. Единственное, что всегда смущало их, – это сама недобрая слава туаньтоу. Даже если туаньтоу бросал свое дело, приобретал поля и земли и скапливал состояние, которого хватало на несколько поколений его потомков, все равно в глазах других он по-прежнему был туаньтоу, главарем нищих, не шел в сравнение даже с любым простолюдином, и, где бы ни появлялся, никто не оказывал ему знаков внимания и уважения – такому оставалось лишь быть великим в своем доме при закрытых дверях.

Тем не менее, когда говорят о «людях уважаемых» и «людях низких», то к «низким» относят лишь девиц из публичных домов, актеров, домашних слуг-крепостных и прислужников казенных учреждений, но не нищих. У нищих только нет денег, а так сами они не запятнаны ни в чем. Возьмите, например, У Цзысюя, который жил в эпоху Чуньцю. Когда он бежал из родного удела в княжество У, ему приходилось играть на флейте и просить милостыню. Или, например, Чжэн Юаньхэ, живший в эпоху Тан. Ему пришлось нищенствовать и петь песни ради куска хлеба; но потом он стал знатным и богатым, укрывался роскошными шелковыми одеялами. Вот какие знаменитые люди встречались среди нищих! Поэтому-то хотя к нищим и относятся с пренебрежением, однако в один ряд с девицами из публич-

被人轻贱，到不比娼优隶卒。

　　闲话休提。如今且说杭州城中一个团头姓金，名老大。祖上到他，做了七八代团头了，挣得完完全全的家事，住的有好房子，种的有好田园，穿的有好衣，吃的有好食，真个廒多积粟，囊有余钱，使婢驱奴，虽不是顶富，也是数得着的富家了。那金老大有志气，把这团头让与族人金癞子顶了，自己见成受用，不与这伙丐户歪缠。虽然如此，里中口顺，还只叫他是团头家，其名不改。金老大年五十余，丧妻无子，止存一女，名玉奴。那玉奴生得十分美貌。怎见得？有诗为证：

　　　　无瑕堪比玉，
　　　　有态欲羞花。
　　　　只少宫妆扮，
　　　　分明张丽华。

　　金老大爱此女如同珍宝，从小教他读书识字，到十五六岁时，诗赋俱通，一写一作，信手而成。更兼女工精巧，亦能调

ных домов, слугами-крепостными и прислужниками казенных учреждений их не ставят.

Но довольно праздных рассуждений, перейдем к нашему рассказу.

В городе Ханчжоу одним из таких туаньтоу был некто по фамилии Цзинь, по имени Лаода. Почти десять поколений предков этого человека были такими же туаньтоу, каким был он сам. Лаода сумел скопить целое состояние; у него были великолепные дома, прекрасные поля и сады, никогда он не отказывал себе ни в еде, ни в одежде, его амбары стояли полные зерна, а кошелек всегда был туго набит деньгами. В доме было полно слуг и служанок, и хоть нельзя было назвать эту семью самой богатой, но во всяком случае в Ханчжоу она была одной из зажиточных.

Лаода был человеком твердой воли, стремившимся обрести приличное положение, поэтому обязанности туаньтоу он целиком передал своему родственнику Лайцзы, а сам жил на скопленные средства, так что уже никакого отношения к нищим не имел. И все-таки его по-прежнему называли позорной кличкой туаньтоу.

Ему шел шестой десяток, жена его умерла, сыновей не было, жила с ним единственная дочь – Юйну. Девица выросла красавицей.

Пред красотой ее, подобной чистой яшме,
　　цветы стыдятся за свою невзрачность;
Лишь нет на ней дворцового наряда,
　　чтоб быть второй Чжан Лихуа.

Для Лаода не было ничего дороже дочери. Когда Юйну была еще ребенком, он стал обучать ее чтению и письму, так что лет в пятнадцать она уже умела слагать стихи: возьмется, бывало, за кисть – и стихи готовы. Юйну, кроме того, была весьма искусна

筝弄管，事事伶俐。金老大倚着女儿才貌，立心要将他嫁个士人。虽是那名门旧族中，急切要这一个女子，亦不易得；可恨生于团头之家，没人相求。若是平常经纪人家，没前程的，金老大又不肯扳他了。因此高低不就，把女儿直捱到一十八岁，尚未许人。偶然有个邻翁来说："太平桥下有个书生，姓莫，名稽，年二十岁，一表人才，读书饱学，只为父母双亡，家贫未娶，近日考中，补上太学生，情愿入赘人家。此人正与令爱相宜，何不招之为婿？"金老大道："就烦老翁作伐何如？"邻翁领命，径到太平桥下，寻那莫秀才，对他说道："实不相瞒，祖宗曾做过团头的，如今久不做了，只贪他好个女儿；又且家道富足。秀才若不弃嫌，老汉即当玉成其事。"莫稽口虽不语，心下想道："我今衣食不周，无力婚娶，何不俯就他家，一举两得？"也顾不得耻笑，乃对邻翁说道："大伯所言

в рукоделии, умела играть на музыкальных инструментах и вообще, за что бы она ни взялась, все делала умело и хорошо.

Глядя на красоту и таланты своей дочери, Лаода решил, что выдаст ее замуж только за человека образованного, с чиновничьей степенью. Однако это было делом нелегким: несмотря на то, что таких женщин, как она, редко можно было найти даже в богатых и знатных семьях, никто не сватал Юйну – ведь она родилась в семье туаньтоу. Разрешить же дочери выйти замуж за человека без карьеры и будущего, за какого-нибудь торговца-дельца старик не хотел. Поэтому со сватовством ничего не выходило, и Юйну в восемнадцать лет еще не была замужем.

Как-то раз к Лаода зашел сосед и рассказал, что у моста Тайпинцяо живет некий сюцай Мо Цзи, двадцати лет от роду, хорош собой, человек ученый и весьма талантливый; оставшись круглым сиротой, без всякого состояния, он в свое время не смог жениться. Теперь молодой человек выдержал экзамены, зачислен в Тайсюэ и хотел бы жениться и жить в семье жены.

– Это как раз такой человек, о котором вы думали, – заметил сосед, – почему бы не предложить ему стать вашим зятем?

– А если бы я попросил вас похлопотать об этом деле? – спросил Лаода.

Сосед взялся все устроить. Он направился к мосту Тайпинцяо, разыскал молодого человека и объяснил ему цель своего прихода.

– Не буду скрывать от вас правды, – сказал он юноше, – предки этой семьи были туаньтоу, но сам Лаода уже давно этим делом не занимается. А дочь его – красавица. Да и семья эта богатая. Если вы не пренебрежете моим предложением, я согласен взять на себя устройство вашей свадьбы.

«Что же, – подумал про себя Мо Цзи, – теперь, когда я не могу сам себя обеспечить, взять к себе в дом жену я не в состоянии. Почему бы мне не пристроиться у них и не получить сразу

甚妙。但我家贫乏聘，如何是好？"邻翁道："秀才但是允从，纸也不费一张，都在老汉身上。"邻翁回覆，两相情愿，择吉连姻。金家倒送一套新衣穿着，莫秀才过门成亲。莫生见玉奴才貌，喜出望外，不费一钱，白白的得了个美妻；又且丰衣足食，事事称怀。就是朋友辈中晓得莫生贫苦，无不相谅，到也没人去笑他。

到了满月，金老大备下盛席，教女婿请他同学会友饮酒，荣耀自家门户，一连吃了六七日酒。何期恼了族人金癞子。那癞子也是一班正理。他道："你也是团头，我也是团头，只你多做了几代，挣得钱钞在手；论起祖宗一脉，彼此无二。侄女玉奴招婿，也该请我吃杯喜酒。如今请人做满月，开宴六七日，并无三寸长、一寸阔的请帖儿到我。你女婿做秀才，难道

и жену, и насущно необходимое? А что надо мной будут смеяться, так мне сейчас не до этого».

— То, что вы, почтенный, мне предложили, — ответил сю-цай, — очень заманчиво. Но я человек бедный и не знаю, как мне быть со свадебными подарками.

— От вас мне нужно получить только согласие, все остальное — это уж мое дело, вам ни о чем не придется заботиться.

Итак, обе стороны пришли к соглашению. Был выбран благоприятный для свадьбы день, к которому Лаода послал своему зятю новое платье. Сюцай переехал в дом тестя, где и состоялось торжество.

Когда Мо Цзи увидел, как красива и талантлива была Юйну, радости его не было предела: так, не потратив ни гроша, совсем даром, он получил красавицу-жену и был всегда сыт и прекрасно одет, — одним словом, все вышло как нельзя лучше.

Друзья Мо Цзи, зная, что он беден, отнеслись к нему очень снисходительно, и никто над его женитьбой не подтрунивал.

Прошел месяц со дня свадьбы. Лаода решил устроить по этому поводу пир и велел Мо Цзи пригласить друзей, рассчитывая, что их посещение придаст его дому в глазах людей почет и уважение.

Вся компания пировала дней шесть подряд, и старику Лаода в голову не приходило, что это может взбесить его родственника — Цзинь Лайцзы. А Лайцзы тоже по-своему был прав: «Ты — туаньтоу, и я туаньтоу, — рассуждал он. — Разница между нами лишь та, что семья твоя дольше занималась этим делом, поэтому в руках у тебя оказалось больше денег. Ну, а что до нашей родословной, то мы одной и той же ветви, и, когда твоя дочь выходила замуж, тебе следовало бы пригласить меня на свадьбу. Но ты этого не сделал. Теперь у тебя опять праздник, ты приглашаешь людей, пир длится уже седьмой день, а мне ты даже и не подумал прислать приглашение. Твой зять — всего-навсего лишь

就做尚书宰相？我就不是亲叔公，坐不起凳头？直恁不觑人在眼里！我且去蒿恼他一场，教他大家没趣！"叫起五六十个丐户，一齐奔到金老大家里来。但见：

开花帽子，打结衫儿。旧席片，对着破毡条；短竹根，配着缺糙碗。叫爹、叫娘、叫财主，门前只见喧哗；弄蛇、弄狗、弄猢狲，口内各呈伎俩。敲板唱杨花，恶声聒耳；打砖搽粉脸，丑态逼人。一班泼鬼聚成群，便是钟馗收不得。

金老大听得闹吵，开门看时，那金癞子领着众丐户，一拥而来，嚷做一堂。癞子径奔席上，拣好酒好食，只顾吃，口里叫道："快教侄婿夫妻来拜见叔公！"唬得众秀才脚不住，

сюцай, но будь он хоть первым министром или советником при дворе – так что же? Я, значит, больше не дядя племяннице своей, и нет мне места на конце какой-нибудь скамейки в твоем доме? До того не считаться с людьми!.. Ладно, я устрою тебе! Будет вам всем весело!»

Лайцзы тут же созвал больше полусотни нищих, и все они, во главе с ним самим, устремились к дому Лаода. Что это было за зрелище:

Шляпы без дна – макушки наружу,
узлами затянуто рваное платье;
Куски обветшалой циновки, одеяла в лохмотьях и дырах;
бамбуковые палки, разбитые миски;
«О благородные люди! О щедрые господа!» –
кричат перед домом, бранятся.
Играют со змеями, водят собак, с обезьянами возятся,
каждый искусство свое выставляет, орет как умеет.
Голосом страшным тянут развратные песни,
в такт ударяют в пайбань, оглушая прохожих.
Кирпич истолкли в порошок и напудрились им,
страшно смотреть на их рожи.
Орава разнузданных бесов,
Чжун Куй бы не справился с ними!

Услышав доносившийся с улицы шум, Лаода пошел посмотреть, в чем дело, но, как только он открыл ворота, целая орава нищих, во главе с Лайцзы, с криком и шумом ворвалась в его дом. Лайцзы устремился прямо в зал к пирующим и, не обращая никакого внимания на гостей, принялся уплетать лучшие блюда и пить лучшие вина.

— А ну-ка, пусть племянница с мужем выйдут поклониться

都逃席去了。连莫稽也随着众朋友躲避。金老大无可奈何,只得再三央告道:"今日是我女婿请客,不干我事,改日专治一杯,与你陪话。"又将许多钱钞,分赏众丐户;又抬出两瓮好酒,和些活鸡活鹅之类,教众丐户送去癞子家,当个折席。直乱到黑夜,方才散去。玉奴在房中气得两泪交流。这一夜,莫稽在朋友家借宿,次早方回。金老大见了女婿,自觉出丑,满面含羞。莫稽心中未免也有三分不乐。只是大家不说出来。正是:

哑子尝黄柏,
苦味自家知。

却说金玉奴只恨自己门风不好,要挣个出头,乃劝丈夫刻苦读书。凡古今书籍,不惜价钱买来,与丈夫看;又不吝供给之费,请人会文会讲;又出赀财,教丈夫结交延誉。莫稽由

дядюшке! – кричал Лайцзы.

Испуганные гости сбежали все как один. Вместе со своими друзьями убежал из дому и Мо IДзи.

Лаода ничего не оставалось, как начать извиняться перед родственником:

– Сегодня гостей приглашал мой зять, я в этом не принимал участия. На днях же я сам устрою угощение и приглашу тебя.

Лаода наделил деньгами всех нищих, приказал вынести два жбана лучшего вина, кур, гусей и велел нищим отнести все это в дом Лайцзы, чтобы хоть как-то загладить свою вину. Долго еще шумели непрошеные гости и разошлись, когда уже совсем стемнело.

Юйну, расстроенная, сидела у себя в комнате и горько плакала.

Эту ночь Мо IДзи провел у друзей и вернулся в дом тестя только на следующее утро. Лаода после вчерашнего скандала стыдно было смотреть зятю в глаза. Мо IДзи тоже было не по себе, но ни тот ни другой ничего друг другу не сказали. Вот уж поистине,

Когда немой отведает полыни вкус,
О горечи ее сказать не сможет людям.

В страшной досаде на то, что такая нелестная слава тяготеет над их семьей, Юйну решила, что им нужно выбиться в люди, и потому уговаривала мужа целиком посвятить себя науке. Не считаясь с затратами, она покупала для него и современные и древние книги; не жалела денег на то, чтобы принимать в доме людей талантливых и образованных, устраивать поэтические вечера, где обсуждались классические книги; советовала Мо IДзи завязывать широкие знакомства, которые могут принести

此才学日进，名誉日起，二十三岁发解，连科及第。这日琼林宴罢，乌帽宫袍，马上迎归，将到丈人家里，那街坊上人争先来看。儿童辈都指道："金团头家女婿做了官也。"莫稽在马上听得此言，又不好揽事，只得忍耐；见了丈人，虽然外面尽礼，却包着一肚子忿气，想道："早知有今日富贵，怕没王侯贵戚招赘为婿；却拜个团头做岳丈，可不是终身之玷！养出儿女来，还是团头的外孙，被人传作话柄！如今事已如此，妻又贤慧，不犯七出之条，不好深绝得。正是：事不三思，终有后悔。"为此心中快快，只是不乐。玉奴几遍问而不答，正不知甚么意故。好笑那莫稽只想着今日富贵，却忘了贫贱的时节，把老婆资助成名一段功劳，化为冰水。这是他心术不端处。不一日，莫稽谒选，得授无为军司户。丈人治酒送行。此时众丐

ему известность, и щедро давала ему на это деньги. Благодаря ее усилиям знания и слава Мо Цзи росли с каждым днем, и к двадцати трем годам он успел уже благополучно выдержать оба экзамена и получить степень цзиньши.

После празднества в Академии Мо Цзи в черной шапке и парадном платье возвращался домой верхом на коне. Когда он проезжал по своей улице, люди, перегоняя друг друга, бежали взглянуть на нового цзиньши, и детишки, указывая на Мо Цзи пальцем, кричали:

— Зять Цзиня-туаньтоу стал чиновником!

Мо Цзи слышал это, но устраивать сцену на улице было неудобно, и ему ничего не оставалось, как молча стерпеть обиду. При встрече с тестем Мо Цзи выполнил все полагающиеся церемонии, хотя в душе был зол на него и думал: «Если бы только я заранее предполагал, что буду богат и знатен! Ведь я мог бы стать зятем сановной особы или князя! Надо же было выбрать своим тестем туаньтоу! Позор на всю жизнь. Мои дети все равно будут внуками и внучками туаньтоу, и я стану посмешищем для людей. Но что поделаешь... С другой стороны, Юйну очень умна, заботлива, и нельзя обвинить ее ни в одном из семи грехов, за которые принято выгонять жену. Правду говорят: коль трижды не обдумать свой поступок, когда-нибудь, но сожалеть придется».

От всех этих мыслей на душе у Мо Цзи было тяжело, нерадостно. Юйну не раз спрашивала мужа, что с ним происходит, но тот ничего не отвечал, и она так и не узнала причины его скорби.

Смешон этот Мо Цзи: теперь, добившись богатства и чина, он совсем забыл о временах бедности, о заслугах жены, которая помогла ему получить положение и снискать славу. В этом сказывается его непорядочность.

Через некоторое время Мо Цзи получил назначение на долж-

户料也不敢登门吵闹了。喜得临安到无为军是一水之地，莫稽领了妻子，登舟赴任。行了数日，到了采石江边，维舟北岸。其夜月明如昼。莫稽睡不能寐，穿衣而起，坐于船头玩月，四顾无人，又想起团头之事，闷闷不悦，忽然动一个恶念："除非此妇身死，另娶一人，方免得终身之耻。"心生一计，走进船舱，哄玉奴起来看月华。玉奴已睡了，莫稽再三逼他起身。玉奴难逆丈夫之意，只得披衣走至马门口，舒头望月，被莫稽出其不意，牵出船头，推堕江中，悄悄唤起舟人，分付："快开船前去，重重有赏，不可迟慢！"舟子不知明白，慌忙撑篙荡桨，移舟于十里之外，住泊停当，方才说："适间奶奶因玩月堕水，捞救不及了。"却将三两银子赏与舟人为酒钱。舟人会意，谁敢开口。船中虽跟得有几个蠢婢子，只道主母真个堕水，悲泣了一场，丢开了手，不在话下。有诗为证：

ность помощника правителя округа Увэйцзюнь. Лаода в честь отъезжающих устроил прощальный пир. На этот раз ни один нищий не посмел явиться к нему в дом скандалить.

Округ Линьань был связан с Увэйцзюнь прямым водным путем, так что добраться туда было очень легко. Мо Цзи сел с женой на джонку и отправился к месту назначения. Через несколько дней они причалили к северному берегу реки Цайши.

В ту ночь луна так ярко сияла, что кругом было светло, словно днем. Мо Цзи никак не мог заснуть; он встал, оделся и уселся на носу джонки, любуясь луной. Вокруг не было ни души. Мо Цзи снова вспомнил о том, что он зять туаньтоу, и опять ему стало тяжело и грустно.

Вдруг его осенила недобрая мысль: «Единственный выход, чтобы быть избавленным от позора на всю жизнь, – это смерть жены и женитьба на другой». Коварный план созрел в его голове: он подошел к каюте и позвал Юйну, приглашая ее выйти на палубу полюбоваться прекрасной луной. Юйну уже спала, и Мо Цзи разбудил ее не без труда.

Не смея ослушаться мужа, Юйну набросила на себя платье и вышла на палубу. Не успела она поднять голову и посмотреть на луну, как муж вдруг схватил ее, потянул на нос джонки и сбросил в воду. Затем он разбудил лодочников и приказал им тотчас же отчаливать, пообещав щедро наградить. Ничего не подозревая, те взялись за багры и отчалили. Только в десяти ли от места происшествия, когда джонка снова причалила к берегу, Мо Цзи сказал, что его жена вышла на палубу полюбоваться луной и упала в воду, что он спасал ее, но спасти не удалось. Затем он достал три лана серебра и дал их лодочникам на вино. Они догадывались, в чем дело, но никто из них не осмелился рта раскрыть. А сопровождавшие Юйну молодые глупые служанки поверили, что их хозяйка случайно упала в воду и утонула, поплакали, и этим все кончилось.

只为团头号不香,
一朝得意弃糟糠。
天缘结发终难解,
赢得人呼薄幸郎。

你说事有凑巧。莫稽移船去后,刚刚有个淮西转运使许德厚,也是新上任的,泊舟于采石北岸,正是莫稽先前推妻堕水处。许德厚和夫人推窗看月,开怀饮酒,尚未曾睡,忽闻岸上啼哭,乃是妇人声音,其声哀怨,好生凄惨!忙呼水手找看,果然是个单身妇人,坐于江岸。便教唤上船来,审其来历。原来此妇正是无为军司户之妻金玉奴。初堕水时,魂飞魄荡,已拚着必死;忽觉水中有物托起两足,随波而行,近于江岸。玉奴挣扎上岸,举目看时,江水茫茫,已不见了司户之船,才悟道丈夫贵而忘贱,故意欲溺死故妻,别图良配。如今虽得了性

Лишь только потому, что туаньтоу
была плохой, позорной кличкой,
Избавиться решил он от супруги,
добившись славы и успеха.
Но мужа и жену связало небо,
и эту связь никто не разорвет.
Напрасны будут все его попытки, –
неверным мужем только прослывет.

Но какие только не бывают в жизни случайности!

Пока Мо Цзи, покинувший место преступления, ехал своим путем дальше, к северному берегу Цайши причалила джонка, в которой ехал инспектор области Хуайси по перевозке продовольствия, некий Сюй Дэхоу. Так же как Мо Цзи, Сюй Дэхоу впервые получил назначение на должность. Джонка его остановилась на том самом месте, где Мо Цзи бросил в воду Юйну.

Сюй Дэхоу, несмотря на позднее время, не собирался спать – он сидел с женой перед раскрытым окном, любовался луной и пил вино. Вдруг он услышал, что на берегу кто-то плачет. По голосу он понял, что это женщина. Она так жалобно рыдала, что Сюй Дэхоу приказал лодочникам пойти посмотреть, в чем дело.

На берегу действительно совсем одна сидела какая-то женщина и горько плакала. Сюй Дэхоу приказал привести ее на джонку.

После расспросов выяснилось, что это Юйну, жена помощника правителя округа Увэйцзюнь.

Очутившись в воде, Юйну безумно испугалась и решила, что ей пришел конец, но вдруг почувствовала, что ее несет к берегу. Когда она выкарабкалась и посмотрела на реку, то увидела лишь бесконечную гладь воды, джонки не было и следа. Только тогда Юйну поняла, что, став знатным, ее муж забыл о том времени, когда он был беден, и решил утопить ее, чтобы найти себе под-

命，无处依栖，转思苦楚，以此痛哭。见许公盘问，不免从头至尾，细说一遍。说罢，哭之不已。连许公夫妇都感伤坠泪，劝道："汝休得悲啼，肯为我义女，再作道理。"玉奴拜谢。许公分付夫人，取干衣替他通身换了，安排他后舱独宿，教手下男女都叫她"小姐"；又分付舟人不许泄漏其事。不一日，到淮西上任。那无为军正是他所属地方，许公是莫司户的上司，未免随班参谒。许公见了莫司户，心中想道："可惜一表人才，干恁般薄幸之事！"约过数月，许公对僚属说道："下官有一女，颇有才貌，年已及笄，欲择一佳婿赘之。诸君意中有其人否？"众僚属都闻得莫司户青年丧偶，齐声荐他才品非

ходящую пару.

И вот теперь она не удержалась и подробно, с начала до конца, поведала господину Сюю все как было. Рассказав свою историю, Юйну так разрыдалась, что растрогала до слез господина Сюя и его жену.

– Не надо так убиваться! – уговаривали Юйну ее спасители. – Если хочешь, будь нашей приемной дочерью, а там подумаем как быть.

Юйну с благодарностью низко поклонилась им. Господин Сюй попросил жену принести Юйну сухое платье, устроить ее в отдельной каюте и уложить спать. Всей мужской и женской прислуге приказали называть Юйну «молодой барышней», а лодочникам велено было помалкивать об этом происшествии.

Через несколько дней они достигли Хуайси, где господин Сюй приступил к своим служебным обязанностям.

Округ Увэйцзюнь, куда получил назначение Мо Цзи, находился в подчинении области Хуайси, так что господин Сюй оказался непосредственным начальником Мо Цзи, и последний по долгу службы представился начальнику.

Познакомившись с Мо Цзи, господин Сюй подумал про себя: «Жаль! Такой видный и красивый человек, а пошел на такой подлый поступок!»

Прошло несколько месяцев. Как-то раз господин Сюй обратился к своим подчиненным:

– У меня есть дочь, довольно способная и недурна собой; она уже в таком возрасте, что ей пора, как говорится, закалывать прическу. Я хотел бы подобрать себе хорошего зятя. Нет ли у вас, почтеннейшие, на примете такого человека?

Чиновники, зная, что помощник правителя округа Увэйцзюнь – молодой вдовец, в один голос стали рекомендовать Мо Цзи как человека необычайно талантливого и вполне заслуживающего того, чтобы на нем остановить выбор.

凡，堪作东床之选。许公道："此子我亦属意久矣。但少年登第，心高望厚，未必肯赘吾家。"众僚属道："彼出身寒门，得公收拔，如蒹葭倚玉树，何幸如之？岂以入赘为嫌乎？"许公道："诸君既酌量可行，可与莫司户言之。但云出自诸公之意，以探其情；莫说下官，恐有妨碍。"众人领命，遂与莫稽说知此事，要替他做媒。莫稽正要攀高，况且联姻上司，求之不得，便欣然应道："此事全仗玉成，当效衔结之报。"众人道："当得，当得。"随即将言回覆许公。许公道："虽承司户不弃，但下官夫妇钟爱此女，娇养成性，所以不舍得出嫁。只怕司户少年气概，不相饶让，或致小有嫌隙，有伤下官夫妇之心。须是预先讲过，凡事容耐些，方敢赘入。"众人领命，又到司户处传话。司户无不依允。此时司户不比做秀才时节，

— Я уже давно думал о нем, — ответил им господин Сюй, — но человек этот таким молодым получил степень, что, наверное, лелеет большие надежды на свое будущее и, может быть, не захочет войти в мою семью.

— Мо Цзи родом из бедной семьи, — возразили ему на это чиновники, — и ему стать вашим родственником все равно, что простому тростнику опереться на редкое, ценное дерево. Может ли он желать для себя большего счастья? Конечно, он не упустит возможности породниться с вами.

— Если вы думаете, что это возможно, потолкуйте с ним и разузнайте его намерения. Только не говорите от моего имени. Пусть считает, что это исходит от вас, так будет лучше.

Чиновники не замедлили сообщить Мо Цзи, что собираются его сосватать. Мо Цзи очень обрадовался: он только и мечтал о том, чтобы вступить в выгодный брак, и женитьба на дочери начальника была именно той самой желанной возможностью.

— Если вы только устроите это дело, — заявил он чиновникам, — не премину отблагодарить, как говорится, «с кольцом во рту» или «с лассо из травы».

— Ладно, ладно, — перебили его те и поспешили с ответом к господину Сюю. Но услышали от него вот что:

— Хоть помощник правителя округа Увэйцзюнь и удостоил меня своим согласием, но дело в том, что я и моя жена очень любим свою дочь, и она у нас выросла очень избалованной и капризной. Жаль нам расстаться с ней, к тому же Мо Цзи слишком молод, и я боюсь, что он будет требователен и не очень уступчив. А если между супругами начнутся ссоры, это огорчит и меня и жену. Надо предупредить об этом Мо Цзи. Если он сможет обходиться мягко с моей дочерью, во всем проявлять уступчивость и терпение, тогда я решусь принять его в свой дом.

Люди снова пошли к молодому человеку и передали ему предостережение будущего тестя. Мо Цзи был на все согласен.

一般用金花彩币，为纳聘之仪。选了吉期；皮松骨痒，整备做转运使的女婿。

却说许公先教夫人与玉奴说："老相公怜你寡居，欲重赘一少年进士，你不可推阻。"玉奴答道："奴家虽出寒门，颇知礼数。既与莫郎结发，从一而终。虽然莫郎嫌贫弃贱，忍心害理；奴家各尽其道，岂肯改嫁，以伤妇节？"言毕，泪如雨下。夫人察他志诚，乃实说道："老相公所说少年进士，就是莫郎。老相公恨其薄幸，务要你夫妻再合，只说有个亲生女儿，要招赘一婿，却教众僚属与莫郎议亲。莫郎欣然听命，只今晚入赘吾家。等他进房之时，须是如此如此，与你出这口呕气。"玉奴方才收泪，重匀粉面，再整新妆，打点结亲之事。到晚，莫司户冠带齐整，帽插金花，身披红锦，跨着雕鞍骏

Как не похоже было его нынешнее сватовство на первое, когда он был еще сюцаем: теперь он послал в качестве свадебных подарков, как полагается, шелк, золотые цветы и прочее. Когда был выбран наконец благоприятный день для свадьбы, Мо Цзи от радости не знал, куда себя деть, так ему не терпелось поскорее стать зятем инспектора по перевозке продовольствия.

По просьбе мужа госпожа Сюй начала переговоры с Юйну.

— Мой муж очень жалеет, что ты так долго ведешь одинокую жизнь, и собирается тебя вторично выдать замуж за молодого цзинь-ши. Мне кажется, что тебе не следует отказываться.

— Правда, я из простой семьи, но я знаю правила поведения, — ответила ей на это Юйну, — и если я связала свою судьбу с господином Мо, то должна остаться ему верна до конца своих дней. Пусть господин Мо и пренебрег мной, простой женщиной, пусть поступил жестоко, но я не могу согласиться вновь выйти замуж и тем самым нарушить долг замужней женщины.

Сказав это, она горько заплакала.

Увидев, что Юйну говорит от души и что решение ее непоколебимо, госпожа Сюй призналась:

— Цзиньши, которого мы прочим тебе в мужья, это и есть Мо Цзи. Господин Сюй возмущен его бессердечным поведением и хочет, чтобы вы с ним снова соединились. Муж мой сказал своим подчиненным, что у него есть дочь, что он хотел бы найти себе хорошего зятя, и попросил их поговорить об этом с Мо Цзи. Тот очень охотно дал свое согласие. Сегодня вечером он вступает в наш дом. Как только он войдет в брачную комнату, поведи себя соответствующим образом, и это будет возмездием ему за причиненную тебе обиду.

Когда Юйну поняла, в чем дело, она вытерла слезы, покрыла лицо пудрой и стала, как подобает невесте, наряжаться к свадебному обряду.

Вечером помощник правителя округа в парадной чиновничь-

马,两班鼓乐前导,众僚属都来送亲,一路行来,谁不喝采!正是:

鼓乐喧阗白马来,
风流佳婿实奇哉。
团头喜换高门眷,
采石江边未足哀。

是夜,转运司铺毡结采,大吹大擂,等候新女婿上门。莫司户到门下马,许公冠带出迎,众官僚都别去。莫司户直入私宅。新人用红帕覆首,两个养娘,扶将出来,掌礼人在槛外喝礼。双双拜了天地,又拜了丈人、丈母,然后交拜。礼毕,送归洞房做花烛筵席。

莫司户此时心中如登九霄云里,欢喜不可形容,仰着脸昂然而入。才跨进房,忽然两边门侧里走出七八个老妪丫鬟,

ей одежде, с красной парчовой перевязью через плечо, с золотыми цветами, воткнутыми в шляпу, сел на великолепного коня с резным седлом и в сопровождении чиновников отправился в дом невесты.

Впереди процессии шли два ряда барабанщиков. Кто бы мог удержаться от возгласов восхищения при виде этого пышного шествия! Поистине,

> *Под музыку и грохот барабанов*
> *   на белой лошади подъехал к дому зять.*
> *Он так красив, изыскан и изящен –*
> *   действительно, на удивленье всем.*
> *С великой радостью сменил он туаньтоу*
> *   на тестя, что и знатен и богат.*
> *А то, что на реке Цайши случилось,*
> *   не счел он важным, чтобы горевать.*

В этот вечер в гостиной инспектора по перевозке продовольствия были разостланы войлочные ковры, развешаны свадебные украшения. В ожидании приезда жениха в доме громко трубили фанфары, гремели барабаны. Когда Мо Цзи подъехал к дому невесты и сошел с коня, господин Сюй встретил его в парадной одежде. Чиновники, сопровождавшие жениха, удалились, а Мо Цзи прошел прямо в дом.

Вскоре в сопровождении двух служанок появилась невеста. Лицо ее было закрыто красным покрывалом. Ведающий церемонией возвестил о начале обряда. Молодые люди поклонились небу и земле, свершили земной поклон господину и госпоже Сюй и наконец поклонились друг другу.

Когда церемония была закончена, молодых проводили в брачную комнату. Радость Мо Цзи не поддавалась описанию, он чувствовал себя на девятом небе. В брачную комнату Мо Цзи вошел

一个个手执篦竹细棒，劈头劈脑打将下来，把纱帽都打脱了。肩背上棒如雨下，打得莫司户叫喊不迭。正没想一头处，慌做一堆蹭倒，大叫："岳父岳母救命！"正在危急，只听得房中娇声宛转，叫道："休打杀薄情郎。且唤来相见。"众人方才住手。七八个老妪丫鬟，扯耳朵、拽胳膊，好似六贼戏弥陀一般，脚不点地，拥到新人面前。司户口中还说道："下官何罪？"举目看时，花烛辉煌，照见上边端端正正坐着个新人，不是别人，却是故妻金玉奴。莫稽此时魂不附体，乱嚷道："有鬼！有鬼！"众人都笑起来。只见许公自外而入，叫道："贤婿休疑。此乃吾采石江头所认之义女，非鬼也。"莫稽心头方才住了跳，慌忙跪下，拱手道："我莫稽知罪了！望大人包容之。"许公道："此事与下官无干。只吾女没说话就罢了。"玉奴唾其面骂道："薄幸贼！你不记宋弘有言：'贫贱之交不可忘，糟糠之妻不下堂。'当初你空手赘入吾门，亏得

бодро, с высоко поднятой головой. Но едва он перешагнул через порог, как вдруг из-за дверей выбежали служанки с палками в руках и набросились на него. С него сбили парадную шапку, удары градом сыпались ему на плечи, на спину, его били по голове, били так, что молодой человек вопил не своим голосом. Не зная, куда деваться, он весь съёжился, присел и стал звать на помощь тестя и тёщу.

И вдруг из глубины комнаты раздался нежный мягкий голос:

— Не бейте больше этого бездушного молодого человека. Пусть подойдёт ко мне.

Служанки перестали бить Мо Цзи и, схватив его за уши и за руки, поволокли к своей госпоже. Мо Цзи в это время напоминал будду Амитабу, над которым измывались шесть злодеев.

— В чём моя вина?! — кричал Мо Цзи, но когда поднял глаза и при свете ярко горящих свечей увидел, что спокойно сидящая перед ним женщина не кто иная, как его прежняя жена Юйну, он от страха чуть не лишился рассудка.

— Нечистая сила! Нечистая сила! — завопил он к общему удовольствию окружающих.

В это время в комнату вошёл господин Сюй.

— Не пугайтесь, дорогой зять! — обратился он к Мо Цзи. — Это не нечистая сила, а моя приёмная дочь, которую я подобрал на берегу реки Цайши.

Только теперь Мо Цзи пришёл в себя. Он тут же стал перед тестем на колени, сложил в мольбе руки на груди и произнёс:

— Я признаю себя виновным. Надеюсь, что господин простит меня.

— Всё это меня не касается. Лишь бы дочь моя не возражала.

— Бессердечный и негодяй! — набросилась на него Юйну. — Забыл слова Сун Хуна: «Тех, с кем в бедности дружил, не забывают; ту, с кем отруби делил, не выгоняют»? Ведь пришёл в нашу семью с пустыми руками, и, если бы не наши деньги, не

我家资财，读书延誉，以致成名，侥幸今日。奴家指望夫荣妻贵；何期你忘恩负本，就不念结发之情，恩将仇报，将奴推堕江心。幸得上天可怜，得遇恩爹提救，收为义女。不然，一定葬于江鱼之腹，你却于心何忍！今日有何颜面，再与你完聚！"说罢，放声大哭，千薄幸、万薄幸骂不住口。莫稽满面羞惭，闭口无言，只顾磕头求恕。许公见骂得够了，方才把莫稽扶起，劝玉奴道："我儿息怒。如今贤婿悔罪，料然不敢轻慢你了。你两个虽是旧日夫妻，在我家只算新婚花烛。凡事看我之面，闲言闲语，一笔都勾罢。"又对莫稽说道："贤婿，你自家不是，休怪别人。今宵只索忍耐，待我教你丈母来解劝。"说罢，出房。少刻，夫人来到，又调停了许多说话。二人方才和睦。

次日，许公设宴管待新女婿，将前日所下金花彩币依旧送还，道："一女不受二聘。贤婿前番在金家已费过了，今番下

быть тебе ученым, не добиться славы, не стать тем, чем ты стал. Я-то надеялась, что разделю почет и славу вместе с мужем. А ты забыл о добром отношении к тебе, изменил долгу, не посчитался с супружеской любовью. Бросив меня в реку, ты отплатил мне злом за добро. Хорошо еще, что небо надо мной сжалилось... Встретились благородные люди, которые спасли меня и удочерили, иначе погибнуть бы мне в утробе рыбы...Как ты только мог поступить так жестоко! Какими глазами будешь теперь смотреть на меня?!

При этих словах Юйну разрыдалась; но и плача, она не переставала бранить мужа.

Мо Цзи, на лице которого были написаны стыд и раскаяние, стоял на коленях и, отбивая поклоны, молча молил о пощаде. Решив, что с зятя довольно, господин Сюй поднял Мо Цзи и стал уговаривать Юйну:

– Дочь моя, прости его. Сегодня мой зять признал свою вину и раскаялся, надеюсь, больше он не посмеет тебя обижать. Хотя прежде вы уже были мужем и женой, считайте, что вы новобрачные. Прошу, уважьте меня и забудьте все старое!

– Вы сами виноваты во всем, – продолжал Сюй, обращаясь к зятю, – так что не сетуйте ни на кого за то, что вам пришлось в эту ночь претерпеть. А сейчас я позову свою жену, чтобы она поговорила с дочерью.

Господин Сюй вышел из комнаты. Вскоре пришла госпожа Сюй, которой долго пришлось убеждать и уговаривать Юйну, чтобы та наконец помирилась с мужем.

На следующий день господин Сюй устроил пир в честь своего зятя.

– Женщина дважды не получает свадебных подарков, – заметил господин Сюй, возвращая зятю все его дары. – Вам уже однажды пришлось делать подношения семье Цзинь, и я не посмею принимать от вас ничего.

官不敢重叠收受。"莫稽低头无语。许公又道:"贤婿常恨令岳翁卑贱,以致夫妇失爱,几乖伦理。今下官备员转运,只恐官卑职小,尚未满贤婿之意。"莫稽涨得面皮红紫,只是离席谢罪。有诗为证:

痴心指望缔高姻,
谁料新人是旧人;
打骂一场羞满面,
问他何取岳翁新?

自此莫稽与玉奴夫妇和好,比前加倍。许公与夫人待玉奴如真女,待莫稽如真婿。玉奴待许公夫妇,亦与真爹妈无异。连莫稽都感动了,迎接团头金老大在任所奉养送终。后来许公夫妇之死,金玉奴皆制重服,以报其恩。莫氏与许氏世世为通

Мо Цзи стоял, опустив голову, и молчал, а господин Сюй продолжал:

– Вас раньше так смущало низкое происхождение вашего тестя, что вы из-за этого бросили свою жену и преступили законы нравственности. Я же, ваш новый тесть, всего-навсего инспектор по перевозке продовольствия. Боюсь, что эта должность может показаться вам слишком ничтожной и брак с моей дочерью тоже вас не устроит.

Мо Цзи побагровел. Ему ничего не оставалось, как еще раз просить прощения.

В стихах говорится так:

Всем сердцем только и мечтал
  с семьею знатной породниться.
Не знал, что новая невеста
  его же прежняя жена.
Был посрамлен он и избит,
  и от стыда лицо горело.
Спроси, чего ж добился он?
  лишь тестя нового, и только.

С этих пор Мо Цзи и его жена жили в таком мире и согласии, какого раньше не знали. Супруги Сюй относились к Юйну, как к родной дочери, а к Мо Цзи – как к зятю. Юйну любила господина и госпожу Сюй, как отца и мать.

Тронутый добротой окружающих, Мо Цзи сам стал другим человеком. Он забрал к себе в дом туаньтоу Лаода и заботился о нем до последних дней его жизни. Когда господин Сюй и его жена умерли, Юйну носила трехгодичный траур по своим благодетелям.

Скажу еще, что впоследствии между членами семей Сюй и Мо на протяжении веков были самые дружеские и братские от-

家兄弟，往来不绝。诗云：

> 宋弘守义称高节，
> 黄允休妻骂薄情，
> 试看莫生婚再合，
> 姻缘前定枉劳神。

ношения.

В стихах говорится:

Сун Хун остался верен долгу –
  прослыл в народе благородным;
Хуан Юня, что жену оставил,
  неверным мужем нарекли.
Взгляните на Мо Цзи: женат был,
  а вновь посвататься задумал.
Но брак – предначертанье неба,
  и лишь утруждал он зря себя.

Цзинь гу цигуань
Глава 18

КИТАЙСКАЯ КЛАССИКА

第十八卷

唐解元玩世出奇

三通鼓角四更鸡，
日色高升月色低。
时序秋冬又春夏，
舟车南北复东西。
镜中次第人颜老，
世上参差事不齐。
若向其间寻稳便，
一壶浊酒一餐齑。

这八句诗，乃吴中一个才子所作。那才子姓唐名寅，字伯虎，聪明盖地，学问包天，书画音乐，无有不通；词赋诗文，一挥立就。为人放浪不羁，有轻世傲物之志。生于苏郡，家住

ГЛАВА 18

ТАН-ЦЗЕЮАНЬ ШУТЯ ДОБИВАЕТСЯ ЖЕЛАННОГО БРАКА

Трубят в рога, бьют в колотушки ночью,
  чуть рассветет – кричит петух.
То солнце высоко взойдет,
  то клонится к земле луна.
За осенью зима,
  за ней – весна и лето;
На север, юг идут повозки, лодки
  иль следуют на запад и восток.
Посмотришь в зеркало – уж лет черед прошел,
  и свой состарившийся облик видишь.
Как перепутано все в нашем мире,
  нигде ни в чем порядка не найдешь.
И коль средь этой суеты
  захочешь обрести мгновения покоя,
Кувшинчик выпей кислого вина
  и блюдом овощей соленых закуси.

Человек, написавший эти стихи, был родом из уезда Усянь. Фамилия его Тан, имя Инь, второе имя Боху. Ума он был исключительного, эрудиции необычайной. Одинаково искусен был он и в каллиграфии, и в живописи, и в музыке. Стоило ему взять в руки кисть – ария или ода, стихи или проза тотчас ожились на бумагу. Человек вольнолюбивый, он был выше предрассудков и пренебрегал почестями и богатством.

Родился он в городе Сучжоу, а потом семья его переехала в местечко Уцюй.

吴趋。做秀才时，曾效连珠体，做《花月吟》十余首，句句中有花有月。如："长空影动花迎月，深院人归月伴花"；"云破月窥花好处，夜深花睡月明中"等句，为人称颂。本府太守曹凤见之，深爱其才。值宗师科考，曹公以才名特荐。那宗师姓方名志，鄞县人，最不喜古文辞。闻唐寅恃才豪放，不修小节，正要坐名黜治。却得曹公一力保救，虽然免祸，却不放他科举。直至临场，曹公再三苦求，附一名于遗才之末。是科遂

Когда Тан Инь был еще сюцаем, он в подражание стилю «нанизывания жемчуга» сочинил больше десяти стихотворений под названием «Напевы о цветке и луне», в каждой строке которых есть слови «цветок» и «луна».

Например, такие строки:

В широких просторах тень шелохнулась,
цветок кивает луне.
Люди давно возвратились в покои,
луне не расстаться с цветком.

Или вот еще:

Смотрит луна из-за тучки украдкой
на нежную прелесть цветка.
Ночью глубокой цветок засыпает,
сияньем луны озарен.

Подобных строк было в них еще много. Стихи эти вызывали восхищение. Цао Фэн, градоначальник Сучжоу, прочитав эти стихи, высоко оценил талант их автора. Случилось так, что государственные экзамены в области должен был принимать Фан Чжи, инспектор школ. Цао Фэн рекомендовал ему Тан Иня как одаренного и достойного человека. Надо сказать, что Фан Чжи был ярым противником поэзии, подражающей древним стилистам. Когда ему стало известно, что Тан Инь позволяет себе вольности и часто не считается с правилами этикета, он собирался вынести Тан Иню порицание и даже наказать его; воздержался он от этого только благодаря настояниям Цао Фэна. Тан Иню, таким образом, удалось избежать неприятностей, но до экзаменов он допущен не был. Лишь перед самыми экзаменами Цао Фэн добился своего. И хотя имя Тан Иня последним значи-

中了解元。伯虎会试至京，文名益着，公卿皆折节下交，以识面为荣。有程詹事典试，颇开私径卖题，恐人议论，欲访一才名素著者为榜首，压服众心，得唐寅甚喜，许以会元。伯虎性素坦率，酒中便向人夸说："今年我定做会元了。"众人已闻程詹事有私，又忌伯虎之才，哄传主司不公，言官风闻动本。圣旨不许程詹事阅卷，与唐寅俱下诏狱，问革。伯虎还乡，绝意功名，益放浪诗酒，人都称为唐解元。得唐解元诗文字画，片纸尺幅，如获重宝。其中惟画，尤其得意。平日心中喜怒哀

лось в списке «пропущенных талантов», но, как бы то ни было, он стал цзеюанем.

К тому времени, когда Тан Инь прибыл в столицу для сдачи экзаменов на высшую ученую степень, слава о его незаурядных талантах еще больше возросла. Вельможи и князья, не считаясь со своим высоким положением, старались подружиться с поэтом и знакомство с ним почитали за честь.

В то время столичными экзаменами ведал Чэн, управляющий делами наследника престола. Преследуя свою личную выгоду, он часто практиковал продажу тем экзаменационных сочинений. Теперь, побаиваясь людских пересудов, он искал человека, давно известного своими талантами. Чэн надеялся, что заслужит всеобщее одобрение, если в списке выдержавших экзамен на первом месте будет значиться фамилия действительно достойного человека. Узнав, что в числе экзаменующихся находится Тан Инь, Чэн очень обрадовался и собирался провести его как первого кандидата, выдержавшего экзамен на степень цзиньши.

Тан Инь знал об этом и как-то, по простоте душевной, за вином похвастался:

— Могу сказать определенно, что в этом году первым на экзаменах пройду я!

Многим было известно, что Чэн небезупречен в делах, да тут еще и чувство зависти к талантам Тан Иня, и люди подняли шум, повсюду рассказывая о несправедливости главного экзаменатора. Об этом был подан доклад императору. Вскоре появился указ, по которому Чэна сняли с поста экзаменатора и разжаловали; кроме того, и его и Тан Иня посадили в тюрьму.

Когда Тан Инь был освобожден и вернулся в родной город, он окончательно отбросил мысль о карьере и славе и всецело предался вину и стихам. Все величали его Тан-цзеюань. Каждым листочком с его каллиграфией, каждым его рисунком и стихом дорожили, как драгоценностью.

乐，都寓之于丹青。每一画出，争以重价购之。有《言志诗》一绝为证：

不炼金丹不坐禅，
不为商贾不耕田。
闲来写幅丹青卖，
不使人间作业钱。

却说苏州六门：葑、盘、胥、阊、娄、齐。那六门中，只有阊门最盛，乃舟车辐辏之所。真个是：

翠袖三千楼上下，
黄金百万水东西，
五更市贩何曾绝，
四远方言总不齐。

唐解元一日坐在阊门游船之上，就有许多斯文中人，慕

Тан Инь в то время особенно увлекался живописью. Какие бы чувства ни овладевали им – радость или гнев, печаль или блаженство – все они находили отражение в его рисунках. Любой его рисунок брали нарасхват, не считаясь с ценой. У Тан Иня есть стихотворение «О сокровенном», где именно об этом говорится:

> *Эликсир бессмертья не варю,*
>   *не предаюсь и созерцанью;*
> *Торговля не моя стезя,*
>   *не стал я также хлеборобом.*
> *Расписывая шелк в порыве вольном,*
>   *ценителям искусства раздаю*
> *И не прошу,*
>   *чтоб мне за труд платили.*

Но поведу свой рассказ дальше. Из шести ворот Сучжоу – Фэнмэнь, Паньмэнь, Сюймэнь, Чанмэнь, Лоумэнь, Цимэнь – самое оживленное место – Чанмэнь: сюда стекаются лодки, экипажи. Поистине,

> *По лестницам вверх-вниз*
>   *три тысячи зеленых рукавов.*
> *Миллионы золотых монет*
>   *стекаются сюда.*
> *Уж близится рассвет. И нет конца*
>   *торговле шумной той,*
> *И в гуле бесконечных голосов*
>   *наречия со всех концов страны.*

Как-то раз Тан Инь очутился в районе Чанмэнь. Он сидел на борту большой прогулочной джонки в окружении литера-

名来拜，出扇求其字画。解元画了几笔水墨，写了几首绝句。那闻风而至者，其来愈多。解元不耐烦，命童子且把大杯斟酒来。解元倚窗独酌，忽见有画舫从旁摇过，舫中珠翠夺目，内有一青衣小鬟，眉目秀艳，体态绰约，舒头船外，注视解元，掩口而笑。须臾船过，解元神荡魂摇，问舟子："可认得去的那只船么？"舟人答言："此船乃无锡华学士府眷也。"解元欲尾其后，急呼小艇不至，心中如有所失。正要教童子去觅船，只见城中一只船儿，摇将出来。他也不管那船有载没载，把手相招，乱呼乱喊。那船渐渐至近，舱中一人，走出船头，叫声："伯虎，你要到何处去？这般要紧！"解元打一看时，不是别人，却是好友王雅宜。便道："急要答拜一个远来朋友，故此要紧。兄的船往那里去？"雅宜道："弟同两个舍亲

торов, которые пришли поприветствовать знаменитого поэта и протягивали ему свои веера́, чтобы он нарисовал или написал им что-нибудь на память. Тан Инь сделал тушью несколько набросков и написал несколько четверостиший. Между тем слух о том, что здесь сидит знаменитый поэт, распространялся, и все больше и больше народу сходилось на берег. Тан Иню все это наскучило, и он приказал слуге подать большой кубок вина. Опершись на окно, он принялся за вино, как вдруг его взору представилась разрисованная джонка, которая, покачиваясь на волнах, плыла мимо. Блестящее убранство джонки бросалось в глаза. Молодая служанка с очаровательным лицом и стройным тонким станом стояла у окна каюты. На женщине было синее платье. Выглядывая из окна, она пристально смотрела на Тан Иня и улыбалась, рукой прикрывая ротик. Джонка проплыла мимо. Приведенный в душевное смятение прекрасным обликом служанки, Тан Инь стал расспрашивать лодочников, не знают ли они, кто хозяин джонки. Оказалось, что владелец ее – ученый Хуа из Уси. Тан Инь решил тотчас отправиться в погоню и стал громко кричать, надеясь, что удастся подозвать какую-нибудь маленькую лодку. Но ни одной лодки поблизости не оказалось. Поэт был в полном отчаянии; он собрался было послать слугу на поиски, но увидел, что из города выплывает какая-то джонка. Мало заботясь о том, свободна она или нет, Тан Инь стал громко кричать и махать руками, призывая джонку к себе. Когда джонка подошла к берегу, из каюты вышел какой-то человек.

– Боху, куда это тебе вдруг так срочно понадобилось? – спросил он, обращаясь к Тан Иню.

Тан Инь взглянул на говорившего: это был не кто иной, как его близкий друг Ван Яи.

– Тороплюсь навестить одного друга, который приехал издалека, поэтому и спешу. А ты куда держишь путь?

– Я с родичами направляюсь в Маошань возжечь в храме све-

到茅山去进香，数日方回。"解元道："我也要到茅山进香，正没有人同去。如今只得要趁便了。"雅宜道："兄若要去，快些回家收拾。弟泊船在此相候。"解元道："就去罢了，又回家做什么！"雅宜道："香烛之类，也要备的。"解元道："到那里去买罢！"遂打发童子回去。也不别这些求诗画的朋友，径跳过船来，与舱中朋友叙了礼，连呼："快些开船。"舟子知是唐解元，不敢怠慢，即忙撑篙摇橹。行不多时，望见这只画舫就在前面。解元分付船上，随着大船而行。众人不知其故，只得依他。次日到了无锡，见画舫摇进城里。解元道："到了这里，若不取惠山泉，也就俗了。"叫船家移舟去惠山取了水，原到此处停泊，明日早行，"我们到城里略走一走，就来下船。"舟子答应自去。解元同雅宜三四人登岸，进了城，到那热闹的所在，撇了众人，独自一个去寻那画舫。却又不认得路径，东行西走，并不见些踪影。走了一回，穿出一条大街上来，忽听得呼喝之声。解元立住脚看时，只见

чи. Через несколько дней вернемся.

– Я тоже собирался съездить туда, но все не было попутчиков. Раз я тебя сегодня встретил, уж воспользуюсь случаем.

– Ну, если хочешь ехать, отправляйся поскорее домой и собери все, что нужно. Я здесь причалю и буду тебя поджидать.

– Незачем мне заходить домой. Сразу и поедем.

– Надо же взять ароматические свечи и прочее.

– Приедем в Маошань, там все куплю.

Тан Инь отослал домой слугу и, не попрощавшись с людьми, которые ожидали, пока он им что-либо напишет или нарисует, прыгнул в джонку приятеля. Едва успев обменяться приветствиями с Ван Яи и его попутчиками, Тан Инь закричал:

– Отчаливайте поскорей!

Лодочники, услышав, что новый пассажир – это Тан Инь, не посмели ослушаться и тут же взялись за багры и весла.

Вскоре Тан Инь увидел впереди ту самую разрисованную джонку и тотчас приказал лодочникам идти за ней следом. Никто не знал, с чем было связано такое распоряжение, но возражать Тан Иню не стали. На другой день приехали в Уси. Заметив, что джонка, которую он преследовал, входит в город, Тан Инь обратился к своим спутникам:

– Было бы непростительно, попав сюда, не захватить с собой хуэйшаньской воды. Прикажите лодочникам: пусть они поедут туда набрать воды из источника. Мы их здесь подождем и завтра двинемся дальше. А пока сойдем на берег и прогуляемся по городу.

Лодка отчалила, а Тан Инь и его друзья сошли на берег и направились в город. В самом оживленном и многолюдном месте Тан Инь отстал от друзей и, оказавшись в одиночестве, стал разыскивать разукрашенную джонку. Не зная города, он метался то туда, то сюда, но джонки и следа не было. Наконец он вышел на какую-то широкую улицу и вдруг услышал крики: «Дорогу!

十来个仆人前引一乘暖轿，自东而来，女从如云。自古道："有缘千里能相会"。那女从之中，阊门所见青衣小鬟，正在其内。解元心中欢喜，远远相随，直到一座大门楼下，女使出迎，一拥而入。询之傍人，说是华学士府，适才轿中乃夫人也。解元得了实信，问路出城。恰好船上取了水才到。少顷，王雅宜等也来了，问："解元那里去了？教我们寻得不耐烦！"解元道："不知怎的，一挤就挤散了，又不认得路径，问了半日，方能到此。"并不题起此事。至夜半，忽于梦中狂呼，如魇魅之状。众人皆惊，唤醒问之。解元道："适梦中见一金甲神人，持金杵击我，责我进香不虔。我叩头哀乞，愿斋戒一月，只身至山谢罪。天明，汝等开船自去，吾且暂回，

Поберегись!»

Тан Инь остановился. Справа приближался роскошный паланкин, который несли человек десять, за ним толпой следовали служанки.

С древних времен говорят: коль суждено, так встретишь и на краю света — среди сопровождавших паланкин девиц была и та, в синем платье, которую он увидел у ворот Чанмэнь.

Обрадованный, Тан Инь не выпускал паланкин из виду.

Процессия остановилась у большого здания. Женская прислуга вышла приветствовать прибывших, и вскоре все скрылись за воротами. Тан Инь узнал от прохожих, что дом этот принадлежит ученому Хуа и что в паланкине приехала его жена.

Собрав эти сведения, Тан Инь расспросил, как пройти к реке. На условленном месте его уже поджидала джонка, вернувшаяся из Хуэйшаня. Вскоре подошли Ван Яи и вся компания.

— Куда же это ты пропал? — спрашивали Тан Иня приятели. — Заставил нас искать тебя по всему городу.

— Сам не знаю, как это случилось, — ответил тот. — Как только мы попали в толпу, я вас потерял. Города я совсем не знаю, полдня потратил на то, что расспрашивал дорогу, и вот только теперь сумел добраться сюда.

О том, что было на самом деле, Тан Инь ни словом не обмолвился. Посреди ночи, во сне, Тан Инь начал вдруг кричать не своим голосом. Перепуганные друзья разбудили его и стали расспрашивать, что с ним.

— Только что во сне мне явилось божество в золотой кольчуге с золотой палкой в руках. Оно обрушилось на меня с палкой, ругая за то, что я отправился возжечь курения без должного благочестия. Я пал ниц перед божеством, молил о прощении и обещал, что месяц буду жить в уединении и поститься, а затем отправлюсь с покаянием в Маошань. Завтра с рассветом вы поедете дальше, а я вернусь на некоторое время домой. Придется

不得相陪矣。"雅宜等信以为真。至天明，恰好有一只小船来到，说是苏州去的。解元别了众人，跳上小船。行不多时，推说遗忘了东西，还要转去。袖中摸几文钱，赏了舟子，奋然登岸。到一饭店，办下旧衣破帽，将衣巾换讫，如穷汉之状。走至华府典铺内，以典钱为由，与主管相见。卑词下气，问主管道："小子姓康，名宣，吴县人氏，颇善书，处一个小馆为生。近因拙妻亡故，又失了馆，孤身无活，欲投一大家充书办之役，未知府上用得否？倘收用时，不敢忘恩！"因于袖中取出细楷数行，与主管观看。主管看那字，写得甚是端楷可爱，答道："待我晚间进府禀过老爷，明日你来讨回话。"是晚，

нам расстаться.

Все поверили рассказу Тан Иня.

Когда рассвело, около них как раз оказалась небольшая лодка, которая, как выяснилось, держала путь в Сучжоу. Тан Инь простился с друзьями и пересел в нее. Проехав немного, он сказал лодочнику, что забыл кое-какие вещи и должен возвратиться в город. Лодка повернула и вскоре причалила к набережной.

Расплатившись с лодочником, Тан Инь отправился на постоялый двор. Там он распорядился, чтобы ему принесли старое платье и поношенную шапку, переоделся во все это и стал похож на бедняка. В таком облачении он пришел в закладную лавку, которую содержал при своем доме господин Хуа, сделал вид, что собирается заложить свои вещи, и заговорил с управляющим лавкой. При этом он держал себя очень скромно, говорил тихо.

– Фамилия моя Кан, имя Сюань, родом я из Усяни, – представился Тан Инь управляющему. – Я неплохо умею писать и жил тем, что учительствовал в одном месте; а вот недавно у меня умерла жена, я потерял место и теперь остался совершенно один, без средств к существованию. Я бы хотел попасть в услужение в какой-нибудь знатный дом и работать переписчиком. Не нужен ли такой человек, как я, вашему хозяину? Если он возьмет меня, я буду очень благодарен и никогда этого не забуду, – сказал в заключение Тан Инь, вытащил из рукава листочек, на котором было написано несколько строк образцовым почерком, и передал его управляющему.

Увидев, что иероглифы написаны очень красиво и аккуратно, управляющий сказал Тан Иню:

– Сегодня вечером я буду у хозяина и скажу ему о тебе. Зайди завтра за ответом.

Действительно, в этот же вечер управляющий показал хозяину образец письма случайного посетителя.

主管果然将字样禀知学士。学士看了，夸道："写得好，不似俗人之笔。明日可唤来见我。"次早，解元便到典中，主管引进解元拜见了学士。学士见其仪表不俗，问过了姓名住居，又问："曾读书么？"解元道："曾考过几遍童生，不得进学，经书还都记得。"学士问是何经？解元虽习《尚书》，其实五经俱通的，晓得学士习《周易》，就答应道："《易经》。"学士大喜道："我书房中写帖的不缺，可送公子处作伴读。"问他要多少身价？解元道："身价不敢领，只要求些衣服穿。待后老爷中意时，赏一房好媳妇足矣。"学士更喜。就叫主管于典中寻几件随身衣服与他换了，改名华安。送至书馆，见了

— Хорошо написано, — хвалил ученый, рассматривая листок. — Не похоже на почерк простого грамотея. Пусть завтра придет ко мне.

Когда на следующее утро Тан Инь явился в закладную лавку, управляющий провел его к хозяину. Тан Инь приветствовал ученого низким поклоном. Взглянув на посетителя, господин Хуа понял, что имеет дело не с простолюдином. Он узнал фамилию, имя пришельца, спросил откуда он родом, а затем поинтересовался:

— Приходилось ли вам когда-либо заниматься классическими книгами?

— В детстве я сдавал экзамены за начальную школу, но дальше этого дело не пошло, — ответил Тан Инь. — Классические книги, правда, я еще до сих пор помню.

— Какие, например?

Тан Инь изучал «Книгу исторических деяний» и фактически хорошо разбирался во всем «Пятикнижии», но поэт знал, что ученый интересуется «Книгой перемен», и потому ответил:

— «Книгу перемен».

Ученый очень обрадовался.

— Писцов и переписчиков у меня хватает, но я могу вам предложить состоять при моем сыне и следить за его занятиями, — сказал он.

Затем господин Хуа спросил у Тан Иня, каковы его условия.

— Ни о каком вознаграждении я не осмелюсь просить. Хотел бы только получить кое-какие вещи, чтобы приодеться, и, если потом я смогу вам угодить, просил бы женить меня на хорошей женщине. Этого мне было бы вполне достаточно.

Такой ответ еще больше обрадовал ученого. Он тут же приказал управляющему подыскать в закладной лавке для Тан Иня подходящее платье и дал Тан Иню новое имя, Хуа Ань. Тан Иня провели в комнату для занятий, где представили сыну господина

公子。公子教华安抄写文字。文字中有字句不妥的，华安私加改窜。公子见他改得好，大惊道："你原来通文理，几时放下书本的？"华安道："从来不曾旷学，但为贫所迫耳。"公子大喜。将自己日课教他改削。华安笔不停挥，真有点铁成金手段。有时题义疑难，华安就与公子讲解。若公子做不出时，华安就通篇代笔。先生见公子学问骤进，向主人夸奖。学士讨近作看了，摇头道："此非孺子所及，若非抄写，必是倩人。"呼公子诘问其由。公子不敢隐瞒，说道："曾经华安改窜。"学士大惊。唤华安到来，出题面试。华安不假思索，援笔立就，手捧所作呈上。学士见其手腕如玉，但左手有枝指。阅其

Хуа.

Молодой человек давал Тан Иню переписывать рукописи, и Тан Инь, замечая ошибки в иероглифах или фразах, всегда исправлял их.

– Вы, оказывается, прекрасно разбираетесь в литературе, – сказал Тан Иню сын хозяина, просмотрев его исправления и удивившись тому, как хорошо все сделано. – Когда же вы бросили учиться?

– Я все время занимался, и только нужда заставила меня идти в услужение.

Хозяйский сын был очень доволен Тан Инем и попросил его исправлять его ежедневные уроки. Тан Инь делал это с большим усердием и так искусно, что в его руках, как говорится, железо становилось золотом. Иногда, если тема сочинения была непонятной и трудной, Тан Инь объяснял ее. Когда у Хуа-сына что-либо не получалось, Тан Инь писал за него сам. Учитель молодого Хуа, видя, как преуспевает его ученик, как-то раз похвалил его перед хозяином. Тогда господин Хуа попросил принести последние сочинения сына.

– До этого мой сын сам не мог дойти, – произнес вслух Хуа, покачивая головой, когда проглядел сочинения. – Если все это не списано, то безусловно сделано за него кем-то другим.

Он велел позвать сына и стал расспрашивать его. Тот не посмел скрывать и признался, что все это результат исправлений Хуа Аня.

Ученый был немало удивлен; он приказал позвать Хуа Аня, дал ему тему и предложил тут же написать на нее сочинение.

Нисколько не задумываясь, Тан Инь взялся за кисть, и сочинение тотчас было готово. Когда он протягивал свое сочинение ученому, тот заметил, что у него нежные руки и что на левой руке шесть пальцев. Хуа стал читать сочинение: и стиль, и мысли в нем были прекрасны; по иероглифам можно было судить об

文，词意兼美，字复精工，愈加欢喜。道："你时艺如此，想古作亦可观也！"乃留内书房掌书记。一应往来书札，授之以意，辄令代笔，烦简曲当，学士从未曾增减一字。宠信日深，赏赐比众人加厚。华安时买酒食与书房诸童子共享，无不欢喜。因而潜访前所见青衣小鬟，其名秋香，乃夫人贴身伏侍，一刻不离者。计无所出。乃因春暮，赋《黄莺儿》以自叹：

> 风雨送春归，
> 杜鹃愁，
> 花乱飞，
> 青苔满院朱门闭。
> 孤灯半垂，
> 孤衾半敧，
> 萧萧孤影汪汪泪。

искусном каллиграфе. Все это привело хозяина в восхищение.

— Раз ты так искусен в современном литературном стиле, то, наверно, знаком и с произведениями древности, — сказал Хуа и взял Тан Иня к себе в качестве секретаря.

Когда надо было написать какое-нибудь письмо или доклад, Хуа лишь излагал новому секретарю свои соображения, а зачастую просто поручал ему писать вместо себя; ему же поручили вести книги в закладной лавке. В бумагах, написанных секретарем, ученому никогда не приходилось что-либо добавлять или отбрасывать. С каждым днем хозяин все больше доверял Тан Иню и удостаивал его своими милостями и наградами куда больше, чем остальных служащих. Тан Инь обычно на хозяйские наградные покупал вино или какие-нибудь яства, щедро угощал других, работавших в кабинете ученого, и не было в доме человека, кто не полюбил бы нового секретаря. Вот почему Тан Иню удалось без особого труда разузнать кое-что о молодой служанке в синем платье, которую он впервые увидел в джонке. Ее звали Цюсян, и прислуживала она самой госпоже Хуа, ни на минуту не отлучаясь от своей хозяйки, так что повидать ее не было никакой возможности.

Стоял как раз конец весны, и Тан Инь на мотив «Песни об иволге» сложил стихи, в которых изливал свою тоску:

> *Ветер и дождь провожают весну,*
> *Тоскует кукушка,*
> *В вихре кружатся цветов лепестки.*
> *Ворота богатого дома закрыты,*
> *Мхом зарастает заброшенный двор.*
> *Поник, обгорев, одинокий светильник,*
> *Незанятый край одеяла свисает,*
> *Со мной лишь моя одинокая тень,*
> *И капают, капают горькие слезы.*

忆归期，
相思未了，
春梦绕天涯。

　　学士一日偶到华安房中，见壁间之词，知安所题，甚加称奖。但以为壮年鳏处，不无感伤，初不意其有所属意也。适典中主管病故，学士令华安暂摄其事。月余，出纳谨慎，毫忽无私。学士欲遂用为主管，嫌其孤身无室，难以重托。乃与夫人商议，呼媒婆欲为娶妇。华安将银三两，送与媒婆，央他禀知夫人说："华安蒙老爷、夫人提拔，复为置室，恩同天地。但恐外面小家之女，不习里面规矩。倘得于侍儿中择一人见配，此华安之愿也！"媒婆依言禀知夫人。夫人对学士说了。学士道："如此诚为两便。但华安初来时，不领身价，原指望一房

*Не сбылись надежды вернуться домой,
Напрасно мечтал я о встрече с любимой,
Весенние грезы – за гранью небес.*

Как-то раз, случайно зайдя в комнату Тан Иня, господин Хуа увидел на стене эти стихи. Он понял, что сочинил их его секретарь, и стал еще больше расхваливать его. Однако ученый тогда не предполагал, что его секретарь в своих стихах имеет в виду самого себя. Их печальное настроение он почел естественным порой для любого молодого человека в полном расцвете сил.

Случилось, что в это время управляющий закладной лавкой заболел и умер. Господин Хуа временно поручил своему секретарю исполнять его обязанности. Больше месяца Тан Инь заведовал лавкой. К своим обязанностям он относился весьма добросовестно и честно. Господин Хуа собирался окончательно передать ему эту должность, но считал, что на холостяка нельзя полагаться в делах так, как на женатого. Посоветовавшись по этому поводу с женой, ученый позвал сваху и попросил ее подыскать для нового управляющего лавкой подходящую жену.

Тан Инь дал свахе три лана серебра и попросил передать от его имени госпоже Хуа, что он отлично понимает, что господин и госпожа облагодетельствовали его и что та милость, которую они ему теперь оказывают, собираясь его женить, безгранична, как земля и небо. Он просил также передать, что хотел бы получить в жены какую-либо служанку из дома Хуа; иначе, мол, если ему в жены подберут женщину из другого дома и она не будет знакома с обычаями и нравами семьи Хуа, то это окажется не совсем удобным.

Сваха все это передала госпоже, а та – мужу.

– Ну что ж, – сказал Хуа, – так не только ему, но и нам будет удобнее. Однако не следует забывать, что, когда Хуа Ань нанимался к нам на работу, он не требовал никакой платы и только

好媳妇。今日又做了府中得力之人，倘然所配未中其意，难保其无他志也。不若唤他到中堂，将许多丫鬟听其自择。"夫人点头道："是。"当晚，夫人坐于中堂，灯烛辉煌，将丫鬟二十余人各盛饰装扮，排列两边，恰似一班仙女，簇拥着王母娘娘在瑶池之上。夫人传命唤华安。华安进了中堂，拜见了夫人。夫人道："老爷说你小心得用，欲赏你一房妻小。这几个粗婢中，任你自择。"叫老姆姆携烛下去照他一照。华安就烛光之下，看了一回，虽然尽有标致的，那青衣小鬟不在其内。华安立于傍边，嘿然无语。夫人叫老姆姆，"你去问华安：'那一个中你的意？就配与你。'"华安只不开言。夫人心中不乐，叫："华安，你好大眼孔，难道我这些丫头就没个中你意的？"华安道："复夫人：华安蒙夫人赐配，又许华安自择，这是旷古隆恩，粉身难报。只是夫人随身侍婢还来不齐，

выразил надежду, что ему подберут хорошую жену. Сейчас он у нас в доме доверенное лицо и лучший работник, и потому, если жена придется ему не по душе, трудно быть уверенным в том, не примет ли он какого-либо иного решения. Думаю, лучше всего позвать его в гостиную, собрать туда всех служанок и предложить ему самому выбрать одну из них.

— Ты прав, — ответила жена господина Хуа, кивнув головой в знак согласия.

В тот же вечер хозяйка дома сидела в главном зале, ярко осве-щенном свечами. По обе стороны, выстроившись в ряд, стояли служанки — человек двадцать, — разодетые в самые лучшие платья. Все это выглядело так, будто богиня Запада сидит в Яшмовом дворце, окруженная своими феями.

Госпожа приказала позвать управляющего закладной лавкой.

Войдя в зал, Тан Инь низко поклонился хозяйке, и та сказала:

— Господин говорил, что ты усерден в работе, и мы решили сосватать тебя. Так вот, выбирай из этих служанок любую.

С этими словами она приказала старой мамке взять свечу и посветить управляющему, чтобы он мог лучше разглядеть каждую из них.

Тан Инь оглядел всех служанок: многие были хороши собой, однако Цюсян среди них не оказалось. Тогда он отошел в сторону и стал там, не говоря ни слова.

— Спроси Хуа Аня, которая ему понравилась? — приказала госпожа мамке. — Пусть он ту себе и берет.

Тан Инь продолжал молчать. Госпоже это не понравилось.

— Уж слишком ты требователен и разборчив! — сказала она Тан Иню. — Неужели из всех этих служанок нет ни одной, которая пришлась бы тебе по вкусу?

— Благодарен вам за исключительную милость и за то, что мне самому дозволено выбрать себе жену. Как я, ничтожный человек, смогу отблагодарить за все это, право, не представляю.

既蒙恩典，愿得尽观。"夫人笑道："你敢是疑我有吝啬之意？也罢！房中那四个一发唤出来与他看看，满他的心愿。"原来那四个是有执事的，叫做：

春媚，夏清，秋香，冬瑞。

春媚，掌首饰脂粉。夏清，掌香炉茶灶。秋香，掌四时衣服。冬瑞，掌酒果食品。管家老姆姆传夫人之命，将四个唤出来。那四个不及更衣，随身妆束，——秋香依旧青衣。老姆姆引出中堂，站立夫人背后。室中蜡炬，光明如昼。华安早已看见了。昔日丰姿，宛然在目。还不曾开口，那老姆姆知趣，先来问道："可看中了谁？"华安心中明晓得是秋香，不敢说破，只将手指道："若得穿青这一位小娘子，足遂生平。"夫人回顾秋香，微微而笑。叫华安且出去。华安回典铺中，一喜一惧，喜者机会甚好，惧者未曾上手，惟恐不成。偶见月明如昼，独步徘徊，吟诗一首：

Но здесь еще не вся личная прислуга госпожи. А коли уж госпожа столь добра, то я хотел бы видеть их всех.

– Ты, пожалуй, думаешь, что мне жалко тебе их показать, – засмеявшись, сказала хозяйка дома. – Ладно, позовите и тех четырех с моей половины, – распорядилась она. – Пусть посмотрит, пусть будет так, как он хочет.

Надо сказать, что те четыре служанки – каждая имела свои обязанности и звали их Чуньмэй, Сяцин, Цюсян и Дунжуй. Чуньмэй ведала головными украшениями, румянами и белилами; в ведении Сяцин находилось приготовление ароматов и чая; Цюсян отвечала за платья всех четырех времен года; на обязанности Дунжуй лежали вина, фрукты и сладости.

Поспешив на зов госпожи, служанки не успели переодеться и пришли каждая в чем была. На Цюсян было прежнее синее платье.

Мамка ввела служанок в зал, и они стали за спиной своей хозяйки. В зале ярко горели свечи, и было светло как днем. Тан Инь сразу же приметил среди них ту, которая покорила его своей красотой, но продолжал стоять, не раскрывая рта. Догадливая старая мамка подошла к нему сама и спросила:

– Ну, кого же ты выбрал?

Тан Инь отлично знал имя своей избранницы, но не посмел назвать его и, указывая на нее пальцем, произнес:

– Если бы вон ту, в синем платье, я был бы вполне удовлетворен.

Госпожа оглянулась на Цюсян и улыбнулась. Затем она попросила управляющего покинуть зал.

Тан Инь вернулся в лавку с радостью и тревогой в душе. Он был доволен тем, что все так хорошо складывалось, но боялся, как бы дело не сорвалось. И вдруг он случайно бросил взгляд на луну, яркое сияние которой освещало все вокруг, как днем.

Шагая взад и вперед по комнате, он стал скандировать стихи:

徙倚无聊夜卧迟，
绿杨风静鸟栖枝。
难将心事和人说，
说与青天明月知。

次日，夫人向学士说了。另收拾一所洁净房室，其床帐家伙，无物不备。又合家童仆奉承他是新主管，担东送西，摆得一室之中，锦片相似。择了吉日，学士和夫人主婚。华安与秋香中堂双拜，鼓乐引至新房，合卺成婚，男欢女悦，自不必说。夜半，秋香向华安道："与君颇面善，何处曾相会来？"华安道："小娘子自去思想。"又过了几日，秋香忽问华安道："向日阊门游船中看见的可就是你？"华安笑道："是也。"秋香道："若然，君非下贱之辈，何故屈身于此？"华

В зелени тополя ветер стихает,
птицы на ветках находят приют;
Думы мои, безнадежные думы
позднею ночью уснуть не дают.
Высказать думы и чувства мои
трудно мне тем, кто меня окружает, –
Ясной луне я поведаю их,
синее небо пусть их узнает.

На следующий день жена господина Хуа рассказала обо всем мужу. Для Тан Иня была отведена брачная комната, приготовлена кровать с пологом, различная мебель, утварь, – чего только там не было. Кроме того, вся прислуга без конца несла Тан Иню, как будущему управляющему, подарки, и его комната выглядела теперь так, словно на парадной разукрашенной открытке.

Был выбран благоприятный день для свадьбы. Господин Хуа с супругой взяли на себя обязанность главных распорядителей брачной церемонии. В парадном зале совершили торжественный обряд, а затем молодых под звуки музыки ввели в их новую комнату. Там Тан Инь и Цюсян «соединили чаши» и стали мужем и женой.

Нечего здесь и говорить о том, как они были счастливы.

Ночью Цюсян сказала Тан Иню:

– Ваше лицо мне очень знакомо. Где же я вас видела?

– Подумай сама, – ответил Тан Инь.

Прошло несколько дней, и однажды Цюсян спросила мужа:

– Не вас ли я видела в большой прогулочной джонке возле ворот Чанмэнь?

– Да, это был я, – с улыбкой ответил Тан Инь.

– Если так, то зачем же вы нанялись в этот дом? Вы ведь не простолюдин?

安道:"吾为小娘子傍舟一笑,不能忘情,所以从权相就。"秋香道:"妾昔见诸少年拥君,出素扇竞求书画,君一概不理,倚窗酌酒,旁若无人。妾知君非凡品,故一笑耳。"华安道:"女子家能于流俗中识名士,诚红拂绿绮之流也!"秋香道:"此后于南门街上,似又会一次。"华安笑道:"好利害眼睛!果然果然。"秋香道:"你既非下流,实是甚么样人?可将真姓名告我。"华安道:"我乃苏州唐解元也。与你三生有缘,得谐所愿。今夜既然说破,不可久留,欲与你图谐老之策,你肯随我去否?"秋香道:"解元为贱妾之故,不惜辱千金之躯,妾岂敢不惟命是从。"华安次日将典中帐目,细细开了一本簿子,又将房中衣服首饰及床帐器皿,另开一帐,又将

— Я не мог забыть улыбки, которой ты одарила меня, проезжая мимо на джонке. Поэтому мне и пришлось так поступить, чтобы снова тебя встретить.

— Из своей лодки я заметила, что вас окружали молодые люди, которые протягивали вам свои веера и наперебой просили вас написать или нарисовать им что-нибудь. А вы, не обращая на них никакого внимания, облокотились на окно и стали пить вино так, будто возле вас никого и не было. Тогда-то я и поняла, что вы не из простых людей, и невольно улыбнулась.

— Если ты сумела в простом человеке признать ученого, — ответил ей Тан Инь, — то тебя поистине можно сравнить с Хунфу и Вэньцзюнь.

— Затем, — продолжала Цюсян, — я как будто еще раз видела вас уже здесь, на улице Наньмэнь.

— Ну и острые у тебя глаза! — с улыбкой заметил Тан Инь. — Действительно, это так.

— Если вы не простолюдин, то кто же вы на самом деле? Могу ли я узнать вашу настоящую фамилию и имя?

— Я — Тан Инь из Сучжоу. Сама судьба подарила мне нашу встречу, и все получилось так, как я хотел. Теперь я тебе все объяснил, и ты понимаешь, что оставаться я здесь больше не могу, а с тобой я хотел бы прожить вместе до самой старости. Так скажи, согласишься ли ты уехать со мной отсюда?

— Если вы, знатный и ученый человек, ни с чем не посчитались и решили снизойти до меня, простой служанки, как осмелюсь я поступить против вашей воли и не последовать за вами?

На следующий день Тан Инь взял книгу расходов по лавке, подвел все итоги и написал подробный счет, затем составил счет на платья и украшения, полученные от хозяина, включив сюда также и постель с пологом и всю утварь, которая ему была дана при женитьбе. Другую опись он составил на все подарки, которые ему были преподнесены в этом доме. Ни одной ниточки не

各人所赠之物，亦开一帐，纤毫不取。共是三宗帐目，锁在一个护书箧内。其钥匙即挂在锁上。又于壁间题诗一首：

拟向华阳洞里游，
行踪端为可人留。
愿随红拂同高蹈，
敢向朱家惜下流。
好事已成谁索笑，
屈身今去尚含羞。
主人若问真名姓，
只在"康宣"两字头。

是夜，雇了一只小船，泊于河下。黄昏人静，将房门封锁，同秋香下船，连夜望苏州去了。天晓，家人见华安房门封锁，奔告学士。学士教打开看时，床帐什物一毫不动，护书内帐目开载明白。学士沉思，莫测其故。抬头一看，忽见壁上有诗八

хотел он унести с собой из дома ученого.

Все три счета Тан Инь сложил в книжный шкафчик, ключ от которого оставил в замке. Затем он написал на стене следующие стихи:

Решив однажды на досуге побродить,
поехал я в пещеры Хуаяна,
Но с полдороги вдруг обратно повернул
в погоне за красавицей прелестной.
Повсюду следовать хотел я за Хунфу
и с ней одной делить уединенье.
Посмел просить у благородного Чжу Цзя
пристанища усталому бродяге.
Уж раз добился я успеха своего,
так можно ли смеяться надо мною!
Хотя и бросил дом ничтожный ваш слуга,
но полон он стыда за свой поступок.
И если господин желает знать,
кто я такой на самом деле –
В моей фамилии и в имени моем такой же верх,
как в иероглифах Кан Сюань.

В тот же вечер Тан Инь нанял маленькую лодку, велел подать ее к дому Хуа и ночью, когда все спали, запер свою комнату и покинул дом ученого. Вместе с Цюсян они сели в лодку и отправились в Сучжоу.

Утром слуги нашли комнату Тан Иня запертой на замок и тотчас побежали доложить об этом хозяину. Когда по приказу Хуа комната была открыта, хозяин увидел, что все в ней осталось так, как было; в книжном шкафчике он нашел три счета, составленные с предельной точностью.

Ученый задумался: он не мог понять, что бы все это могло

句，读了一遍。想："此人原名不是康宣。"又不知甚么意故，来府中住许多时；若是不良之人，财上又分毫不苟。又不知那秋香如何就肯随他逃走，如今两口儿又不知逃在那里？"我弃此一婢，亦有何难。只要明白了这桩事迹。"便叫家童唤捕人来，出信赏钱，各处缉获康宣秋香，杳无影响。过了年余，学士也放过一边了。

忽一日，学士到苏州拜客。从阊门经过，家童看见书坊中有一秀才坐而观书，其貌酷似华安，左手亦有枝指。报与学士知道。学士不信，分付此童再去看个详细，并访其人名姓。家童覆身到书坊中，那秀才又和着一个同辈说话，刚下阶头，家童乖巧，悄悄随之。那两个转湾向潼子门下船去了，仆从相随，共有四五人。背后察其形相，分明与华安无二。只是不敢唐突。家童回转书坊，问店主："适来在此看书的是什么

означать. Подняв голову, он увидел стихотворение, написанное на стене. Стихи ясно говорили ему, что его слуга в действительности был не Кан Сюанем, как он отрекомендовал себя вначале, но хозяин никак не мог понять, что же в конце концов заставило этого человека так долго пробыть в его доме. В честности секретаря он не сомневался, так как у него не пропало ни гроша. Не мог он понять и того, как Цюсян согласилась убежать вместе с ним; не знал, где находятся теперь беглецы.

«Не беда, что пропала служанка, – думал про себя господин Хуа. – Но надо бы хоть выяснить, в чем тут дело».

Поразмыслив, хозяин велел своим слугам позвать людей из областного управления, изложил им все, как было, дал денег и поручил найти Кан Сюаня и Цюсян. Те разыскивали их повсюду, но так и не напали на их след.

Прошло больше года, и господин Хуа почти забыл об этом происшествии. Однажды он случайно оказался в Сучжоу, куда поехал навестить друга. Когда он проходил мимо ворот Чанмэнь, слуга, сопровождавший его, обратил внимание на какого-то ученого, который в книжной лавке рассматривал книги. Лицом и всем своим обликом ученый очень походил на Хуа Аня. На левой руке у него было шесть пальцев. Слуга поспешил доложить об этом хозяину. Тот, не поверив, снова послал его в лавку и велел внимательно присмотреться к этому человеку и узнать его фамилию и имя.

Когда слуга подходил к лавке, ученый, разговаривая с кем-то, уже спускался к выходу. Пронырливый слуга решил не упускать случая и тихонько последовал за ними. Те направились к воротам Тунцзымэнь и сели там в лодку. С ними было четверо или пятеро слуг. Внимательно разглядев ученого, слуга окончательно убедился в том, что это не кто другой, как Хуа Ань. Для верности слуга вернулся в книжную лавку и спросил хозяина, кто это сейчас рассматривал у него книги.

人？"店主道："是唐伯虎解元相公。今日是文衡山相公舟中请酒去了。"家童道："方才同去的那一位可就是文相公么？"店主道："那是祝枝山，也都是一般名士。"家童一一记了，回复了华学士。学士大惊，想道："久闻唐伯虎放达不羁，难道华安就是他？明日专往拜谒，便知是否。"次日，写了名帖，特到吴趋坊拜唐解元。解元慌忙出迎，分宾而坐。学士再三审视，果肖华安。及捧茶，又见手白如玉，左有枝指。意欲问之，难于开口。茶罢，解元请学士书房中小坐。学士有疑未决，亦不肯轻别，遂同至书房。见其摆设齐整，啧啧叹羡。少停酒至，宾主对酌多时。学士开言道："贵县有个康宣，其人读书不遇，甚通文理。先生识其人否？"解元唯唯。

— Это почтенный цзеюань Тан Боху. Сегодня он пирует у Вэнь Хэншаня на лодке.

— Значит, тот человек, который с ним вместе вышел отсюда, и есть господин Вэнь Хэншань? — поинтересовался слуга.

— Нет, это Чжу Чжишань, тоже известный ученый.

Слуга в точности передал все своему хозяину. Крайне удивленный, Хуа призадумался:

«О Тан Ине, его проделках и легкомыслии я давно слышал. Неужели Хуа Ань — это он?! Завтра же отправлюсь к нему с визитом, чтобы убедиться, так это или нет».

На следующий день господин Хуа отослал Тан Иню свою визитную карточку, а затем сам отправился в Уцюй, где жил поэт. Хозяин поспешил выйти навстречу гостю. Обменявшись приветствиями, хозяин и гость уселись друг против друга. Господин Хуа, еще и еще раз внимательно присмотревшись к поэту, окончательно убедился в том, что перед ним Хуа Ань.

Когда Тан Инь стал угощать гостя чаем, господин Хуа обратил внимание на белые, как яшма, руки хозяина и на шестой палец на его левой руке. Хуа хотел было расспросить его обо всем, но как-то затруднялся начать разговор.

После чая Тан Инь пригласил гостя посидеть у него в кабинете. Господин Хуа, сомнения которого еще не были разрешены, охотно согласился. В кабинете все было аккуратно прибрано, во всем был виден порядок.

Вскоре было подано вино, за которым гость и хозяин просидели немало времени. Наконец Хуа завел разговор на интересовавшую его тему.

— В вашем уезде, — начал он, — живет некий Кан Сюань. Человеку этому не удалось окончить свое образование. Несмотря на это, он прекрасно разбирается в литературе. Не знаете ли вы его?

— Н-да, — как-то неопределенно протянул Тан Инь.

学士又道："此人去岁曾佣书于舍下，改名华安。先在小儿馆中伴读，后在学生书房管书柬。后又在小典中为主管。因他无室，教他于贱婢中自择。他择得秋香成亲。数日后夫妇俱逃，房中日用之物一无所取，竟不知其何故。学生曾差人到贵处察访，并无其人。先生可略知风声么？"解元又唯唯。学士见他不明不白，只是胡答应，忍耐不住，只得又说道："此人形容颇肖先生模样，左手亦有枝指，不知何故？"解元又唯唯。少顷，解元暂起身入内。学士翻看桌上书籍，见书内有纸一幅，题诗八句，读之，即壁上之诗也。解元出来，学士执诗问道："这八句诗乃华安所作，此字亦华安之笔，如何有在尊处？必有缘故，愿先生一言，以决学生之疑。"解元道："容少停奉告。"学士心中愈闷，道："先生见教过了，学生还坐，不

— В прошлом году, — продолжал Хуа, — он нанялся ко мне секретарем. Я назвал его Хуа Анем. Первое время он занимался с моим сыном, потом я поручил ему ведать перепиской в моем кабинете и в конце концов сделал управляющим закладной лавкой. Так как он не был женат, я предложил ему на свой вкус выбрать в жены какую-либо служанку. Он выбрал Цюсян. Через несколько дней после свадьбы он со своей женой бежал, не взяв никаких вещей, так что я никак не мог понять причину его исчезновения. Я разослал в разные места людей, чтобы навести о нем справки, но его так и не нашли. Может быть, вам что-нибудь известно об этом?

Тан Инь опять пробурчал что-то невнятное.

Было ясно, что хозяин не хочет ничего вразумительного ответить, и господин Хуа не выдержал.

— Человек этот был очень похож на вас; на левой его руке тоже был шестой палец, — заявил Хуа. — Не кажется ли вам странным такое совпадение?

И на это Тан Инь ничего определенного не ответил. Через какой-то миг он вдруг поднялся с места и вышел из кабинета. Хуа тем временем стал рассматривать книги, лежавшие на столе. В одной из них гость нашел листок со стихами. Это оказались как раз те самые стихи, которые господин Хуа прочел на стене в комнате управляющего.

И тут в кабинет вернулся Тан Инь.

— Эти стихи, — сказал господин Хуа, протягивая ему листок, — сочинены Хуа Анем. В почерке, которым они написаны, я узнаю его руку. Как вышло, что они оказались здесь, в вашем кабинете? Ведь не случайно же все это. Очень прошу вас объяснить мне, в чем дело, и рассеять мои сомнения.

— Позвольте об этом рассказать вам немного позже.

— Если вы мне все расскажете, я посижу, — сказал терявшийся в догадках гость, — в противном случае разрешите откланяться.

然即告辞矣。"解元道："禀复不难，求老先生再用几杯薄酒。"学士又吃了数杯。解元巨觥奉劝。学士已半酣，道："酒已过分，不能领矣。学生惓惓请教，止欲剖胸中之疑，并无他念。"解元道："请用一箸粗饭。"饭后献茶，看看天晚，童子点烛到来。学士愈疑，只得起身告辞。解元道："请老先生暂挪贵步，当决所疑。"命童子秉烛前引，解元陪学士随后共入后堂。堂中灯烛辉煌。里面传呼："新娘来。"只见两个丫鬟，伏侍一位小娘子，转移莲步而出，珠珞重遮，不露娇面。学士惶悚退避。解元一把扯住衣袖道："此小妾也。通家长者，合当拜见，不必避嫌。"丫鬟铺毡。小娘子向上便拜。学士还礼不迭。解元将学士抱住，不要他还礼。拜了四拜，学士只还得两个揖，甚不过意。拜罢，解元携小娘子近

— Ответить на ваши вопросы нетрудно, прошу вас только отведать еще вина.

Хуа выпил еще. Затем Тан Инь преподнес гостю большой кубок.

— Это уж слишком, — ответил захмелевший Хуа. — Больше я не в состоянии пить. Очень прошу вас разрешить мои сомнения. Это единственное, чего бы мне хотелось, и больше мне ничего не надо.

— Прошу вас съесть хоть чашку риса, — не унимался Тан Инь.

После еды был подан чай. Незаметно наступили сумерки. Слуга зажег свечи. Совершенно сбитый с току, господин Хуа наконец поднялся и стал прощаться.

— Прошу вас, почтенный, еще немного задержаться, — остановил его Тан Инь. — Сейчас я отвечу на ваши вопросы и рассею ваши сомнения.

Приказав слуге посветить, хозяин провел гостя во внутренние покои, где ярко горели свечи, и позвал жену. Господин Хуа увидел, как в сопровождении двух служанок в комнату легкими «лотосовыми шажками» вошла молодая женщина. Ее лицо было скрыто жемчужной бахромой головного убора.

Господин Хуа, смущенный появлением молодой женщины, хотел было удалиться, но Тан Инь удержал его за рукав.

— Это моя жена. Почтенному другу моей семьи она обязана поклониться, так что незачем вам стесняться ее.

Слуги расстелили ковер, молодая женщина подошла к гостю и четырежды земно поклонилась ему. Господин Хуа поспешил ответить на приветствие. Но Тан Инь остановил его и просил не обременять себя церемониями. Гость, не без стеснения, ответил женщине только двумя обычными поклонами и чувствовал себя чрезвычайно неловко.

Когда церемония была закончена, Тан Инь подвел молодую женщину к гостю и с улыбкой сказал:

学士之旁，带笑问道："老先生请认一认，方才说学生颇似华安，不识此女亦似秋香否？"学士熟视大笑，慌忙作揖，连称得罪。解元道："还该是学生告罪。"二人再至书房。解元命重整杯盘，洗盏更酌。酒中，学士复叩其详。解元将阊门舟中相遇始末细说一遍。各各抚掌大笑。学士道："今日即不敢以记室相待，少不得行子婿之礼。"解元道："若要甥舅相行，恐又费丈人妆奁耳。"二人复大笑。是夜，尽欢而别。

　　学士回到舟中，将袖中诗句置于桌上，反覆玩味。"首联道：'拟向华阳洞里游。'是说有茅山进香之行了。'行踪端为可人留。'分明为中途遇了秋香，担阁住了。第二联：'愿

– Прошу вас посмотреть хорошенько. Только что вы говорили, что я похож на Хуа Аня. Не признаете ли вы в этой женщине Цюсян?

Посмотрев внимательно на жену Тан Иня, господин Хуа громко рассмеялся и, поспешив еще раз ей поклониться, стал просить извинения.

– Это мне следует просить у вас прощения, – заметил Тан Инь.

Хозяин и гость вернулись в кабинет. Тан Инь приказал снова подать вино и закуски. Кубки осушались и снова наполнялись.

За вином гость попросил, чтобы хозяин посвятил его во всю эту историю. Тогда Тан Инь подробно рассказал ему все, что с ним случилось, начиная с того дня, когда он впервые возле ворот Чанмэнь увидел в джонке служанку, и кончая побегом. Гость и хозяин, хлопая в ладоши, громко смеялись от удовольствия.

– Теперь я уже, конечно, не смею смотреть на вас как на секретаря, – шутил господин Хуа, – придется вам приветствовать меня как тестя.

– Боюсь, что тогда вы будете вынуждены снова потратиться на приданое, – заметил Тан Инь, и оба расхохотались.

Необычайно довольный проведенным вечером, господин Хуа простился с Тан Инем.

Возвратясь к себе на лодку, Хуа вынул из рукава листочек со стихотворением Тан Иня, положил его перед собой на стол и стал перечитывать, вдумываясь в каждую строку:

«В самом начале сказано: „Решив однажды на досуге побродить, поехал я в пещеры Хуаяна", – здесь говорится о том, как он поехал в Маошань возжечь в храме свечи.

Далее: „Но с полдороги вдруг обратно повернул в погоне за красавицей прелестной". Тут явно говорится о встрече с Цюсян и о том, что эта встреча заставила поэта бросить все остальные дела.

随红拂同高蹈，敢向朱家惜下流。'他屈身投靠，便有相挈而逃之意。第三联：'好事已成谁索笑，屈身今去尚含羞。'这两句明白。末联：'主人若问真名姓，只在"康宣"两字头。''康'字与'唐'字头一般，'宣'字与'寅'字头无二，是影着唐寅二字。我自不能推详耳。他此举虽似情痴，然封还衣饰，一无所取，乃礼义之人，不枉名士风流也。"学士回家，将这段新闻向夫人说了。夫人亦骇然。于是厚具妆奁，约值千金，差当家老姆姆押送唐解元家。从此两家遂为亲戚，往来不绝。至今吴中把此事传作风流话柄。有唐解元《焚香默

Теперь дальше: „Повсюду следовать хотел я за Хунфу и с ней одной делить уединенье. Посмел просить у благородного Чжу Цзя пристанища усталому бродяге". Значит, когда Тан Инь поступал ко мне в услужение, он уже помышлял о браке с Цюсян и о бегстве с ней.

Третья пара строк: „Уж раз добился я успеха своего, так можно ли смеяться надо мною! Хотя и бросил дом ничтожный ваш слуга, но полон он стыда за свой поступок". Ну, здесь все понятно.

Наконец, последняя пара строк: „И если господин желает знать, кто я такой на самом деле – в моей фамилии и в имени моем такой же верх, как в иероглифах Кан Сюань". У иероглифа „кан" и у иероглифа „тан" верхние части одинаковы; нет различия и в верхних частях иероглифов „сюань" и „инь". Так что в этой иероглифической шараде скрывались его истинные фамилия и имя – Тан Инь. А я-то сам не сумел во всем разобраться! Ну что ж, хоть в своем увлечении он и поступал столь необычно, но из моего дома он не взял ничего даже из тех вещей, что были ему подарены, а уже одно это свидетельствует о его исключительной порядочности. И все же не зря его называют ветреником».

Дома господин Хуа рассказал о случившемся жене, которая, в свою очередь, немало была всем этим поражена. Господин и госпожа Хуа собрали для своей бывшей служанки богатое приданое стоимостью около тысячи ланов и отослали его со старой мамкой господину Тан Иню.

С тех пор обе семьи породнились, и члены этих семей постоянно поддерживали добрые отношения друг с другом.

Приключения Тан Иня, описанные здесь, до сих пор еще являются излюбленной темой рассказов в провинции Цзянсу. До нас дошла песня Тан Иня «Я свечи возжигал в молчании смиренном», в которой он говорит о своих сокровенных чувствах и

坐歌》，自述一生心事，最做得好！歌曰：

焚香嘿坐自省己，
口里喃喃想心里。
心中有甚害人谋？
口中有甚欺心语？
为人能把口应心，
孝弟忠信从此始。
其余小德或出入，
焉能磨涅吾行止？
头插花枝手把杯，
听罢歌童看舞女。
"食色性也"古人言，
今人乃以为之耻。
及至心中与口中，
多少欺人没天理。
阴为不善阳掩之，

мыслях. Очень хорошо написано! Вот что в ней сказано:

*Возжигаю курения, молча сижу
       и в себе разбираюсь самом;
Обращение к буддам бормочут уста,
       размышления в сердце моем.
Есть ли речи такие в устах у меня,
       что могли бы людей обмануть?
Есть ли мысли подобные в сердце моем,
       что кому-то представятся злом?
Почитание старших, надежность и честь
       появляются только тогда,
Когда люди умеют заставить уста
       быть созвучными сердцу во всем.
Все другие достоинства слишком малы,
       и когда кто-то следует им,
Как бы он ни старался себя отточить,
       не сравнится со мною ни в чем.
Люди веткой цветущей украсят главу,
       в руки винную чашу возьмут;
Любят люди смотреть на танцующих дев,
       слушать — отроки песни поют.
Об утехах с красотками да о пирах
       мы слыхали от древних мужей,
И сегодня, согласно их мудрым речам,
       все такое постыдным зовут.
Но бывает и так, что в сердцах у людей
       то же самое, что на устах:
Без конца замышляют других обмануть,
       не по правилам Неба живут.
Иль дела неблагие творят в темноте,
       отрекаясь от них на свету,*

则何益矣徒劳耳！
请坐且听吾语汝：
凡人有生必有死；
死见阎君面不惭，
才是堂堂好男子。

Только пользы от этого им никакой, —
  вот уж, право, нестоящий труд.
Так послушайте вы, кто собрался сюда,
  я сегодня поведаю вам:
Житель мира сует непременно умрет,
  если был он однажды рожден.
Коль умершему перед владыкой Яньло
  от стыда не придется краснеть,
Вот тогда убедиться сумеем мы в том,
  что был мужем достойнейшим он.

(Перевод Л. Н. Меньшикова)

Цзинь гу цигуань
Глава 19

КИТАЙСКАЯ КЛАССИКА

第十九卷

女秀才移花接木

万里桥边薛校书，
枇杷窗下闭门居。
扫眉才子知多少？
管领春风总不如。

这四句诗，乃唐人赠蜀中妓女薛涛之作。这个薛涛乃是女中之才子。南康王韦皋做西川节度使时，曾表奏他做军中校书；故人多称为薛校书。所往来的是高千里、元微之、杜牧之一班儿名流。又将浣花溪水造成小笺，名曰"薛涛笺"。词人墨客，得了此笺，犹如拱璧。真正名重一时，芳流百世。国朝

ГЛАВА 19

ДРУЗЬЯ-СОУЧЕНИКИ ПРИНИМАЮТ ВЫДУМКУ ЗА ПРАВДУ; ДЕВИЦА-СЮЦАЙ ЛОВКО ПОДМЕНЯЕТ ОДНО ДРУГИМ

В стихах говорится:

Дом у моста Ваньлицяо стоит,
цветет мушмула под окном.
Там секретарь Сюэ Тао живет,
взаперти коротает дни.
Разве мало талантливых женщин
на свете найдешь средь людей?
Но с ней ни одна не сравнится
ни талантами, ни умом.

Эти стихи написаны танским поэтом и преподнесены сычуаньской гетере Сюэ Тао. Сюэ Тао была женщиной редкого дарования. Вэй Гао, князь района Нанькан, в бытность свою наместником в Сычуани, всеподданнейшим докладом представлял ее к должности военного секретаря. Поэтому ее обычно называли «секретарь Сюэ Тао». Сюэ Тао встречалась с видными людьми, а среди ее друзей были такие выдающиеся личности, как Гао Пянь, Юань Чжэнь, Ду Му и другие. Известно, что Сюэ Тао сама изготовляла бумагу для письма, причем брала для этого воду из речки Хуаньхуа. Бумагу эту называли «листками Сюэ Тао», и если любителю поэзии и ценителю изящного удавалось заполучить такой листок, то он берег его, как драгоценную яшму. Поистине, так славилась в свой век Сюэ Тао, что помнили о ней в грядущих поколеньях.

洪武年间，有广东广州府人田洙，字孟沂，随父田百禄到成都赴教官之任。那孟沂生得风流标致，又兼才学过人，书画琴棋之类，无不通晓，学中诸生日与嬉游，爱同骨肉。过了一年，百禄要遣他回家。孟沂的母亲心里，舍不得他去；又且寒官冷署，盘费难处。百禄与学中几个秀才商量，要在地方上寻一个馆与儿子坐坐：一来可以早晚读书，二来得些馆资，可为归计。这些秀才巴不得留住他。访得附郭一个大姓张氏要请一馆宾，众人遂将孟沂力荐于张氏。张氏送了馆约，约定明年正月元宵后到馆。至期，学中许多有名的少年朋友，一同送孟沂到张家来，连百禄也自送去。张家主人曾为运使，家道饶裕，见是老广文带了许多时髦到家，甚为喜欢，开筵相待，酒罢各散。孟沂就在馆中宿歇。

Рассказывают, что при нашей династии, в годы Хун-у, жил некий Тянь Чжу, родом из города Гуанчжоу, что в провинции Гуандун. Второе имя его было Мэнъи. Когда его отец Болу получил должность учителя в Чэнду, Мэнъи поехал вместе с отцом и матерью в этот город. Мэнъи был молод, красив, изящен и превосходил сверстников умом и познаниями. Он был сведущ и в каллиграфии, и в живописи, и в музыке, и в облавных шашках. Сюцаи, учившиеся у Тянь Болу, проводили с Мэнъи целые дни и любили его, как родного.

Прошел год с тех пор, как они приехали в Чэнду, и Тянь Болу стал подумывать о том, не пора ли отправить Мэнъи домой. Но матери не хотелось расставаться с сыном, да и нелегко было скромному чиновнику собрать нужную сумму на дорогу. Тогда Тянь Болу поговорил с некоторыми сюцаями, желая оставить пока сына в Чэнду и подыскать ему место учителя. Он надеялся, что, учительствуя, Мэнъи сможет продолжать свою учебу, а заработанные деньги откладывать на дорогу. Друзья Мэнъи по школе только и думали, как бы устроить так, чтобы он остался с ними, и потому, узнав, что проживающий неподалеку от города богач Чжан собирается нанять учителя, стали усиленно рекомендовать ему Мэнъи. Чжан послал Мэнъи приглашение. Он предлагал молодому учителю приступить к своим обязанностям через пятнадцать дней после новогоднего праздника.

В назначенный срок Мэнъи в сопровождении своих приятелей, людей очень известных, явился в дом Чжанов. Вместе с ним пришел и сам Тянь Болу.

Когда Чжан, в прошлом скромный чиновник по перевозкам, а теперь известный богач, увидел, что новый учитель явился вместе с видными талантливыми сюцаями и что с ними пришел уважаемый учитель Тянь Болу, он очень обрадовался, устроил пир, и все разошлись только после угощения. С этого дня Мэнъи остался в доме Чжана.

到了二月花朝日，孟沂要归省父母。主人送他节仪二两。孟沂藏在袖子里了，步行回去。偶然一个去处，望见桃花盛开，一路走去看，境甚幽僻。孟沂心里喜欢，伫立少顷，观玩景致。忽见桃林中一个美人掩映花下。孟沂晓得是良人家，不敢顾盼，径自走过，未免带些卖俏身子，拖下袖来，袖中之银，不觉落地。美人看见，便叫随侍的丫鬟拾将起来，送还孟沂。孟沂笑受，致谢而别。明日，孟沂有意打那边经过，只见美人与丫鬟仍立在门首。孟沂望着门前走去。丫鬟指道："昨日遗金的郎君来了。"美人略略敛身，避入门内。孟沂见了丫鬟，叙述道："昨日多蒙娘子美情，拾还遗金，今日特来造谢。"美人听得，叫丫鬟请入内厅相见。孟沂喜出望外，急整衣冠，望门内而进。美人早已迎着，至厅上相见礼毕，美人先开口道："郎君莫非是张运使宅上西宾么？"孟沂道："然也。昨日因馆中回家，道经于此，偶遗小物，得遇夫人盛情，

Настал второй месяц, пришел праздник цветов, и Мэнъи решил навестить родителей. Запрятав в рукав два лана серебра, которые хозяин преподнес ему в виде праздничного подарка, Мэнъи отправился в путь. Неожиданно его взору открылась роща пышно расцветших персиковых деревьев. Кругом стояла полная тишина. У Мэнъи было так радостно на душе, что он загляделся на окружавшую его прелесть и тут сквозь густой узор цветов и ветвей вдруг увидел красавицу. Понимая, что здесь, должно быть, живет добропорядочная семья, Мэнъи не посмел оглядываться на женщину, но в его походке невольно появилось нарочитое изящество – он грациозно взмахнул рукавом и при этом даже не обратил внимания, что из него выпало серебро. Красавица заметила это, приказала служанке поднять серебро и вернуть его Мэнъи.

На следующий день, когда Мэнъи возвращался к Чжанам, он умышленно пошел той же дорогой и опять увидел красавицу, а также ее служанку. Обе женщины стояли у ворот. Мэнъи направился прямо к ним.

– Идет молодой человек, который вчера обронил здесь серебро, – сказала служанка своей госпоже.

Красавица тотчас скрылась, а служанка осталась.

– Вчера вы были так любезны, что подобрали и вернули мне мое серебро, – сказал он ей, – и вот сегодня я специально пришел поблагодарить вас.

Услышав это, красавица велела служанке пригласить гостя в дом. Мэнъи обрадовался. Поспешно оправив на себе шапку и платье, он вошел внутрь. Красавица встретила Мэнъи и провела его в гостиную, где они поклонились друг другу.

– Не учитель ли вы из дома господина Чжана? – спросила она.

– Да, это так, – ответил Мэнъи. – Вчера по дороге домой я обронил тут одну вещицу. Вы были так любезны, что велели

命尊姬拾还，实为感激。"美人道："张氏一家亲戚，彼西宾即我西宾，还金小事，何足为谢？"孟沂道："欲问夫人高门姓氏，与敝东何亲？"美人道："寒家姓平。成都旧族也。妾乃文孝坊薛氏女，嫁与平氏子康，不幸早卒。妾独孀居于此，与郎君贤东乃乡邻姻娅。郎君即是通家了。"孟沂见说是孀居，不敢久留，两杯茶罢，起身告退。美人道："郎君便在寒舍过了晚去。若贤东晓得郎君到此，妾不能久留款待，觉得没趣了。"即分付快办酒馔。不多时，设着两席，与孟沂相对而坐。坐中殷勤劝酬。笑语之间，美人多带些谑浪话头。孟沂认道是张氏至戚，虽然心里技痒难熬，还拘拘束束，不敢十分放肆。美人道："闻得郎君倜傥俊才，何乃作儒生酸态？妾虽不敏，颇解吟咏。今遇知音，不敢爱丑。当与郎君赏鉴文墨，唱和词章。郎君不以为鄙，妾之幸也。"遂教丫鬟取出唐贤遗墨，与孟沂看。孟沂从头细阅，多是唐人真迹手翰诗词。惟元

служанке подобрать ее и вернуть мне. Я очень и очень признателен.

— Чжаны — наши родственники. Их учитель все равно что наш учитель, и за такой пустяк, право, не стоит благодарить.

— Хотел бы узнать у вас, уважаемая госпожа, вашу почтенную фамилию и в каком родстве вы с моим хозяином.

— Фамилия ничтожной семьи нашей — Пин. Род наш старинный, из Чэнду. Моя девичья фамилия — Сюэ. Я была отдана замуж за Кана, одного из сыновей семьи Пин, но, увы, рано овдовела и теперь живу здесь одна. А почтенный ваш хозяин доводится мне зятем, поэтому мы с вами, можно сказать, свои.

Узнав, что перед ним вдова, Мэнъи не посмел задерживаться и, выпив чай, сразу же поднялся и стал прощаться.

— Посидите еще, переночуйте у нас, а утром пойдете к Чжанам, — остановила его красавица. — Если ваш любезный хозяин узнает, что вы были здесь, а я не сумела гостеприимно принять вас, мне, право, будет очень неловко.

Она тут же распорядилась, чтобы подали вино и яства. Вскоре были накрыты два столика, красавица села против Мэнъи и стала усердно потчевать его. В разговорах и шутках она позволяла себе немало вольностей, и душа Мэнъи так и загоралась, но перед родственницей хозяина он старался быть сдержанным.

— Я слышала о вас как о талантливом и остроумном человеке, свободной и широкой натуре. Почему же вы строите из себя такого чинного и чопорного ученого? — упрекнула его женщина. — Я хоть и не очень смышлена, но немного разбираюсь в поэзии. И раз уж мне сегодня довелось встретиться с вами, человеком духовно близким, я с удовольствием показала бы вам кое-какие образцы поэзии и каллиграфии, посочиняла с вами стихи. Если вы согласитесь, почту за счастье.

И она тут же приказала служанке вынуть рукописи танских поэтов и показала их Мэнъи.

稹杜牧高骈的最多。纸墨如新。孟沂爱玩，不忍释手，道："此希世之宝也。夫人情钟此类，真是千古韵人了。"美人谦谢。两人谈话有味。不觉夜已二鼓。孟沂辞酒不饮。美人延入寝室，自荐枕席道："妾独处已久，今见郎君高雅，不能无情，愿得奉陪。"孟沂道："不敢请耳；固所愿也。"两个解衣就枕，鱼水欢情，极其缱绻。枕边切切叮咛道："慎勿轻言。若贤东知道，彼此名节丧尽了。"次日，将一个卧狮玉镇纸赠与孟沂，送至门外道："无事就来走走。勿学薄幸人。"孟沂道："这个何劳分付。"孟沂到馆，哄主人道："老母想念，必要小生归家宿歇，小生不敢违命留此。从今，早来馆

Мэнъи внимательно прочитал все, с начала до конца. Это были стихи, собственноручно написанные танскими поэтами. Среди них больше всего было рукописей Юань Чжэня, Ду Му и Гао Пяня. Бумага казалась совсем новой, тушь – свежей. Мэнъи любовался ими, не будучи в силах выпустить их из рук.

– Это ведь редчайшие, драгоценные вещи! – вымолвил он наконец. – И вы их так любите! О, какая необыкновенная, поэтическая душа!

Красавица скромно благодарила.

Они увлеклись беседой и не заметили, как наступила вторая стража. Мэнъи уже стал отказываться от вина, и тут красавица пригласила его в опочивальню.

– Я давно живу одна. И вот сегодня, увидев вас и поняв все ваше благородство, я не смогла остаться к вам равнодушной. Я не возражала бы, если бы вы побыли со мной, – сказала красавица, указывая на ложе.

– Не смел сам просить вас об этом.

Они разделись и легли. И для обоих это была ночь нежности, радостной близости. Красавица между тем не раз настоятельно предупреждала молодого человека:

– Только не проговоритесь. Если ваш хозяин узнает, мы будем опозорены.

На следующее утро красавица подарила Мэнъи пресс для бумаги в виде лежащего яшмового льва, проводила Мэнъи до ворот и на прощание сказала:

– Когда у вас будет свободное время, непременно заходите; не уподобляйтесь бесчувственным людям.

– Об этом и напоминать излишне, – ответил Мэнъи.

Возвратясь, он сказал хозяину:

– Старушка-мать очень соскучилась по мне и непременно хотела, чтобы я ночевал дома. Я не посмел ей отказать. И вообще теперь я буду приходить утром, а вечером возвращаться домой.

中，夜归家里便了。"主人信以为实道："任从尊便。"自此，孟沂在张家，只推家里去宿，家里又说在馆中宿，竟夜夜到美人处宿了。整有半年，并没一个人知道。

孟沂与美人赏花玩月，酌酒吟诗，曲尽人间之乐。两人每每你唱我和，偶成联句，如《落花》二十四韵，《月夜》五十韵，斗巧争妍，真成敌手。佳句太多，恐看官每厌听，不能尽述，只将他两人四时回文诗表白一遍。美人诗道：

> 花朵几枝柔傍砌，
> 柳丝千缕细摇风。
> 霞明半岭西斜日，
> 月上孤村一树松。(春)
> 凉回翠簟冰人心，
> 齿沁清泉夏月寒。
> 香篆袅风清缕缕，

Хозяин поверил ему.

– Как вам угодно, – ответил он.

С тех пор Чжанам Мэнъи говорил, что ночует дома, а родным – что в доме Чжана; сам же каждую ночь проводил у красавицы.

Так прошло полгода, и никто ничего не подозревал.

Мэнъи с красавицей любовались луной, цветами, пили вино, напевали стихи – словом, изведали все радости человеческие на земле. Часто они сами сочиняли стихи: один начинал, другой продолжал или один отвечал на стихи другого и так далее. Так они сложили двадцать четыре строфы на тему «Опавшие цветы», пятьдесят строф на тему «Лунная ночь». И еще много других строк сложили они, состязаясь в изяществе и красоте слога, и всегда видели друг в друге достойных соперников. Но чтобы не наскучить читателю, не стану приводить все их сочинения, а приведу лишь их стихи о четырех временах года. Стихи красавицы были:

Весна

На тоненьких стебельках
  свисают бутоны с крыльца;
Стройные ивы качая,
  листвою шуршит ветерок.
Солнце на запад склонилось,
  в вечернем сиянье вершины.
Взошла над притихшим селом,
  висит над сосною луна.

Лето

Прохладою веет едва
  от тоненькой летней циновки.
И только вода родника
  немного в жару освежает.
Причудливой легкою дымкой

纸窗明月白团团。(夏)
芦雪覆汀秋水白,
柳风凋树晚山苍。
孤帏客梦惊空馆,
独雁征书寄远乡。(秋)
天冻雨寒朝闭户,
雪飞风冷夜关城。
鲜红炭火围炉暖,
浅碧茶瓯注茗清。(冬)

这首诗怎么叫做回文？因是顺读完了，倒读转去，皆可通得。最难得这样浑成，非是高手不能。美人一挥而就。孟沂也和他四首道：

芳树吐花红过雨,
入帘飞絮白惊风。
黄添晓色青舒柳,

аромат благовонный курится,
Круглая светит луна
сквозь резную бумагу окна.

Осень

Прибрежный тростник – в нежнейшем пуху,
и воды белыми стали;
Ветер срывает с деревьев листву,
в сизой дымке – вечерние горы.
За пологом странник очнулся от сна –
как пусто, грустно вокруг!
И с гусем последним он шлет свой привет
с дороги в родительский дом.

Зима

Воздух морозный, дождь ледяной,
утро – а дом на запоре.
Ветер холодный, летящий снег,
вечер – и город замрет.
Румяным огнем горят угольки –
уютно, тепло у печи.
И в бирюзовые чашки прозрачные
чай ароматный налит.

Красавица была тонким знатоком поэзии, искусно сочиняла стихи, и написала она их единым махом кисти. Но и Мэнъи, не задумываясь, тотчас ответил ей стихами на эти же темы:

Весна

Деревья цветут, аромат источая,
дождь окропил их, блестят лепестки;
Кружится, за легкие шторки влетает
поднятый ветром ивовый пух.
На ивах златые сережки желтеют

粉落晴香雪覆松。(春)
瓜浮瓮水凉消暑,
藕叠盘冰翠嚼寒。
斜石近阶穿笋密,
小池舒叶出荷团。(夏)
残石绚红霜叶出,
薄烟寒树晚林苍。
鸾书寄恨羞封泪,
蝶梦惊愁怕念乡。(秋)
风卷雪篷寒罢钓,
月辉霜柝冷敲城。
浓香酒泛霞杯满,
淡影梅横纸帐清。(冬)

孟沂和罢,美人甚喜。真是才子佳人,情味相投,乐不

         средь зелени пышных ветвей.
    И сосны в снегу ароматном стоят,
         покрыты цветочной пыльцой.

Лето

    В жару освежает душистая дыня,
         что плавает в жбане с холодной водой.
    Прохладней становится, если поешь
         лотоса корень из таза со льдом.
    Сквозь камешки возле крыльца
         пробились ростки бамбука,
    Зеленые листья, шары на пруду –
         это лотосы цвет свой раскрыли.

Осень

    Камни покрылись цветов лепестками,
         иней холодный на листьях лежит,
    Стелется легкий туман вечерами,
         и сизая дымка окутала лес.
    Тоскою полно письмо от любимой,
         след стыдливой слезы на конверте,
    Чувство печали вдруг сон мимолетный навеял,
         и боязно думать в ту пору о крае родном.

Зима

    Ветром скрутило заснеженный парус,
         в стужу такую удить прекращаешь;
    Иней блестит при луне на ночных колотушках,
         звук их унылый над городом спящим.
    В наполненных доверху чарах
         вино ароматное словно искрится;
    Над ложем, на пологе светлом
         бледный рисунок красавицы-мэй.

Молодая женщина осталась очень довольна стихами Мэнъи.

可言。却是好物不坚牢，自有散场时节。一日，张运使偶过学中，对老广文田百禄说道："令郎每夜归家，不胜奔走之劳，何不仍留寒舍住宿，岂不为便？"百禄道："自开馆后，一向只在公家，止因老妻前日有疾，曾留得数日，这几时并不曾来家宿歇，怎么如此说？"张运使晓得内中必有跷蹊，恐碍着孟沂，不敢尽言而别。是晚，孟沂告归，张运使不说破他，只叫馆仆尾着他去。到得半路，忽然不见。馆仆赶去追寻，竟无下落，回来对家主说了。运使道："他少年放逸，必然花柳人家去了。"馆仆道："这条路上，何曾有甚么妓馆？"运使道："你还到他衙中问问看。"馆仆道："天色晚了。怕关了城门，出来不得。"运使道："就在他家宿了。明日早辰来回我不妨。"到了天明，馆仆回话，说是不曾回衙。运使道："这

Это поистине была прекрасная пара – красавица и гений. Вкусы и чувства их были едины, и нет слов, чтобы рассказать, как они были счастливы.

Но приятное недолговечно, и всему настает конец.

Как-то раз, проходя мимо школы, господин Чжан зашел к Тянь Болу и в разговоре с учителем, между прочим, сказал:

– Ваш сын каждый день возвращается домой, это очень утомительно для него. Не лучше ли было бы ему оставаться у меня?

– Не понимаю, о чем вы говорите, – недоумевал Тянь Болу. – С тех пор как он у вас учительствует, он постоянно ночует в вашем доме и только вот недавно, когда заболела жена, несколько ночей подряд провел с нами.

Чжан понял, что тут что-то неладно, но, не желая ненароком поставить Мэнъи в неудобное положение, решил не продолжать этого разговора. В тот вечер, когда Мэнъи, прощаясь, сказал, что уходит домой, Чжан не стал ему что-либо говорить, но послал слугу проследить за ним. На полпути Мэнъи вдруг исчез. Слуга всюду разыскивал его, однако нигде не нашел и вернулся доложить об этом хозяину.

– Что ж, он молод, да и человек по натуре увлекающийся. Наверняка завернул в закоулок веселых домов, – рассуждал вслух хозяин.

– Но по этой дороге нет никаких домов и заведений, – заметил слуга.

– Ты все же пойди к его отцу и узнай, не там ли он.

– Уже поздно, боюсь, закроют городские ворота и я не успею вернуться.

– Ничего, переночуешь у них, а завтра утром вернешься и расскажешь мне обо всем.

На следующий день слуга возвратился и доложил, что Мэнъи у родителей не ночевал.

等，那里去了？"正疑怪间，孟沂恰到。运使问道："先生昨宵宿于何处？"孟沂道："家间。"运使道："岂有此理！学生昨日叫人跟随先生回去，因半路上不见了先生，小仆直到学中去问，先生不曾到宅，怎如此说？"孟沂道："半路上偶到一个朋友处讲话，直到天黑回家，故此盛仆来时间不着。"馆仆道："小人昨晚宿在相公家里，方才回来的。田老爷见说了，甚是惊慌，要自来寻问。相公如何还说着在家的话？"孟沂支吾不来，颜色尽变。运使道："先生若有别故，当以实说。"孟沂晓得遮掩不过，只得把遇着平家薛氏的话说了一遍，道："此乃令亲相留，非小生敢作此无行之事。"运使道："我家何尝有亲戚在此地方；况亲中也无平姓者，必是鬼祟。今后先生自爱，不可去了。"孟沂口里应承，心里那里信他，傍晚又到美人家里，备对美人说形迹已露之意。美人道："我已先知道了。郎君不必怨悔，亦是冥数尽了。"遂与孟沂

– Куда же он тогда делся? – недоумевал хозяин.

Как раз в это время появился Мэнъи.

– Скажите, где вы сегодня ночевали? – спросил у него Чжан.

– Дома, – ответил Мэнъи.

– Удивительное дело! Вчера я велел слуге следовать за вами, и так как вы на полпути исчезли, то слуга пошел к вашим родителям. Оказалось, что вас и там нет. Как же так?

– По дороге я зашел к одному приятелю потолковать и вернулся домой уже поздно вечером, поэтому ваш слуга и не застал меня, когда пришел к нам.

– Я ночевал сегодня у вас и только что оттуда, – заметил слуга. – Когда ваш почтенный отец узнал, что вы не ночевали в нашем доме, он так перепугался, что собрался сам сегодня прийти узнать, что случилось. А вы говорите: вернулись домой! Как же так?

Мэнъи изменился в лице.

– Если у вас есть какие-то причины не ночевать ни у меня, ни дома, вы должны поведать мне правду, – сказал Чжан.

Мэнъи понял, что скрыть свои похождения ему не удастся, и был вынужден рассказать о том, как встретил госпожу Сюэ из семьи Пин.

– Ваша родственница предложила мне остаться. Сам я не посмел бы решиться на такое! – добавил он в заключение.

– У меня здесь нет никаких родственников, – заявил Чжан. – Да и среди всей моей родни нет никого по фамилии Пин. Это какое-то наваждение, нечистая сила! Советую вам поберечь себя и больше не бывать там.

Мэнъи пообещал, что так и поступит, но словам хозяина, конечно, не поверил и вечером опять явился к красавице. Когда он поведал ей о том, что их тайна раскрыта, она сказала:

– Я уже знаю об этом. Не огорчайтесь и не сетуйте: так уж суждено, пришла пора нам расстаться.

痛饮，极尽欢情。到了天明，哭对孟沂道："从此永别矣。"将出洒墨玉笔管一枝，送与孟沂道："此唐物也。郎君慎藏在身，以为记念。"挥泪而别。那边张运使料先生晚间必去，叫人看看，果不在馆。运使道："先生这事必要做出来。这是我们做主人的干系，不可不对他父亲说知。"遂步至学中，把孟沂之事，备细说与百禄知道。百禄大怒，遂叫了学中一个门子，同着张家馆仆，到馆中唤孟沂回家。孟沂方别了美人，回到张家，想念道："他说永别之言，只怕风声败露矣。我便耐守几时，再去走动，或者还可相会。"正踌躇间，父命已至，只得跟着回去。百禄一见，喝道："你书到不读，夜来在那里游荡！"孟沂看见张运使在家了，便无言可对。百禄见他不说，就拿起一条拄杖，劈头打去道："还不实告！"孟沂无奈，只得把相遇之事，及录成联句一本，与所送镇纸笔管两

В этот вечер она вволю пила с Мэнъи, и они беспредельно предавались веселью. Когда стало светать, она заплакала и сказала:

– Теперь мы расстаемся навеки.

С этими словами она достала кисть, ручка которой была из яшмы с черными вкраплениями, и, поднеся ее Мэнъи, сказала:

– Это вещь танской эпохи, храните ее при себе как память.

Тут, роняя слезы, они простились.

Между тем Чжан, предполагая, что ночью Мэнъи, несмотря ни на что, снова пойдет на свидание, велел посмотреть, у себя ли он.

Мэнъи действительно в кабинете не оказалось. «Да, конечно, он этого не прекратит! Как хозяин я тоже виноват, поэтому мой долг все рассказать отцу», – решил Чжан и тут же пошел к Тянь Болу.

Узнав о случившемся, Тянь Болу разгневался донельзя. Он велел одному из своих слуг немедленно пойти со слугою Чжана за Мэнъи. Молодой человек уже вернулся от возлюбленной, но не переставал думать о ней. «Она говорила, что мы расстаемся навеки, – рассуждал он, – вероятно, она боится, как бы не узнали о наших встречах. Придется, пожалуй, некоторое время не ходить к ней. Потом, быть может, удастся снова бывать вместе».

За этими размышлениями и застали его слуги. Ничего другого не оставалось, как следовать за ними домой.

– Заниматься, значит, не занимаешься! Так где же ты шатаешься по ночам? – набросился на Мэнъи отец.

В присутствии Чжана молодой человек не посмел лгать и потому молчал. Рассердившись, что сын не отвечает, Тянь Болу схватил посох и с размаху ударил Мэнъи по голове.

– Будешь говорить?! – заорал он.

Мэнъи пришлось рассказать о встрече с красавицей, показать стихи, составленные ими обоими, и ее подарки: кисть и пресс

物，各将出来道："如此佳人，不容不动心。不必罪儿子。"百禄取来逐件一看，看那玉色是几百年出土之物，管上有篆刻"渤海高氏清玩"六个字。又揭开诗来，从头细阅，不觉心服。对张运使道："物既希奇，诗又俊逸，岂寻常之怪！我每可同了不肖子，亲到那地方去查一查踪迹看。"二人遂同出城来。将近桃林，孟沂道："此间是了。"进前一看，孟沂惊道："怎生屋宇俱无了！"百禄与运使齐抬头一看，只见水碧山青，桃林茂盛，荆棘之中，有冢累然。张运使点头道："是了，是了。此地相传是唐妓薛涛之墓。后人因郑谷诗有'小桃花绕薛涛坟'之句，所以种桃百株，为春时游赏之所。贤郎所遇，必是薛涛也。"百禄道："怎见得？"张运使道："他说所嫁是平氏子康。分明是平康巷了。又说文孝坊，城中并无此坊。'文孝'乃是'教'字，分明是教坊了。平康巷教坊，乃是唐时妓女所居。今云薛氏，不是薛涛是谁？且笔上有高氏字，乃是西川节度使高骈。骈在蜀时，涛最蒙宠待，二物是其

для бумаг.

– Не вините меня, отец! Это такая красавица, что остаться равнодушным к ней невозможно.

Тянь Болу внимательно рассмотрел подарки. По цвету яшмы он определил, что вещам этим несколько столетий. На ручке кисти он заметил выгравированную в стиле чжуань надпись: «Безделушка принадлежит Гао из Бохая». Затем он внимательно с начала до конца прочел стихи, и невольно они покорили его.

– И вещи редкие, и стихи изящные! – сказал он Чжану. – Это, знаете, наваждение не из обычных! Не пойти ли нам самим с моим непутевым отпрыском туда?

Они отправились за город, и, когда подходили к персиковой роще, Мэнъи сказал:

– Это здесь.

Войдя в рощу, он огляделся и воскликнул:

– Как же так! Ни дома, ничего! Куда же все девалось!?

Тянь Болу и Чжан увидели перед собой густые деревья, голубую гладь озера, зеленые холмы. Сквозь терновник виднелась могила.

– Ах, вот оно что! – промолвил Чжан, качая головой. – Ведь здесь, по преданию, находится могила известной гетеры Сюэ Тао. В стихах танского поэта Чжэн Гу сказано: «Персиков роща младая вкруг могилы Сюэ Тао растет», и потому люди посадили тут сто персиковых деревьев, и это стало местом весенних прогулок. Та, кого повстречал ваш сын, наверняка была Сюэ Тао.

– Почему вы так думаете? – спросил Тянь Болу.

– Прежде всего вот почему: она сказала, что была замужем за человеком из семьи Пин, которого звали Кан, а это явный намек на переулок Пинкан, где в танские времена жили гетеры. Затем она говорила, что ее девичья фамилия Сюэ, – так кто же она, как не Сюэ Тао! Кроме того, на ручке кисти стоит фамилия Гао – наверняка это сычуаньский наместник Гао Пянь. Когда он был

所赐无疑。涛死已久，其精灵犹如此，此事不必穷究了。"百禄晓得运使之言甚确，恐怕儿子还要着迷，打发他回归广东。后来孟沂中了进士，常对人说，便将二玉物为证。虽然想念，再不相遇了。至今传有田洙遇薛涛故事。小子为何说这一段鬼话？只因蜀中女子从来号称多才，如文君昭君，多是蜀中所生，皆有文才。所以薛涛一个妓女，生前诗名，不减当时词客，死后犹且诗兴勃然。这也是山川的秀气。唐人诗有云："锦江滑腻峨眉秀，幻出文君与薛涛。"诚为千古佳话。至于黄崇嘏女扮为男，做了相府掾属，今世传有女状元，本也是蜀

в Сычуани, самым большим его благорасположением пользовалась именно Сюэ Тао. И несомненно, кисть и пресс – подарки, полученные ею от Гао Пя-ня. Сюэ Тао давно умерла, а душа ее, по-видимому, все еще не находит покоя. И пожалуй, не стоит нам дальше вникать в это дело, – сказал в заключение Чжан.

Тянь Болу понимал, что Чжан, вероятно, прав, но, боясь, что сын не сумеет освободиться от чар знаменитой гетеры, отправил его на родину, в Гуандун.

Впоследствии Мэнъи выдержал экзамен на степень цзиньши. Он часто рассказывал людям о своей необычайной встрече и в доказательство показывал полученные им в подарок вещицы. И, несмотря на то, что он много думал о красавице, ему больше никогда не довелось увидеть ее.

Предание о том, как Мэнъи повстречал Сюэ Тао, до сих пор еще живет в народе.

Вы спросите, зачем я рассказал вам такую чертовщину? А вот зачем: сычуаньские женщины издавна славились своими талантами; такие как Вэньцзюнь и Чжаоцзюнь – обе были родом из Сычуани; и, наконец, многие уроженцы тех мест обладали литературным дарованием. И даже простая гетера Сюэ Тао оказалась столь талантливой, что еще при жизни прославилась стихами не менее, чем знаменитые поэты, а после смерти жила все тем же поэтическим вдохновением. Нет сомнения, что это дар природы, влияние окружающих гор и рек.

Полноводна река Цзиньцзян,
Прелестны горы Эмэй.
Породили они талантливых женщин,
Таких как Вэньцзюнь и Сюэ Тао.

Так писал один из танских поэтов о Сычуани. А была еще такая, как Хуан Чунгу. Она носила мужское платье и состояла

中故事。可见蜀女多才，自古为然。至今两川风俗，女人自小从师上学，与男人一般读书，还有考试讲庠做青衿弟子。若在别处，岂非大段奇事？而今说着一家子的事，委曲奇咤，最是好听：

从来女子守闺房，
几见裙钗入学堂？
文武习成男子业，
婚姻也只自商量。

话说四川成都府绵竹县，有一个武官，姓闻名确，乃是卫中世袭指挥。因中过武举两榜，累官至参将，就镇守彼处地方。家中富厚，赋性豪奢。夫人已故。房中有一班姬妾，多会吹弹歌舞。有一子也是妾生，未满三周。有一个女儿，年十七岁，名曰蜚娥，丰姿绝世。却是将门将种，自小习得一身武艺。他最善骑射，真能百步穿杨；模样虽是娉婷，志气赛过

на службе у министра царства Раннее Шу; ее прозвали академик-девица; она тоже родом из Сычуани, и это безусловно говорит о том, что тамошние женщины издревле были талантливы. Нравы и обычаи в Сычуани и поныне таковы, что женщины с детства учатся наравне с мужчинами и даже держат экзамены и поступают в высшие училища. Случись это в другом месте, сочли бы неслыханным делом!

Ну а теперь поведаю вам одну необычайную и очень интересную историю.

> *Исстари так уж давно повелось –*
> *девицам сидеть взаперти.*
> *Когда и какой доводилось из них*
> *в школу учиться ходить?*
> *Та, о которой теперь расскажу,*
> *все делала, как мужчина,*
> *И как устроить свадьбу свою,*
> *она решила сама.*

В Сычуани, в области Чэнду, в уезде Мяньчжу, жил один военный, по фамилии Вэнь, по имени Цюэ, – наследственный командующий местным гарнизоном. Он выдержал два военных экзамена, дослужился до высокого чина и в должности командующего гарнизоном охранял те места. Это был человек щедрой и широкой натуры, и жил он богато. Жена его уже умерла. Были у него вторые жены – все талантливые, умели играть на музыкальных инструментах, танцевать, петь. Одна из вторых жен родила ему сына. Была у него и семнадцатилетняя дочь Фэйэ – девица редчайшей красоты. Это была достойная дочь своего отца: еще в детстве она овладела искусством боя, прекрасно ездила верхом и так метко стреляла из лука, что могла за сто шагов попасть в ивовый листок. И хотя с виду она казалась нежной и изящной,

男子。他起初因见父亲是武出身，受那外人指目，只说是个武弁人家，必须得个子弟，在簧门中出入，方能结交斯文士夫，不受人的欺侮。争奈兄弟尚小，等他长大不得；所以一向妆做男子，到学堂读书，外边走动，只是个少年学生；到了家中内房，方还女扮。如此数年，果然学得满腹文章，博通经史。遇着宗师到来，他就改名胜杰，表字俊卿，取胜过杰豪男人之意。一般随行逐队去考童生。且喜文星照命，县、府、道高高前列，做了秀才。他男扮久了，人多认做闻参将的小舍人，一进了学，多来贺喜，府县迎送到家。参将也只是将错就错，欢喜开宴。因武官人家，秀才是极难得的。从此参将与官府往来，添了个帮手，有好些气色。那内外大小，却像忘记他是女

но силой и твердостью характера превосходила любого мужчину. Фэйэ знала, что над ее отцом, как над человеком военным, нередко издеваются, называя «грубым воякой». Если бы кто-нибудь из их семьи был сюцаем и вращался в ученых кругах, среди литераторов, тогда им не пришлось бы терпеть обиды от людей. Но увы, брат ее был мал – ему тогда не исполнилось еще трех лет, – и рассчитывать на него в ближайшее время не приходилось. Поэтому Фэйэ давно наряжалась мальчиком, ходила в школу и всюду появлялась как юноша-учащийся. Только дома она переодевалась в женское платье. Так прошло несколько лет. За это время она овладела большими знаниями, изучила классические книги и историю. И однажды, когда к ним в город в положенное время приехал инспектор – экзаменатор учащихся их провинции, она подала заявление на участие в экзаменах, в котором назвала себя Шэнцзе, и придумала себе второе имя – Цзюньцин, как бы говоря тем самым, что она ни в чем не уступает выдающимся и смелым мужчинам. Вместе с юношами-сверстниками она держала экзамены в училище. К счастью, ее литературная звезда сияла у нее над головой: она выдержала экзамены с первого же раза и стала сюцаем. Давно уже ходила она наряженная юношей, и все принимали ее за сына Вэнь Цюэ. Как только стало известно, что Цзюньцин выдержал экзамен и поступает в училище как сюцай, к ним в дом стали приходить с поздравлениями, а представители уездных и Областных властей встретили молодого ученого, когда он возвращался с экзаменов, и проводили до самого дома. «Ошибка так уж ошибка», – решил отец и задал в честь дочери пир: ведь это большая радость, чтобы в военной семье был сюцай.

С тех пор у Вэнь Цюэ появился помощник, который помогал ему в делах, что, конечно, прибавило ему достоинства и чести в отношениях с местными властями. В доме и стар и мал – все словно позабыли, что Фэйэ девушка, и в любом деле распоряжа-

儿一般的，凡事尽要蚩娥支持。他同学有两个好友：一个姓魏，名造，字撰之；一个姓杜，名亿，字子中。两人多是出群才学，英锐少年，与闻俊卿意气相投，学业相长。况且年纪差不多。魏撰之方年十九，长俊卿两岁；杜子中却与俊卿同年，只小得两个月。三人就如亲生兄弟一般，极是契厚，同在学中一个斋舍里读书。二人无心，只认做同窗好友。闻俊卿却有意要在二人之中拣一个嫁他。将两人比并起来，又觉得杜子中是同庚生，凡事仿佛，模样也是他标致些，更为中意，比魏撰之分外说得投机。杜子中见俊卿意思又好，丰姿又妙。常对他道："我与兄两人，可惜多做了男子。我若为女，必当嫁兄。兄若为女，我必当娶兄。"魏撰之听得，便取笑道："而今世界盛行男色，久已颠倒阴阳。那见得两男便嫁娶不得？"闻俊卿正色道："我辈俱是孔门弟子，以文艺相知，彼此爱重。若想着淫昵，把面目放在何处？况堂堂男子，肯效顽童所为乎？该罚魏兄东道才是。"魏撰之道："适才听得子中爱慕俊卿，恨不得身为女子，故尔取笑。若俊卿不爱此道，子中也就不及

лась она.

Надо сказать, что у Фэйэ было два хороших приятеля, оба – ее соученики. Одного из них звали Вэй Цзяо, второе имя его было Чжуаньчжи, другого – Ду И, второе имя – Цзычжун. Все трое были почти ровесниками: Чжуаньчжи исполнилось девятнадцать, и он был чуть-чуть моложе Фэйэ. Все трое были дружны, словно родные братья, и в училище занимались в одном кабинете. Они находили много общего, делились мыслями и в ученых беседах совершенствовали свои знания. Юноши, ничего не подозревая, считали Цзюньцин своим другом, она же имела в виду одного из них выбрать себе в мужья и потому нередко задумывалась над тем, кто из них лучше. Цзычжун был одних лет с ней, во многих отношениях похож на нее, красивее Чжуаньчжи, а потому нравился ей больше, и беседы с ним текли всегда задушевнее. Цзычжун находил Цзюньцин очень интересным, красивым молодым человеком и часто говорил ей:

– Жаль, что мы с тобою мужчины, не то, будь я женщиной, непременно вышел бы за тебя замуж, а будь ты женщиной, я женился бы на тебе.

– Мужская любовь сейчас в моде, – как-то подшутил над ним Чжуаньчжи. – Давно уже все перемешалось, да и где это сказано, что двое мужчин не могут пожениться?

– Все мы следуем учению Конфуция, – серьезно заметила Цзюньцин. – Дружба зиждется на учебе, на обретении знаний, и потому мы друг друга уважаем и ценим. Выдавать себя за почитателей Конфуция и думать о разврате – как же тогда в глаза глядеть людям? И вообще, разве это достойно гордых, смелых мужчин? Нет, Чжуаньчжи, штраф! За тобой угощение! – сказала в заключение Цзюньцин.

– Я просто пошутил. Ну, представляешь, – услышать, что ты очень нравишься Цзычжуну и что он не прочь стать женщиной! – оправдывался Чжуаньчжи. – Но если тебе мои соображения не

变身子了。"杜子中道："我原是两下的说话。今只说得一半，把我说得失便宜了。"魏撰之道："三人之中，谁叫你独小？自然该吃些亏。"大家笑了一回。俊卿归家，脱了男服，还是个女身，暗想道："我久与男人做伴，已是不宜；岂可舍此同学之人，另寻配偶不成？毕竟止在二人之内了。虽然杜生更觉可喜，魏兄也自不凡。不知后来还是那个结果好，姻缘究在那个身上。"好生委决不下。他家中一个小楼，可以四望，心中有事，趁步登楼，见一只乌鸦，在楼窗前飞过，却向百步外一株高树上停翅踏枝，对着楼窗呀呀的叫。俊卿认得这株树，乃是学中斋前之树，心里道："叵耐这业畜叫得可厌。且教他吃我一箭则个。"随下楼到卧房中，取了弓箭，跑上楼来。那乌鸦还在那里狠叫。俊卿道："我借这业畜，卜我一件心事则个。"扯开弓，搭上箭，口里轻轻道："不要误我！"

по душе, то ничего не поделаешь, ведь Цзычжуну никак не превратиться в женщину.

– Я говорил и другое: говорил, что ничего не имею против, если Цзюньцин станет женщиной, а ты привязался только к первой половине моего высказывания. Ты меня ставишь в глупое положение, – заявил Цзычжун.

– Хочешь не хочешь, а придется тебе сносить кое-какие обиды, – перебил его Чжуаньчжи. – Кто виноват, что ты самый младший из нас?

Поговорили, посмеялись, и Цзюньцин пошла домой. Вернувшись к себе, она снова переоделась в женское платье. «Я все время нахожусь среди мужчин, и это становится не совсем удобным, – подумала она. – Но неужели нельзя выбирать супруга из своих друзей, а надо искать неизвестно кого на стороне? Нет, то будет один из них, – решила она. – Цзычжун очень и очень славный, но Чжуаньчжи тоже неплох. С кем же из них будет мне лучше и кто из них моя судьба?»

Долго она думала над этим, но никак не могла прийти к определенному решению.

Дом у них был с маленькой башней, откуда можно было оглядеть всю окрестность. Занятая своими мыслями, Цзюньцин не заметила, как поднялась на башню. В это время ворон опустился на ветку высокого дерева, которое росло неподалеку, шагах в ста от башни. Он смотрел в сторону Цзюньцин и громко каркал. Дерево это было хорошо знакомо Цзюньцин: оно возвышалось во дворе училища перед самым их кабинетом. «До чего противно кричит! – подумала Цзюньцин. – Сейчас я расправлюсь с тобой!» Девушка быстро спустилась к себе в спальню, взяла лук и стрелу и снова взбежала на башню. Ворон все еще сидел на дереве и каркал. «Воспользуюсь-ка я этим случаем и загадаю одно заветное желание...» С этой мыслью Цзюньцин вложила стрелу, натянула лук.

飕的一响，箭到处，那边乌鸦坠地。这边望见中箭，急急下楼，仍旧换了男妆，往学中看那枝箭的下落。

且说杜子中在斋前闲步，听得鸦鸣正急，忽然扑的一响，掉下地来。走去看时，鸦头上中了一箭，贯睛而死。子中拔出箭来道："谁有此神手？恰恰贯着他头脑。"仔细看那箭干上，有两行细字道："矢不虚发，发必应弦。"子中念罢笑道："那人好夸口。"魏撰之听得，急出来叫道："拿与我看。"在杜子中手里接了过来。正同看时，忽然子中家里有人来寻。子中掉着箭自去了。魏撰之细看时，八个字下边，还有"蜚娥记"三小字。想道："蜚娥乃女人之号，难道女人中有

– Не подведи! – прошептала она и выстрелила. Резкий свист, и ворон упал на землю.

Цзюньцин поняла, что попала в цель, тотчас сбежала вниз, переоделась в мужское платье и направилась в училище за своей стрелой.

Тем временем Цзычжун прогуливался возле кабинета. Он видел, как неистово каркавший ворон вдруг свалился на землю, и подошел к нему. Стрела угодила птице в глаз. «Интересно, кто этот чудесный стрелок, – ведь сумел попасть прямо в голову», – подумал Цзычжун, вынимая стрелу и внимательно ее разглядывая. Тут он заметил на стреле мелко выведенную надпись: «Мимо цели не бьет». Цзычжун прочел надпись вслух и рассмеялся: «Ну и хвастун!»

Эти слова услышал Чжуаньчжи и выбежал из кабинета.

– А ну покажи, что у тебя! – сказал он Цзычжуну и взял у него стрелу. Вместе они стали ее рассматривать, но в это время за Цзычжуном прислали из дому, и он ушел.

Продолжая разглядывать стрелу, Чжуаньчжи заметил, что под надписью очень мелкими знаками стояло еще «Фэйэ».

«Фэйэ?.. Это же женское имя. Неужели среди женщин есть такие искусные стрелки? Просто поразительно! Цзычжун не обратил внимания, что здесь еще стоит имя. Вот удивился бы!»

Тем временем во дворе появилась Цзюньцин.

– Это ты нашел стрелу? – спросила она Чжуаньчжи, как только увидела его, задумавшегося, со стрелой в руках.

– Я, а что? Почему ты спрашиваешь?

– На стреле написано что-нибудь?

– В том-то и дело. Поэтому я стою тут над ней и думаю.

– О чем?

– Там написано «Фэйэ», а Фэйэ – это, конечно, женщина, вот я и задумался: неужели среди женщин есть такие меткие стрелки?

此妙手？这也诧异。适才子中不看见这三个字，若见时，必然还要称奇了。"沉吟间，早有闻俊卿走将来。看见魏撰之捻着这枝箭，立在那里，忙问道："这枝箭是兄拾了么？"撰之道："箭自我拾的，兄却如此盘问。"俊卿道："箭上有字的么？"撰之道："因为有字，在此想念。"俊卿道："想念些甚么？"撰之道："有'蜚娥记'三字。蜚娥必是女人，故此想着。难道有这般善射的女子不成？"俊卿假言道："不敢欺兄。蜚娥即是家姊。"撰之道："令姊有如此巧艺，曾许聘那家了？"俊卿道："尚未。"撰之道："模样如何？"俊卿道："与小弟有些厮像。"撰之道："这等，必是极美的了。俗语道：'未看老婆，先看阿舅。'小弟还未有室。吾兄与小弟做个撮合山何如？"俊卿道："家下事，多是小弟作主。老父面前，只消小弟一言，无有不依。只未知家姊心下如何。"撰之道："令姊处也仗吾兄帮衬。通家之雅，料无推拒。"俊卿道："小弟谨记在心。"撰之喜道："得兄应承，便十有八九了。谁想姻缘却在此枝箭上。小弟谨当宝此，以为后验。"便把那枝箭藏于书箱中。又取出羊脂玉闹妆一个，递与俊卿道："以此奉令姊，权答此箭，作个信物。"俊卿接来，束在腰间。撰之道："小弟聊诌俚言，道意于令姊，何如？"俊卿道："愿闻。"撰之吟道：

闻得罗敷未有夫，

— Ну что же, не буду скрывать от тебя: Фэйэ — это моя старшая сестра, — на ходу сочинила Цзюньцин.

— Твоя сестра?! И так превосходно стреляет?! — воскликнул Чжуаньчжи. — Скажи, а она просватана?

— Нет еще.

— А как она выглядит? — допытывался Чжуаньчжи.

— Немного похожа на меня.

— Ну если так, значит, она очень красивая. В старой пословице верно говорится: «Не видел невесту — погляди на шурина». Жены у меня нет, — продолжал Чжуаньчжи. — Послушай, не взялся бы ты быть моим сватом?

— Ну что ж, у нас дома в общем-то хозяин я. Стоит мне только отцу слово сказать, и он на все согласится. Но вот как сама сестра, не знаю.

— Пожалуйста, замолви и перед ней за меня словечко. При нашей дружбе, я думаю, ты не откажешься.

— Ладно, буду иметь в виду.

Чжуаньчжи обрадовался.

— Раз ты согласен, дело, можно сказать, улажено. Кто мог подумать, что моя судьба будет зависеть вот от этой стрелы? Обязательно сохраню ее.

Он спрятал стрелу в визитную шкатулку, затем, протягивая Цзюньцин яшмовую подвеску, сказал:

— Вот это подношу твоей сестре для скрепления слова как подарок в ответ на стрелу.

Цзюньцин привязала подвеску к поясу.

— А что, если я сочиню сейчас стихи для твоей сестры и попрошу тебя передать их ей?

— Давай послушаю, — сказала Цзюньцин, и Чжуаньчжи проскандировал:

Узнал я, что не замужем

支机肯与问津无？
他年得射如皋雉，
珍重今朝金仆姑。

　　俊卿笑道："诗意最妙。只是兄貌不陋，似太谦了些。"撰之笑道："小弟虽非贾大夫之丑，若与令姊相并，定是不及。"俊卿含笑而别。从此撰之胸中痴痴的想着："闻俊卿有个阿姊，貌美技精，要得为妻。"有了这个念头，并不与杜子中说知，因为箭是他所拾，恐怕说明这段缘由，起子中争娶之念，故此半字不题。谁想这枝箭元有来历。俊卿学射时节，便怀着择配之心，竹干上刻那两句，固是夸着发矢必中，也暗藏个应弦的哑谜。他射那乌鸦之时，明知在书斋树上，射去这枝箭，心里暗卜一卦，看他两人那个先拾得者，即是百年姻眷，

красавица Лофу.
Но камень даст ли дёвица
тому, кто ищет брод?
Чтоб подстрелить когда-нибудь
фазана, как Жугао,
Я бережно храню
заветную стрелу.

— Хорошо сказано, — шутливым тоном заметила Цзюньцин, — но только ты слишком уж скромничаешь, сравнивая себя с Жугао. Вовсе ты не безобразен.

— Ну, хоть я и не такой некрасивый, каким был в свое время Жугао, но мне наверняка далеко до твоей сестры.

Цзюньцин улыбнулась на это и ушла.

С тех пор Чжуаньчжи одолевала одна мысль: «У Цзюньцин есть красавица сестра, которая еще и великолепно стреляет. Непременно нужно добиться, чтобы она досталась мне в жены». Однако своими мыслями он не поделился с Цзычжуном; как-никак, стрелу поднял тот, и Чжуаньчжи боялся, что, расскажи он ему, у Цзычжуна тоже может возникнуть желание посвататься к сестре Цзюньцина. Словом, он молчал и никогда об этой стреле не заговаривал.

А надо сказать, что, когда Цзюньцин еще только начинала учиться стрелять, уже тогда она думала о выборе жениха. И хотя слова, которые она вырезала на стреле: «Мимо цели не бьет», были, конечно, преувеличением, но она вкладывала в них особый смысл, свое заветное желание. Когда Цзюньцин стреляла в ворона, она прекрасно знала, что птица сидит на дереве, которое растет в училище возле их кабинета, и потому, спуская тетиву, загадала: кто из двоих друзей подберет стрелу, тот ее суженый. Поэтому она тогда так торопливо направилась в училище посмотреть, у кого оказалась стрела. Она не знала, что стрелу под-

为此急急来寻下落。不知是杜子中先拾着，后来掉在魏撰之手里。俊卿只见在魏撰之处，以为姻缘有定，故假意说是姊姊，其实多暗隐着自己的意思。魏撰之不知其故，凭他捣鬼，只道的真有个姊姊。俊卿却又错认魏撰之乃天定良缘，已是心口相许；但为杜子中十分相爱好些，抛撇不下，叹口气道："一马跨不得双鞍。我又违不得天意，他日别寻件事端，补其夙昔美情。"明日来对魏撰之道："老父与家姊面前，小弟十分撺掇，已有允意。玉闹妆也留在家姊处了。老父的意思，要等秋试过，待兄高捷，方议此事。"魏撰之道："就迟到今冬，也无妨。只是一言既定，再无翻变才好。"俊卿道："有小弟在，谁翻变得？"魏撰之不胜之喜，连忙作揖道："多谢吾兄主盟，异日当图厚报。"

　　话休烦絮。时值秋闱，魏撰之与杜子中闻俊卿多考在优等，起送乡试。两人拉俊卿同去。俊卿与父参将计较道："女孩儿家只好瞒着人，暂时做秀才耍子。若当真去乡试，一下子中了举人，后边露出真情来，就要关着奏请干系。事体弄大

нял Цзычжун и что только потом она попала к Чжуаньчжи. Увидев стрелу в его руках, она подумала, что вопрос о замужестве решен, и умышленно сказала Чжуаньчжи о своей сестре, имея в виду самое себя. А Чжуаньчжи, ничего не подозревая и ни о чем не ведая, поверил, что у Цзюньцина есть сестра.

Итак, полагая, что Чжуаньчжи — это спутник жизни, назначенный ей самим небом, Цзюньцин уже в душе с этим смирилась, но отказаться от Цзычжуна, с которым она очень дружила, ей было жалко, и она как-то со вздохом сказала себе: «Ну что же, одну ло

шадь не седлают двумя седлами! Да и против воли неба не пойдешь — как-нибудь иначе придется отблагодарить Цзычжуна за его добрые чувства ко мне».

На следующий день она сказала Чжуаньчжи:

— Яшмовую подвеску я передал сестре и много говорил о тебе с ней и с отцом. Они будто бы склонны согласиться, только отец сказал, что окончательно обо всем договоримся, когда ты выдержишь осенние экзамены.

— Что ж, слово сказано! — довольный, воскликнул Чжуаньчжи. — Лишь бы твои ему не изменили.

— А я на что?! Хотел бы я посмотреть, кто посмеет изменить данному мне слову!

Чжуаньчжи был страшно рад.

И вот настали осенние экзамены. Чжуаньчжи, Цзычжун и Цзюньцин выдержали уездные экзамены в числе лучших, и всех троих должны были направить на экзамен в область. Чжуаньчжи и Цзычжун уговаривали друга поехать с ними. Цзюньцин, советуясь об этом с отцом, говорила:

— Какое-то время я могла, конечно, водить людей за нос и шутки ради ходить в сюцаях, но ехать на экзамены в область — это уж слишком! Представь себе, вдруг я выдержу на цзюйжэня, а потом выяснится, что я женщина, последует донос, и дело

了不好收场，决使不得。"遂托病不行。魏杜两生只得撇了，自去赴试。揭晓之日，两生多得中了。闻俊卿见两家报捷，也自欢喜，打点等魏撰之到家时，方把求亲之话与父亲说知。不想安绵兵备道与闻参将不合，时值军令考察，开下若干款数，递个揭帖到按院处，诬他冒用国课，妄报功绩，侵克军粮，累赃巨万。按院参上一本，奉圣旨着本处抚院提问。此报一至闻家，合门慌做了一团。也就有许多衙门人寻出事端来缠扰。亏得闻俊卿是个出名的秀才，众人不敢十分罗唣。过不多时，兵道行牌到府，说是奉旨犯人，不宜疏纵，把闻参将收拾在府狱中去了。闻俊卿自把生员出名，去递投诉，就求保候父亲。太守准了诉词，不肯召保。俊卿央着同窗两个新中举人去见太

примет такой оборот, что потом не расхлебать. Нет, держать экзамен в области ни в коем случае нельзя.

Сославшись на болезнь, Цзюньцин отказалась ехать. Чжуаньчжи и Цзычжуну оставалось отправиться на экзамены вдвоем. Когда в области вывесили списки выдержавших, они оба оказались в их числе. Цзюньцин, узнав о том, что и в дом к Чжуаньчжи, и в дом Цзычжуна прибыли вестники с поздравлениями, очень обрадовалась и решила, что, когда Чжуаньчжи вернется домой, она расскажет своему отцу о сватовстве. Но случилось иначе.

Окружной военный инспектор не ладил с Вэнь Цюэ. Воспользовавшись военной инспекцией, которая как раз в это время проводилась в уезде, инспектор послал в областной суд донесение, в котором обвинял Вэнь Цюэ в растрате сумм, полученных от государственных налогов, в присвоении несуществующих заслуг, в хищении довольствия и, наконец, в том, что он, мол, таким вот нечестным путем скопил огромные богатства. Областной суд послал об этом доклад императору, и вскоре был получен приказ, в котором инспектору провинции предписывалось расследовать дело.

Когда весть об этом дошла до Вэнь Цюэ, все его домашние всполошились. К Вэнь Цюэ стали приходить какие-то приказные с придирками то по одному, то по другому делу. Хорошо еще, что Цзюньцин был известным сюцаем, и особенно распоясываться никто не смел. Но через некоторое время к Вэнь Цюэ явились люди с распоряжением из военного ведомства, заявили, что его как преступника арестовывают по приказу свыше, что никаких послаблений в отношении него поэтому не может быть допущено, и забрали в тюрьму.

Цзюньцин как сюцай написала от себя жалобу, в которой просила, чтобы ей разрешили взять отца на поруки. В области приняли жалобу, но выдать Вэнь Цюэ на поруки не согласились.

守。太守说碍上司分付，做不得情。三人袖手无计。此时魏撰之自揣道："他家患难之际，料说不得求亲的闲话，只好不提起，且一面去会试再处。"两人临行之时，又与俊卿作别。撰之道："我们三人同心之友，我两人喜得侥幸，方恨俊卿因病蹉跎，不得同登，不想又遭此家难。而今我们匆匆进京，心下如割。却是事出无奈。多致意尊翁，且自安心听问。我们若少得进步，必当出力相助，来白此冤。"子中道："此间官官相护，做定圈套陷人。闻兄只在家营救，未必有益。我两人进京，倘得好处，闻兄不若径到京来商量，与尊翁寻个门路，还是那边上流头好辨白冤枉，我辈也好相机助力。切记，切记。"撰之又私自叮嘱道："令姊之事，万万留心。不论得意不得意，此番回来必求事谐了。"俊卿道："闹妆见在，决不使兄失望便了。"三人洒泪而别。

Тогда Цзюньцин попросила Чжуаньчжи и Цзычжуна поговорить лично с правителем области, но тот ответил, что ничем помочь не может, поскольку в отношении Вэнь Цюэ имеется распоряжение свыше. Цзюньцин, Чжуаньчжи и Цзычжун не знали, что еще предпринять.

«Теперь у них такая беда, что им, конечно, не до сватовства, – рассуждал Чжуаньчжи. – Придется с этим повременить, ехать на столичные экзамены, а там будет видно». Перед отъездом, прощаясь с Цзюньцин, он сказал:

– Все мы – близкие друзья, двоим из нас повезло, а вот тебе, Цзюньцин, к сожалению, не довелось из-за болезни держать вместе с нами последние экзамены, а тут еще и в семье у тебя такое несчастье. Сейчас мы должны срочно ехать в столицу на экзамен, но в сердце у нас словно острый нож. Что ж тут поделаешь! Просим передать привет твоему отцу, а ты не волнуйся и спокойно жди. Если нам удастся хоть немного выдвинуться, мы, конечно, приложим все усилия, чтобы смыть эту обиду.

– У нас тут чин чина выгораживает, – говорил в свою очередь Цзычжун, – и ясно, они будут строить всякие козни, чтобы погубить человека. Если ты, Цзюньцин, будешь хлопотать за отца только здесь, на месте, то вряд ли из этого выйдет толк. Мы теперь будем в столице, и если нам повезет с экзаменами, лучше всего приезжай прямо к нам, обдумаем все и найдем какой-нибудь выход. Все-таки в столице, где все высшее начальство, легче добиться справедливости, да и нам будет виднее по обстоятельствам, как и чем лучше помочь. Прошу тебя, помни об этом!

– А что до твоей сестры, – шепнул ей Чжуаньчжи, – то, пожалуйста, имей в виду: чем бы ни кончилась моя поездка в столицу, вернусь, непременно буду добиваться сватовства.

– Яшмовая подвеска у нее, – ответила Цзюньцин, – и будь покоен, я сделаю свое.

При расставании все трое прослезились.

闻俊卿自两人去后，一发没有商量可救父亲。亏得"官无三日急，到有七日宽"。无非凑些银子，上下分派，使用得停当，狱中的也不受苦，官府也不来急急要问，丢在半边，做一件未结公案。参将与女儿计较道："这边的官司既未问理，我们正好做手脚。我意要修下一个辨本，做下一个备细揭帖到京中诉冤，只没个能干的人去得，心下踌躇未定。"闻俊卿道："这件事须得孩儿自去。前日魏杜两兄临别时，也教孩儿进京去，可以相机行事。但得两兄有一人得第，也就好做靠傍了。"参将道："幸得你是个女中丈夫。若亲自到京，毕竟停当。只是万里程途：路上恐怕不便。"俊卿道："自古多称缇萦救父，以为美谈。他也是个女子，况且孩儿男装已久，游庠已过，一向算在丈夫之列，有甚去不得？虽是路途遥远，孩儿弓矢可以防身。倘有人盘问，凭着胸中见识，也支持得过，不

После отъезда друзей Цзюньцин уже не с кем было советоваться, что предпринять и как помочь отцу. Но, к счастью, в ямэнях на срочном разборе дела в три дня не настаивают, зато откладывают дела на недели. Все сводится к тому, что нужно собрать сколько-то денег и умело распределить взятки между высшими и низшими чинами. Тогда положение заключенного в тюрьме облегчается, власти перестают настаивать на немедленном разборе, дело откладывается в сторону и превращается в одно из «незаконченных». Взвесив все это, Вэнь Цюэ как-то при свидании с дочерью сказал:

— Поскольку дело мое здесь пока не разбирают, сейчас как раз удобный момент действовать. Я думаю написать объяснение и составить жалобу; единственное, что меня останавливает, это то, что нет такого смышленого и толкового человека, который мог бы поехать хлопотать за меня в столицу.

— По этому делу надо ехать мне самой, — сказала Цзюньцин. — Да и друзья недавно, уезжая, тоже советовали мне ехать в столицу и уже в зависимости от обстоятельств действовать. Они мне помогут. Но было бы, конечно, еще лучше, если бы хоть один из них выдержал экзамены!

— Ты у меня отважная! Если ты сама поедешь, это, конечно, будет неплохо. Но путь-то далекий — боюсь, в дороге тебе будет трудно и неудобно.

— Полноте, вы ведь знаете, что издревле все восхищаются историей Тиин, которая спасла отца. Она тоже была девицей. А у меня еще есть преимущество перед ней: я давно выдаю себя за мужчину, училась в училище, и никому в голову не приходит, что я женщина. Так почему бы мне не отправиться в столицу? Что тут такого? Путь хоть и далек, но у меня с собой будут лук и стрелы — защитить себя я сумею, а если кто спросит о чем-нибудь таком, о чем не спрашивают женщин, то я все-таки кое-что знаю и не растеряюсь, не выдам себя — беспокоиться за меня

足为虑。只是单带着男人随去，便有好些不便。孩儿想得有个道理：家丁闻龙夫妻，本是苗种，多善弓马。孩儿把他妻子也扮做男人，带着他两个，连孩儿共是三人同走，既有妇女伏侍，又有男仆跟随，可以放心，一直到京了。"参将道："既然算计得停当，事不宜迟，快打点动身便了。"俊卿依命，一面去收拾，听得街上报进士，说魏杜两人多中了。俊卿不胜之喜，来对父亲说道："有他两人在京做主，此去一发不难做事。"就拣定一日，作急起身，在学中动一纸游学呈词，批个文书执照，带在身边，路经省下，再察听一察听上司的声口消息。你道闻小姐怎生打扮：

飘飘巾帻，
覆着两鬓青丝；
窄窄靴鞋，
套着一双玉笋。
上马衣裁成短后，
蛮狮带妆就偏垂。
囊一张玉靶弓，
想开时，

нечего. Только действительно будет неудобно, если я возьму с собой одного слугу. Но тут можно вот что сделать: пусть меня сопровождает Вэнь Лун со своей женой. Оба они родом из племени мяо, а у них там все прекрасные наездники и стрелки. Жену его я наряжу мужчиной, и втроем мы отправимся в путь. Будут у меня тогда и женщина-слуга, и мужчина-провожатый, так что можно ехать спокойно.

— Раз ты все так хорошо обдумала, то незачем и откладывать, — сказал Вэнь Цюэ. — Соберись и сразу в путь.

Цзюньцин попрощалась с отцом и ушла готовиться в дорогу. На улице она услышала, как вестники кричали, что Чжуаньчжи и Цзычжун выдержали экзамены. Обрадованная, она вернулась к отцу и сообщила ему об этом.

— Ну, теперь, когда они оба смогут помочь тебе, действовать будет совсем уж нетрудно, — сказал он на прощание.

Выбрав день для отъезда, Цзюньцин стала укладывать вещи. В училище она подала заявление, что отправляется учиться в странствии, и получила соответствующую грамоту. По пути она решила заехать в областной город, чтобы разузнать там, как настроено начальство.

Как же, вы думаете, выглядела эта девушка в дороге?

Вьется по ветру головная накидка,
Прикрывая черные волосы, ниспадающие на щеки;
Узкие-узкие сапожки облегают ножки,
Подобные росткам бамбука.
Верхом на коне,
В шароварах, в коротенькой куртке;
С широкого пояса, сжавшего талию туго,
Свисает подвеска со львом.
Лук и колчан под рукой,
Стрелы с гусиными перьями.

舒臂扭腰多体态；
插几枝雁翎箭，
放着处，
猿啼雕落逞高强。
争羡道，
能文善武的小郎君；
怎知是，
女扮男装的乔秀士？

　　一路来到了成都府中，闻龙先去寻下一所洁净饭店。闻俊卿后到，歇下行李，叫闻龙妻子取出带来的山菜几件，装在碟内，向店中取了一壶酒，斟着慢饮。又道是"无巧不成话"。那坐的所在，与隔壁人家窗口相对，只隔得一个小天井。正饮之间，只见那边窗里一个女子，掩着半窗，对着闻俊卿不转眼的看。及至闻俊卿抬起眼来，那边又闪了进去，遮遮掩掩，只不走开。忽地打个照面，乃是个绝色佳人。闻俊卿想道："原来世间有这样美貌女子。"看官，你道此时若是个男人，必然动了心，就想装些风流家数，两下眉头眼角，弄出无限情景来

*Нетрудно представить себе,
Как прелестна она и стройна,
Когда на коне повернется
И натянет свой лук;
Там, где стрела пролетит, –
Жалобный крик обезьян,
Подстреленный ястреб падает вниз.
Крики восторга – ученому юноше,
И всем невдомек, что это
Мужчиной одетая дева.*

И вот она со своими провожатыми прибыла в город Чэнду. Вэнь Лун отправился вперед, чтобы разыскать гостиницу поукромнее и почище, и, когда разыскал, проводил туда Цзюньцин. Путники сняли поклажу. Цзюньцин приказала жене Вэнь Луна приготовить что-нибудь поесть из захваченных с собой припасов, а сама попросила, чтобы ей подали чайник вина, села за стол и, не торопясь, стала пить. Но, как говорится, без случайностей не бывает рассказа.

Как раз напротив того места, где сидела Цзюньцин, было окно соседнего дома, от которого гостиницу отделял только маленький дворик. Окно это было чуть приоткрыто, а возле него стояла девица, и, пока Цзюньцин пила вино, девица не спускала с нее глаз. Когда же Цзюньцин поднимала глаза, та скрывалась, но от окна не отходила. В какой-то момент взгляды их встретились, и Цзюньцин успела заметить, что девица эта изумительно хороша.

«Вот, оказывается, какие красивые женщины бывают на свете!» – подумала Цзюньцин.

Читатель! Будь Цзюньцин мужчиной, сердце ее, конечно, не осталось бы равнодушным; она, наверно, постаралась бы произвести впечатление на красавицу и уж непременно, так

了。只是闻俊卿自己也是个女身,那里放在心上,一面取饭来吃了,且自去衙门前打干正事。到得去了半日,傍晚回店,刚坐得下,隔壁听见这里有人声,那女子又在窗边来瞧看。俊卿私下自笑道:"看我做甚?岂知我与你是一般样的!"正叹嗟间,只见门外一个老姥走将进来,手中拿着一个小儿,见了俊卿,放下子,道个万福,对俊卿道:"隔壁景家小娘子见舍人独酌,送两件果子与舍人当茶。"俊卿开看,乃是南充黄柑、顺庆紫梨,各十来枚。俊卿道:"小生偶经于此,与娘子非戚非亲,如何承此美意?"老姥道:"小娘子说来,此间来去万千的人,不曾见有舍人这等丰标,必定是贵家出身。及至问人,说是参府中小舍人。小娘子说这俗店无物可口,叫老媳妇送此二物来解渴。"俊卿道:"小娘子何等人家,却居此间壁?"老姥道:"这小娘子是井研景少卿的小姐。只因父母双

или иначе, дать ей понять о своих чувствах. Но Цзюньцин сама была женщиной и потому, не обращая никакого внимания на незнакомку, приступила к обеду, а поев, отправилась в ямэнь заниматься делами. Так она провела полдня и вернулась в гостиницу только к вечеру. Не успела она сесть, как красавица из дома напротив, заслышав голоса, опять подошла к окну и стала смотреть в сторону Цзюньцин.

«Что ты глядишь на меня? – смеялась в душе Цзюньцин. – Если б ты только знала, что я такая же, как и ты!..»

В это время в комнату вошла старушка с коробкой в руке. Подойдя к Цзюньцин, она положила перед ней коробку, поздоровалась и сказала:

— Это от молодой госпожи Цзин, — она видела, что вы пьете один, и велела поднести вам фрукты.

Цзюньцин открыла коробку: там были наньчунские апельсины и шуньцинские груши – тех и других штук по десять.

— Я оказался здесь случайно, проездом, – отвечала ей Цзюньцин, – с молодой госпожой ни в родстве, ни в знакомстве не состою и потому не смею считать себя достойным чести принять ее любезное подношение.

— Госпожа сказала, что среди тысяч и тысяч людей, останавливавшихся здесь, ей еще никогда не случалось видеть человека такой красоты, такой приятной, располагающей внешности. Она решила, что вы непременно благородного происхождения, расспрашивала о вас и узнала, что вы сын господина Вэнь Цюэ. Госпожа сказала, что здесь, в захолустной гостинице, не найти ничего вкусного, и велела мне поднести вам вот это, немного утолить жажду.

— Кто такая ваша госпожа и почему она живет здесь, возле гостиницы?

— Молодая госпожа родом из семьи помощника министра господина Цзина, уроженца Цзинъяни, – отвечала старушка.

亡，他依着外婆家住。他家里自有万金家事，只为寻不出中意的丈夫，所以还未嫁人。外公是此间富员外。这城中极兴的客店，多是他家的。房子何止有十来处，进益甚广。只有这里幽静些，却同家小每住在间壁。他也不敢主张，把外甥许人，恐怕错了对头，后来怨恨。常对小娘子道：'凭你自家看得中意的，实对我说，我就主婚。'这个小娘子也古怪，自来会拣相人物，再不曾说那一个好，方才见了舍人，便十分称赞，敢是与舍人是夙世姻缘，天遣到此成就。"俊卿不好答应，微微笑道："小生那有此福。"老姥道："好说，好说。老媳妇且去着。"俊卿道："致意小娘子，多承佳惠。客中无可奉答，但有心感盛情。"老姥去了。俊卿自想一想，不觉失笑道："这小娘子看上了我，却不枉费春心。"吟诗一道，聊寄其意。诗云：

为念相如渴不禁，

— Родители ее умерли, и она живет у своей бабки по матери. Девица наша очень богата, владеет десятками тысяч цзиней, но никак не может найти себе жениха по вкусу. Дед ее по матери — известный в округе господин Фу. Самые большие гостиницы в этом городе почти все принадлежат ему. Домов у него не один десяток, и доходы огромные. Обычно он со всей своей семьей живет здесь, возле гостиницы, где более тихое место. Господин Фу не решается сам сватать внучку за кого-нибудь, так как боится, что пара окажется неподходящей и потом его же будут упрекать. Поэтому он всегда говорит ей: «Ты уж сама смотри и прямо мне скажи, кто тебе понравится, того я и буду сватать». Но молодая госпожа такая странная, она ведь на редкость хорошо разбирается в людях, однако до сих пор еще ни разу не говорила, что ей кто-то пришелся по душе. А вот сейчас увидела вас и так стала хвалить, так расхваливать... Боюсь, что самой судьбой вам суждено соединиться, и вероятно, настало время.

Цзюньцин нечего было ей на это ответить. Улыбнувшись, она лишь сказала:

— Ну, где мне такое счастье!

— Ну-ну-ну, — пробормотала старушка. — Ладно уж, я пошла.

— Поблагодарите, пожалуйста, госпожу и передайте ей, что я премного тронут ее подарком и сожалею, что мне остается только в душе быть признательным за ее заботы и внимание. Передайте также, что, находясь в пути, я не имею возможности ответить ей любезностью.

Когда старуха ушла, Цзюньцин призадумалась: «Приглянулась, видите ли, я ей. Знала бы она, что понапрасну расточает свои чувства!» И, рассмеявшись своим мыслям, она тут же по этому поводу напела стихи:

Ты жаждешь повстречать Сянжу,
душа полна мечтой.

交梨邛橘出芳林。
却惭未是求凰客，
寂寞囊中绿绮琴。

次日早起，老姥又来，手中将着四枚剥净的熟鸡子，做一碗盛着，同了一小壶好茶，送到俊卿面前道："舍人请点心。"俊卿道："多谢妈妈盛情。"老姥道："这是景小娘子昨夜分付了老身支持来的。"俊卿道："又是小娘子美情，小生如何消受。有一诗奉谢，烦妈妈与我带去。"俊卿就把昨夜之诗，写在一幅桃花笺上，封好付与妈妈。诗中分明是推却之意。妈妈将去与景小姐看了。景小姐一心喜着俊卿，见他以相如自比，反认做有意于文君。后边二句，不过是谦让的说话。遂也回他一首，和其元韵。诗云：

宋玉墙东思不禁，

Я из садов душистый плод
кладу перед собой.
Увы мне! Не привычен я
быть гостем у красоток,
И потому в чехле держу
я цинь узорный свой.

(Перевод Л. Н. Меньшикова)

На следующий день старуха пришла опять. На этот раз она принесла чашу с очищенными вареными яйцами и чайник, от которого исходил чудесный аромат. Поставив все это перед Цзюньцин, она сказала:

– Прошу вас позавтракать.

– Благодарю вас, матушка, за ваши заботы, – ответила Цзюньцин.

– Это госпожа Цзин велела мне приготовить угощение и принести вам, – сказала старушка.

– Опять любезные заботы молодой госпожи Цзин! – воскликнула Цзюньцин. – Прямо не знаю, как быть... Тут у меня есть стихи в знак благодарности ей, прошу, передайте их барышне.

Цзюньцин написала вчерашнее стихотворение на бумаге, запечатала и передала старушке. В этом стихотворении, как вы понимаете, был намек на отказ.

Старуха отнесла стихи Цзин, та прочла их, но, увлеченная своими чувствами к молодому человеку, подумала, что он сравнивает себя с Сыма Сянжу и этим хочет сказать, что неравнодушен к ней, как Сянжу к Вэньцзюнь. Последние же строки она просто приняла за проявление скромности и тут же сочинила ответные стихи на те же рифмы:

Так близко – за стеной моей
Сун Юй объят мечтой.

愿为比翼止同林。
知音已有新裁句,
何用重挑焦尾琴?

　　吟罢,也写在乌丝茧纸上,教老姥送将去。俊卿看罢笑道:"元来小姐如此高才,难得难得。"俊卿见他来缠得紧,生个计较,对老姥道:"多谢小姐美意。小生不是无情。争奈小生已聘有妻室,不敢欺心妄想。上覆小姐:这段姻缘,种在来世罢了。"老姥道:"既然舍人已有了亲事,老身去回覆了小娘子,省得他牵肠挂肚,空想坏了。"老姥去后,俊卿自出门去打点衙门事体,央求宽缓日期。诸色停当,到了天晚,才回下处。是夜无话。来日天早,这老姥又走将来笑道:"舍人小小年纪,到会掉谎。花一般的娘子,滚到身边,推着不要。昨日回了小娘子,小娘子教我问一问两位管家,多说道舍人并不曾聘过娘子。小娘子喜欢不胜,已对员外说过。少刻员外自

> *О, если б вместе в дальний лес*
> *мне улететь с тобой!*
> *Кто музыку постиг мою,*
> *уже прочел стихи, –*
> *И потому не достаю*
> *я цинь узорный свой.*

(Перевод Л. Н. Меньшикова)

Написав эти стихи на шелку, она велела старухе отнести их Цзюньцин. Та прочла стихи и рассмеялась.

– Оказывается, госпожа очень талантлива! – сказала она и, видя, что от нее никак не хотят отстать, придумала выход. – Поблагодарите госпожу за ее любезность, – обратилась она к старухе. – Я, конечно, не бесчувствен, но дело в том, что я уже обручен, а потому не смею идти против своей совести и мечтать о невозможном. Доложите, пожалуйста, об этом госпоже и скажите, что нашим судьбам суждено будет соединиться лишь в следующем перерождении.

– Ну, раз вы уже обручены, ничего не поделаешь. Пойду скажу ей об этом, чтобы она напрасно не мучила себя.

Старушка ушла, а Цзюньцин отправилась в ямэнь хлопотать об отсрочке расследования. Когда она устроила все дела и вернулась, наступил уже вечер.

Ночь прошла без всяких происшествий.

На следующий день утром опять пришла старуха и, улыбаясь, сказала:

– Такой молодой человек, а уже научился врать! Девица сама подкатывается к нему в жены, а он, видите ли, отталкивает ее и отказывается. Вчера, когда я ей доложила обо всем, она велела мне расспросить ваших слуг, и они оба сказали, что вы не просватаны. Госпожа так обрадовалась, что сразу же рассказала о вас нашему господину, и он сам сейчас придет к вам с поклоном

来奉拜说亲，好歹要成事了。"俊卿听罢，呆了半晌道："这冤家帐那里说起。只索收拾行李起来，趁早去了罢。"分付闻龙与店家会了钞，急待起身，只见店家走进来报道："主人富员外相拜闻相公。"说罢，一个七十多岁的老人家，笑嘻嘻进来堂中，望见了闻俊卿，先自欢喜，问道："这位小相公，想就是闻舍人了么？"老姥还在店内，也跟将来，说道："正是这位。"富员外把手一拱道："请过来相见。"闻俊卿见过了礼，整了客座坐下。富员外道："老汉无事，不敢冒叩新客。老汉有一外甥，乃是景少卿之女，未曾许着人家。舍甥立愿不肯轻配凡流。老汉不敢擅做主张，凭他意中自择。昨日对老汉说，有个闻舍人，下在本店，丰标不凡，愿执箕帚，所以要老汉自来奉拜，说此亲事。老汉今见足下，果然俊雅非常，舍甥也有几分姿容，况且粗通文墨，实是一对佳偶。足下不可错过。"闻俊卿道："不敢欺老丈。小生过蒙令甥谬爱，岂敢自

и будет говорить о сватовстве. Так или иначе, но теперь уже дело должно быть улажено.

Цзюньцин долго молчала. «Откуда такая беда свалилась мне на голову? – подумала она в растерянности. – Остается одно: поскорей собрать пожитки и в путь».

Решив ехать, она распорядилась, чтобы Вэнь Лун расплатился за гостиницу, и уже было поднялась, как он вернулся.

– Хозяин гостиницы, господин Фу, явился навестить вас, – доложил он и не успел еще договорить, как в комнату, улыбаясь, вошел старик Фу. На вид ему было за семьдесят. Когда он взглянул на Цзюньцин, на его лице изобразилась радость, и он спросил:

– Вы господин Вэнь, молодой человек?

Старуха, которая все еще была здесь, подошла к нему.

– Именно он, – сказала она.

Фу, сложив руки в знак приветствия, произнес:

– Будем знакомы!

Цзюньцин поклонилась в ответ, и они сели.

– Без дела я, старый, не посмел бы тревожить молодого гостя, – заявил Фу. – Но у меня есть внучка – это дочь Цзина, помощника министра, – она еще не просватана. Внучка твердо решила не выходить за первого попавшегося, а я в этом деле не посмел быть ей указчиком и предоставил выбирать самой. Вчера она мне сказала, что в нашей гостинице остановился некий господин Вэнь, что, мол, выглядит он человеком необычным и она готова служить ему с совком и метелкой. Вот я и пришел сам с поклоном поговорить о браке. Я вижу, что вы действительно человек необычайной внешности и благородных манер; ну и моя внучка не лишена красоты, к тому же она еще немного грамотна, так что поистине вы отличная пара. Советую вам не упускать такого случая.

– Не буду вас обманывать, почтеннейший. Я удостоился неза-

外。一来令甥是公卿阀阅，小生是一武弁门楣，怕攀高不着。二来老父在难中，小生正要入京辨冤，此事既不曾告过，又不好为此耽搁，所以应承不得。"员外道："舍人是簪缨世胄，况又是黉宫名士，指日飞腾，岂分甚么文武门楣？若为令尊之事，慌速入京，何不把亲事议定了，待归时禀知令尊，方才完娶？既安了舍甥之心，又不误了足下之事，有何不可？"闻俊卿无计推托，心下想道："他家不晓得我的心病，如此相逼，却又不好十分过却，打破心事。我想魏撰之有竹箭之缘，不必说了。还有杜子中更加相厚，到不得不闪下了他。一向有个主意，要想骨肉女伴中别寻一段因缘，以见我之情，而今既有此事，不若权且应承，定下此女，他日作成了杜子中，岂不为妙？那时晓得我是女身，须怪不得我。说来万一杜子中也不成，那时也好开交了，不像而今碍手。"算计已定，就对员外说："既承老丈与令甥如此高情，小人岂敢不受人提挈。只

служенного внимания со стороны вашей внучки и, конечно, не посмел бы этим вниманием пренебрегать, – ответила Цзюньцин. – Но первое, что меня останавливает, – это то, что ваша внучка из семьи знатного сановника, я же из простой военной семьи и, боюсь, недостоин ее; кроме того, отец мой сейчас в беде, и я как раз направляюсь с жалобой в столицу. Откладывать хлопоты об отце и задерживаться здесь я не вправе, к тому же на сватовство я должен прежде всего получить разрешение родителей. Поэтому сейчас я дать согласие никак не могу.

– Вы достойный отпрыск семьи доблестных воинов и вдобавок еще видный ученый, не сегодня завтра вы взлетите очень высоко. Какой же тут может быть разговор о военной семье или семье не военной! Что же касается дела вашего отца, из-за которого вы спешите в столицу, то почему бы нам не договориться о сватовстве сейчас, а потом, когда вы вернетесь домой, доложите вашему батюшке, и тогда уж можно будет сыграть свадьбу. Так мы и внучку мою успокоим, и делам вашим не помешаем.

Цзюньцин не знала, как ей отделаться. «Они ничего не ведают и так пристают, что мне просто неудобно без конца отказываться. Но не могу же я выдать свою сокровенную тайну, – думала она. – Стрела у Чжуаньчжи, так что о нем нечего и говорить. Остается Цзычжун, с которым я еще более дружна и которого все-таки придется оставить. Я ведь уже думала найти ему суженую среди моих подружек и таким образом уладить с ним дело. Раз теперь так получилось, то лучше, пожалуй, согласиться сейчас сосватать эту девицу, а потом составить счастье Цзычжуна. Прекрасный выход! Когда они узнают, что я женщина, то винить меня не станут. Если же Цзычжун не согласится, все равно потом легче будет отговориться, во всяком случае, я не буду в таком затруднении, как сегодня».

Решив так, она сказала господину Фу:

– Раз вы и ваша внучка так любезны, я не посмею отказаться

得留下一件信物在此为定。待小生京中回来，上门求娶就是了。"说罢，就在身边解下那个羊脂玉闹妆，双手递与员外道："奉此与令甥表信。"富员外千欢万喜，接受在手，一同老姥去回覆景小姐道："一言已定了。"员外就叫店中整起酒来，与闻舍人饯行。俊卿推却不得，吃得尽欢而罢。相别富员外，起身上路，少不得风餐水宿，夜住晓行，不一日，到了京城，叫闻龙先去打听魏杜两家新进士的下处。问着了杜子中的寓所。原来那魏撰之已在部给假回去了。

　　杜子中见说闻俊卿来到，不胜之喜，忙差长班接到下处。两人相见，寒温已毕。俊卿道："小弟专为老父之事，前日别时，承两兄分付入京图便，切切在心。后闻两兄高发，为此不辞跋涉，特来相托。不想魏撰之已归，幸得吾兄尚在京师，小弟不致失望了。"杜子中道："仁兄先将老伯被诬事款做一个揭帖，逐一辨明，刊刻起来，在朝门外逢人就送。等公论明白

от добра и чести! Я оставлю здесь что-нибудь в подтверждение слова, а когда вернусь из столицы, явлюсь к вам со сватовством.

При этом Цзюньцин сняла с пояса яшмовую подвеску, которую дал ей Чжуаньчжи, и, преподнося ее обеими руками господину Фу, добавила:

— Передайте это вашей внучке в знак верности слову.

Господин Фу был рад бесконечно. Он принял подвеску и вместе со старушкой пошел к Цзин.

— Все, договорились, — сказал он ей и тут же велел приготовить вина для проводов господина Вэня.

Цзюньцин был неудобно отказываться. Пришлось пить. Выпили они вволю, и только после пиршества она простилась с господином Фу и отправилась в путь.

В дороге всяко приходилось: и есть в поле на ветру, и ночевать в лодке на реке; вечером останавливались, а утром двигались дальше. Прошел так не один день, пока они достигли столицы. Цзюньцин велела Вэнь Луну разузнать, где живут Чжуаньчжи и Цзычжун. Оказалось, что Цзычжун еще в столице, а Чжуаньчжи, получив отпуск, вернулся домой.

Цзычжун безмерно обрадовался, узнав, что приехал Цзюньцин. Он немедленно велел слугам встретить его и проводить к себе. Они поздоровались, немного потолковали о том о сем, и Цзюньцин сразу же заговорила о цели своего приезда.

— Я здесь специально по делу отца. Вы с Чжуаньчжи в свое время советовали мне непременно приехать в столицу, и вот, когда я узнал, что вы оба так выдвинулись, решил, как бы ни был труден путь, ехать сюда и просить вас о помощи. Жаль, что Чжуаньчжи уехал. Но хорошо, что ты еще здесь, так что надежда у меня не потеряна.

— Ты сначала составь подробную бумагу о том, как отец твой был несправедливо обвинен, дай вырезать это на досках, отпечатать и вручай каждому сановнику, которого встретишь возле

了，然后小弟央个相好的同年，在兵部的条陈别事，带上一段，就好到本籍去生发出脱了。"俊卿道："老父有个本稿，可以上得否？"子中道："而今重文轻武。老伯是按院题的，若武职官出名自辨，他们不容起来，反致激怒弄坏了事。不如小弟方才说的为妙。仁兄不要轻率。"俊卿道："感谢指教。小弟是书生之见。还求仁兄做主行事。"子中道："异姓兄弟，原是自家身上的事，何劳叮咛？"俊卿道："撰之为何回去了？"子中道："撰之原与小弟同寓多时；他说有件心事，要归来与仁兄商量。问其何事，又不肯说。小弟说仁兄见吾二人中了，未必不进京来。他说这是不可期的；况且事体要在家里做的，必要先去，所以告假而归。正不知仁兄却又到此。可不两相左了。敢问仁兄，他果然要商量何等事？"俊卿明知是

императорского дворца. Когда люди будут знать, в чем суть, и у них на этот счет составится определенное мнение, я попрошу одного друга, чтобы он при случае в докладе Военной палате упомянул об этом деле, и тогда дадут распоряжение выяснить все на месте и освободить твоего отца.

— Отец уже составил вчерне подобное прошение. Может быть, его можно просто и подать?

— В нынешний век дорожат гражданскими чинами, а не военными. Твой отец арестован областным судом, и, если он сам, человек военный, будет себя оправдывать, вряд ли это поможет; наоборот, скорее это возбудит против него гнев, и тогда все будет испорчено. Лучше сделать так, как я тебе советую. Действовать надо осмотрительно.

— Благодарю тебя. И помни, я простой, мало что понимающий учащийся, а потому я и впредь буду просить тебя руководить мной и давать советы в этих делах.

— Мы свои, как братья, и это наше общее дело — о чем может быть речь! — ответил Цзычжун.

— А почему все-таки Чжуаньчжи уехал? — спросила Цзюньцин.

— Мы были все время вместе, но недавно он заявил, что хочет вернуться домой, так как у него есть одно дело, по поводу которого должен поговорить с тобой, — ответил Цзычжун. — Я спрашивал, какое, но он не захотел мне сказать. Я говорил ему, если ты узнаешь, что мы оба выдержали экзамен, наверняка и сам приедешь в столицу. Чжуаньчжи возразил, что на это надеяться нельзя, и дело, мол, такое, которое требует его присутствия дома. Он решил не задерживаться, взял отпуск и, не дожидаясь назначения на должность, уехал. А ты вдруг сам приехал сюда, вот вы и разминулись. Но скажи-ка, пожалуйста, по какому это делу он хотел посоветоваться с тобой?

Цзюньцин понимала, что Чжуаньчжи думал о сватовстве, но

为婚姻之事，却只做不知，推说道："连小弟也不晓得他为甚么。想来无非为家里的事。"子中道："小弟也想他没甚么。为何恁地等不得？"两个说了一回，子中分付治酒接风，就叫闻家家人安顿好了行李，不必另寻寓所，只在此间同寓。这寓所起先原是两人同住的，今去了魏撰之，房舍尽有，就安寓那闻俊卿主仆三人，还绰绰有余。当下子中又分付打扫闻舍人的卧房，就移出自己的榻来，相对铺着，说晚间可以联床清话。俊卿看见，有些心里突兀起来，想道："平日与他们同学，不过是日间相与，会文会酒，并不看见我的卧起，所以不得看破。而今同卧一室之中，须闪避不得，露出马脚来，怎么处？却又没个说话可以推掉得两处宿。只是自己放着精细，遮掩过去便了。"

　　虽是如此说，却是天下的事是真难假，是假难真。亦且终日相处，这些细微举动，水火不便的所在，那里遮掩得许多。闻俊卿日间虽是长安街上去送揭帖，做着男人的勾当；晚间宿歇之处，有好些破绽，现出在杜子中的眼里。子中是个聪明

сделала вид, что не знает, и ответила:

— Я и сам не понимаю, думаю, по каким-нибудь своим домашним делам.

— Я тоже думаю, ничего особенного у него нет, — сказал Цзычжун. — А почему это ему так не терпелось повидать тебя?!

Они поговорили немного, потом Цзычжун распорядился, чтобы подали вина, а слугам Цзюньцин сказал, чтобы они не искали гостиницу и устраивались прямо у него.

В этом помещении они жили вдвоем с Чжуаньчжи, а теперь, когда Чжуаньчжи уехал, места вполне хватало, чтобы разместиться Цзюньцин и ее слугам. Цзычжун велел прибрать спальню для Цзюньцин и распорядился, чтобы и его постель перенесли туда и поставили напротив постели приятеля, заявив, что так им будет удобнее по вечерам беседовать. У Цзюньцин при этом забилось сердце. «Я училась с ним, это верно, — думала она, — но мы бывали вместе только днем в училище или на пирах и литературных беседах, а в домашней обстановке они меня никогда не видели, потому и не подозревали, что я женщина. Нынче, когда придется спать в одной комнате и все время находиться у него на глазах, трудно будет чем-нибудь да не выдать себя. Как быть?» Однако найти подходящий предлог для того, чтобы ночевать в разных комнатах, Цзюньцин не смогла, и ей оставалось только вести себя умно и осторожно, дабы тайна ее не была раскрыта.

Так решила Цзюньцин. Но дела на свете складываются иначе, и из правды не сделаешь лжи, а из лжи не сделаешь правды. Тем более тут: все дни они проводили вместе, и, естественно, то в каких-то мелочах, то в тех или иных щекотливых положениях она выдавала себя. Днем, когда Цзюньцин отправлялась в город раздавать бумаги, она отлично играла роль мужчины, однако вечером, когда оба отдыхали дома, она нет-нет да забывалась, и это, разумеется, не проходило мимо внимания Цзычжуна —

人，有甚不省得，觉道有些诧异，愈加留心闲觑，越看越发跷蹊。这日俊卿出去，忘锁了拜匣。子中偷揭开来一看，多是些文翰柬帖，内有一幅草稿，写着道：

　　成都绵竹县信女闻氏，焚香拜告关真君神前：愿保父闻确冤情早白，自身安稳还乡，竹箭之期，闹妆之约，各得如意。谨疏。

　　子中见了，拍手道："眼见得公案在此了！我枉为男子，被他瞒过了许多时。今不怕他飞上天去。只是后边两句解他不出。莫不许过了人家？怎么处？"心中狂荡不禁。忽见俊卿回来，子中接入房中坐下，看着俊卿只是笑。俊卿疑怪，将自己身子，上下前后看了又看，问道："小弟今日有何举动差错了，仁兄见哂之甚？"子中道："笑你瞒得我好。"俊卿道："小弟到此来做的事，不曾瞒仁兄一些。"子中道："瞒得多哩。俊卿自想么。"俊卿道："委实没有。"子中道："俊卿

человека умного, понимавшего, что к чему. Он почувствовал, что с его другом творится что-то странное, и стал внимательно приглядываться к нему. И чем больше он наблюдал, тем больше недоумевал. И вот однажды, когда Цзюньцин, отправляясь в город, забыла запереть свою шкатулку, Цзычжун открыл ее и среди разных писем и визитных карточек увидел лист бумаги, на котором было написано:

> *Искренне верующая девица Вэнь из города Мяньчжоу из области Чэнду возжигает курение, кланяется долу перед божеством Гуань Юем и просит его о том, чтобы несправедливое обвинение против отца было скорее снято, чтобы она благополучно вернулась домой и выполнила обещание, связанное со стрелой и яшмовой подвеской, и чтобы все остались удовлетворены. С искренним почтением обращаюсь.*

– Вот они, улики! – закричал Цзычжун, хлопая в ладоши. – И это меня, мужчину, она сумела так долго дурачить! Но ничего, посмотрим теперь, куда она от меня денется.

Не понимал он только двух последних фраз, где говорилось о стреле и подвеске. «Что это значит? Неужели она просватана?» Он был в полной растерянности, душа в смятении. Как раз в это время вернулась Цзюньцин. Он ее встретил, провел в комнату. Они сели. Глядя на Цзюньцин, он улыбался. Цзюньцин в удивлении осмотрела себя с ног до головы и спросила:

– Что у меня неладно, что ты все время смотришь на меня и смеешься?

– Смеюсь над тем, как ты здорово обманывал меня, – ответил Цзычжун.

– Ни в чем я тебя не обманывал.

记得当初同斋时言语么？原说弟若为女，必当嫁兄；兄若为女，必当娶兄。可惜弟不能为女。谁知兄果然是女，却瞒了小弟。不然，娶兄多时了。怎么还说不瞒？"俊卿见说着心病，脸上通红起来，道："谁是这般说。"子中袖里摸出这纸疏头来道："这须是俊卿的亲笔。"俊卿一时低头无语。子中就挨过来坐在一处，笑道："一向只恨两雄不能相配，今却天遂人愿也。"俊卿急站起身来道："行踪为兄识破，抵赖不过了。只有一件：一向承兄过爱，慕兄之心，非不有之；争奈姻事已属于撰之，不能再以身事兄。望兄见谅。"子中愕然道："小弟与撰之同为俊卿窗友。论起相与意气，还觉小弟胜他一分。俊卿何得厚于撰之，薄于小弟乎？况且撰之又不在此，何反舍近而求远？这是何说？"俊卿道："仁兄有所不知。仁兄可见

– Еще как! А ну, подумай сам!

– Нет, право же, нет!

– А ты помнишь наш разговор в училище? – сказал Цзычжун. – Я ведь говорил тогда, что если бы я был женщиной, то непременно вышел бы за тебя, а если бы ты была женщиной, то взял бы тебя в жены. Я сожалел, что я не женщина, но зато, оказывается, ты женщина. Только ты скрывала это от меня, не то я давно бы уже взял тебя в жены. Как же после этого ты говоришь, что меня не обманывала?

Слова попали в самую цель, и лицо Цзюньцин залилось краской.

– Откуда ты это взял?

Тогда Цзычжун вынул из рукава ее молитвенную записку и сказал:

– Это ведь написано твоей рукой.

Цзюньцин нечего было ответить, и она опустила голову. Цзычжун придвинулся к ней, сел рядом и, улыбаясь, сказал:

– Я все жалел, что мы оба мужчины и не можем соединиться, а вот ныне настало время исполниться моему желанию.

Цзюньцин вскочила:

– Вы распознали мою тайну, и мне не отпереться. Знаю, что вы всегда ко мне прекрасно относились, и не скажу, чтобы я не была расположена к вам. Но вопрос со сватовством решен в пользу Чжуаньчжи, и я уж ничего не могу обещать вам. Так что прошу вас понять меня и извинить.

Цзычжун был поражен.

– Чжуаньчжи и я, – сказал он, – мы оба учились с тобой, все трое дружили. Но если говорить об отношениях между нами, о сходстве душ, то, мне кажется, я несколько ближе тебе, чем Чжуаньчжи. Почему же ты отдаешь предпочтение ему и пренебрегаешь мною? Кроме того, Чжуаньчжи здесь нет. Так зачем же отбрасывать близкое и добиваться далекого? Как же так?

疏上竹箭之期的说话么？"子中道："正是不解。"俊卿道："小弟因为与两兄同学，心中愿卜所从。那日向天暗祷，箭到处，先拾得者即为夫妇。后来这箭即在撰之处。小弟诡说是家姊所射。撰之遂一心想慕，把一个玉闹妆为定。此时小弟虽不明言，心已许下了。此天意有属，非小弟有厚薄也。"子中大笑道："若如此说，俊卿宜为我有无疑。"俊卿道："怎么说？"子中道："前日斋中之箭，原是小弟拾得，看见干上有两行细字，以为奇异，正在念诵，撰之听得，才走出来，在小弟手里接去观看。此时偶然家中接小弟回去，就把竹箭掉在撰之处，不曾取得。何尝是撰之拾取！若论俊卿所卜天意，一发正是小弟应占了。撰之他日可问，须混赖不得。"俊卿道："既是曾见箭上之字，可还记得否？"子中道："虽然看时节仓卒无心，也还记得'矢不虚发，发必应弦'八个字。小弟须是杜造不出。"俊卿见说得是真，心里已自软了；说道："果是如此，乃天意了。只是枉了魏撰之望空想了多时。而今又赶将回去，日后知道，甚么意思。"子中道："这个说不得。从

— Вы прочли в молитвенном листке последние строки, где говорится о стреле? – спросила Цзюньцин.

— Да, прочел, но ничего не понял, – ответил Цзычжун.

— Дело в том, – продолжала Цзюньцин, – что вы оба мои друзья. Я загадала, за кого из вас выйти, и, когда стреляла в ворона, я перед небом обещала себе, что тот, кто поднимет стрелу, будет моим мужем. И вот эта стрела оказалась у Чжуаньчжи. Я солгала ему и сказала, что это стрела моей сестры. С тех пор Чжуаньчжи все думает о ней и в подтверждение слова передал сестре яшмовую подвеску. Я тогда хотя прямо ничего и не сказала ему, но в душе уже дала согласие. В этом воля неба, и только потому я отдаю предпочтение одному и пренебрегаю другим.

Цзычжун рассмеялся.

— Если так, – сказал он, – то ты, без всякого сомнения, должна быть моей.

— Почему?

— Стрелу-то поднял я. Я удивился, увидев на стреле надпись, и когда читал ее вслух, Чжуаньчжи услышал, вышел из кабинета и взял у меня стрелу. Пока он ее рассматривал, за мной пришли, я ушел, а стрела так и осталась у него. Нет, это не он поднял стрелу, и если ты таким образом вопрошала волю неба, то судьба пала на меня. Мы можем потом спросить у Чжуаньчжи: от правды никуда не уйдешь!

— Если ты видел надпись на стреле, то должен помнить, что там было написано...

— Хотя я и не придал надписи особого значения, но все-таки помню, что там было сказано: «Мимо цели не бьет». Вот! И уж этого-то я сам сочинить никак не мог.

Услышав, что Цзычжун в точности передал то, что было написано на стреле, Цзюньцин заколебалась.

— Если так, – сказала она, – это действительно воля неба. Но только жалко Чжуаньчжи: выходит, он зря надеялся и ждал

来说'先下手为强'。况且原该是我的。"就拥了俊卿求欢，道："相好兄弟，而今得同衾枕，天上人间，无此乐矣。"俊卿推拒不得，只得含羞走入帏帐之内，一任子中所为。

事毕，闻小姐整容而起，叹道："妾一生之事，付之郎君，妾愿遂矣。只是哄了魏撰之，如何回他？"忽然转了一想，将手床上一拍道："有处法了。"杜子中倒吃了一惊道："这事有甚处法？"小姐道："好教郎君得知。妾身前日行至成都客店内安歇，主人有个甥女，窥见了妾身，对他外公说了，逼要相许。是妾身想个计较，将信物权定，推道归时完娶。当时妾身意思道，魏撰之有了竹箭之约，恐怕冷淡了郎君；又见那个女子才貌双全，可为君配，故此留下这头姻缘。今妾既归君，他日回去，魏撰之题起所许之言，就把这家的说

столько времени, а теперь еще поехал из-за этого домой... Каково будет ему потом, когда он узнает!

– Так нельзя рассуждать, – возразил ей Цзычжун. – Издревле известно: выгадывает тот, кто первым бьет. Кроме того, не будь всей этой истории со стрелой, ты все равно должна была бы принадлежать мне.

С этими словами он стал обнимать Цзюньцин и добиваться ее ласки.

– Давнишние друзья, а теперь будем на одной подушке под одним одеялом... Ни на небе, ни на земле никогда такой радости не бывало, – бормотал он.

У Цзюньцин не было сил отказать ему, она стыдливо зашла за занавес и предоставила ему полную волю...

Потом, когда Цзюньцин привела себя в порядок, она со вздохом сказала:

– Всю свою жизнь я теперь отдаю тебе; мои желания, мои мечты сбылись. Но выходит, что я обманула Чжуаньчжи. Что я ему скажу?

Вдруг, хлопнув рукой по постели, она воскликнула:

– Нашла выход!

– Какой может быть выход? – в недоумении и тревоге спросил Цзычжун.

– Так знай же, – ответила она. – На пути сюда я остановилась в гостинице в Чэнду. Внучка владельца увидела меня и сказала своему деду, что я ей понравился, и они непременно хотели, чтобы я женился на ней. Я оставила им подвеску Чжуаньчжи в подтверждение своего слова и отложила свадьбу до возвращения из столицы. Сватовством этим я тогда заручилась, имея в виду тебя. Ведь с Чжуаньчжи я уже была как бы помолвлена благодаря стреле, а тебя мне не хотелось обижать. Кроме того, девушка та талантлива, красива и была бы тебе достойной парой. Но теперь, раз я принадлежу тебе, то, когда мы вернемся домой и

合与他，岂不两全其美。况且当时只说是姐姐，他心里并不曾晓得是妾身自己，也不是哄他了。"子中惊讶道："原来小姐在途中又有这段奇事。今若说合与撰之，不惟见小姐在友谊上始终全美，就是我与小姐配合，与撰之也无嫌矣。还有一件要问，途中认不出是女客，不必说了；但小姐虽然男扮，同两个男仆行走，好些不便。"小姐笑道："谁说同来的多是男人？他两个原是一对夫妇。一男一女，打扮做一样的，所以途中好伏侍走动，不必避嫌也。"子中也笑道："有其主必有其仆。有才思的人，做来多是奇怪的事。"小姐就把景家女子所和之诗，拿出来与子中看。子中道："世间也还有这般的女人。魏撰之得之，也好意足了。"小姐再与子中商量着父亲之事。子中道："而今说是我丈人，一发好措词出力。我吏部有个相知，先央他把做对头的兵道调了地方，就好营为了。"小姐

Чжуаньчжи заговорит о сватовстве, мы ему сосватаем ту девицу. Так никто не останется в обиде, тем более что с Чжуаньчжи я говорила о сестре и он не знал, что это я сама. В общем выйдет, что я его и не обманула.

Цзычжун был изумлен.

– Великолепно! – воскликнул он. – Это будет свидетельством твоей верности дружбе. При таком исходе, если я и женюсь на тебе, то Чжуаньчжи ничего не сможет иметь против. Оказывается, у тебя в пути случилась еще такая удивительная история, – продолжал он. – Только вот что я хочу спросить: конечно, в пути никто не мог распознать в тебе женщину, но ведь тебя сопровождали двое мужчин, и из-за этого тебе, наверное, пришлось испытать много неудобств.

– А кто тебе сказал, что они оба мужчины? – засмеялась Цзюньцин. – Это муж и жена. Но чтобы избежать всяких недоразумений, женщина переоделась мужчиной.

– Каков хозяин, таковы и слуги! – рассмеялся, в свою очередь, Цзычжун. – Сообразительные и умные люди всегда вытворяют что-нибудь удивительное.

Цзюньцин показала Цзычжуну стихи, которые написала молодая госпожа Цзин.

– Бывают же на свете такие женщины! – воскликнул Цзычжун, восхищенный стихами. – Нет, Чжуаньчжи должен быть доволен, что ему достанется эта девица.

Затем Цзюньцин стала с ним советоваться относительно отца.

– Ну, теперь он мой тесть, так что сейчас мне тем более удобно будет ходатайствовать и хлопотать, – сказал Цзычжун. – У меня в Палате чинов есть один хороший приятель. Надо будет попросить его, чтобы он перевел в другое место нашего врага – военного инспектора округа, тогда вызволить твоего отца будет проще.

道:"这个最是要着。郎君在心则个。"子中果然去央求吏部。数日之间,推升本上,已把兵道改升了广西地方。子中来回覆小姐道:"对头拔去,我今作速讨个差,与你回去,救取岳丈了事。此间已是布置,抚按轻拟上来,无不停当。"小姐愈加感激,转增恩爱。子中讨差解饷到山东地方,就便回籍,小姐仍旧扮做男人,一同闻龙夫妻擎弓带箭,照前妆束,骑马傍着子中的官轿。家人原以舍人相呼。行了几日,将过州,旷野之中,一枝响箭擦官轿射来。小姐晓得有歹人来了,分付轿上:"你们只管前走,我在此对付他。"真是"忙家不会,会家不忙"。取出囊弓,扣上弦,搭上箭,只见百步之外,一骑马飞也似跑来。小姐扯开弓喝声道:"着!"那响马不曾防备,早中了一箭,倒撞下马,在地挣扎。小姐疾鞭坐马,赶上

— Да, да, это очень важно. Пожалуйста, имей это в виду, — сказала Цзюньцин.

Цзычжун действительно пошел в Палату чинов, поговорил там с приятелем, и через несколько дней Палатой чинов был подан доклад, в результате которого военного инспектора переводили с повышением в провинцию Гуанси. С этим известием Цзычжун явился к Цзюньцин.

— Врага перевели, — сказал он. — Теперь мне остается поскорее добиться назначения, вернуться домой и постараться освободить тестя. Здесь уже все устроено, а там обратимся к инспектору провинции, он вынесет соответствующее благоприятное решение, напишет доклад в столицу, и все будет в порядке.

Цзюньцин была ему очень благодарна за заботу об отце и еще больше к нему привязалась.

Цзычжун добился назначения сопровождать провиант в провинцию Шаньдун, с тем чтобы потом отправиться на родину. Цзюньцин и жена Вэнь Луна, по-прежнему переодетые мужчинами, вооруженные луком и стрелами, а также Вэнь Лун верхом сопровождали паланкин Цзычжуна. Слуги, как и раньше, называли Цзюньцин молодым господином.

Через несколько дней они подъезжали к городу Мочжоу. Вдруг над степью просвистела стрела и задела паланкин. Цзюньцин поняла, что это разбойники, и сказала носильщикам:

— Следуйте дальше, а я здесь встречу, кого нужно.

И действительно, «кто суетится — не мастер, кто мастер — не суетится». Цзюньцин спокойно вынула лук из чехла, приготовила стрелу. В сотне шагов показался всадник, во весь опор мчавшийся прямо на них. Тут она натянула тетиву и с криком: «В цель!» — выпустила стрелу. Стрела угодила в разбойника, не ожидавшего нападения, он свалился с лошади и в судорогах бился на земле. Ударив хлыстом коня, Цзюньцин пустилась вскачь.

了轿子,高声道:"贼人已了当也。放心前去。"一路的人多赞称小舍人好箭,个个忌惮!子中轿里得意,自不必说。

自此完了公事,平平稳稳到了家中。父亲闻参将已因兵道升去,保候在外。小姐进见,备说京中事体,及杜子中营为,调去兵道之事。参将感激不胜,说道:"如此大恩,何以为报。"小姐又把被他识破,已将身子嫁与,共他同归的事说出。参将也自喜欢道:"这也是郎才女貌,配得不枉了。你快改了妆,趁他今日荣归吉日,我送你过门去罢。"小姐道:"妆还不好改得,且等会过了魏撰之着。"参将道:"正要对你说。魏撰之自京中回来,不知为何,只管叫人来打听,说我有个女儿,他要求聘。我只说他晓得些风声,是来说你了。及至问时,又说是同窗舍人许他的。因不知你的事,我不好回得,只是含糊说等你回家。你而今要会他怎的?"小姐道:"其中有许多委曲,一时说不及。父亲日后自明。"正说话间,魏撰之来相拜。原来魏撰之正为前日婚姻事,在心中放不

— С разбойником покончено, едем дальше, — спокойно и громко сказала она, догнав паланкин.

Все восхищались искусной стрельбой храброго молодого господина. О том, как был доволен Цзычжун, говорить не приходится.

Покончив с делами в провинции Шаньдун, они спокойно добрались до родных краев. К тому времени инспектора военного округа уже перевели в Гуанси, и Вэнь Цюэ был отпущен на поруки. Цзюньцин подробно рассказала отцу о том, как Цзычжун хлопотал за него, как добился перевода инспектора. Вэнь Цюэ был очень растроган.

— Как же нам теперь отблагодарить его? — спросил он дочь.

Тогда она рассказала отцу, как Цзычжун раскрыл, что она женщина, как она обещала выйти за него замуж и как они возвращались на родину.

— Он талантлив, ты хороша — прекрасная пара! — радостно воскликнул Вэнь Цюэ. — Живо переодевайся. У них в доме сегодня празднуют торжественный и счастливый день его возвращения, я тебя и отправлю к ним.

— Нет, сейчас мне еще нельзя переодеваться. Сначала надо повидать Чжуаньчжи.

— Да, я как раз хотел тебе сказать, — вспомнил отец. — С того дня, как Чжуаньчжи вернулся из столицы, он, не знаю зачем, то и дело посылает людей разузнать о нас, говорит, что у меня есть дочь и что он хочет свататься. Сначала я думал, что он кое о чем проведал и что речь идет о тебе, но когда стал расспрашивать его, оказалось, что это ты как его школьный друг пообещала ему сосватать кого-то. Не зная твоих дел, я не мог ничего ему сказать определенного и отговорился, что надо, мол, подождать твоего возвращения. Но теперь-то зачем тебе нужно его видеть?

— Тут столько всего, что сразу и не расскажешь. Потом ты сам увидишь, в чем дело.

В это время доложили, что явился с визитом Чжуаньчжи.

下，故此就回。不想问着闻舍人，又已往京；叫人打听舍人有个姐姐的说话，一发言三语四，不得明白。有的说参将只有两个舍人，一大一小，并无女儿；又有的说参将有个女儿，就是那个舍人。弄得魏撰之满肚疑心，胡猜乱想。见说闻舍人已回，所以亟亟来拜，要问明白。闻小姐照常时家数接了进来。寒温已毕，撰之急问道："老兄，令姊之说如何？小弟特为此给假赶回。"小姐道："包管兄有一位好夫人便了。"撰之道："小弟叫人宅上打听，其言不一，何也？"小姐道："兄不必疑，玉闹妆已在一个人处。待小弟再略调停，准备迎娶便了。"撰之道："依兄这等说，不像是令姊了。"小姐道："杜子中尽知端的。兄去问他就明白。"撰之道："兄何不就明说了，又要小弟去问他人。"小姐道："中多委曲，小弟不好说得，非子中不能详言。"说得魏撰之愈加疑心。他正要去拜杜子中，就急忙起身来到杜子中家里。未及说别话，忙问闻

Чжуаньчжи все беспокоился из-за сватовства и именно поэтому уехал из столицы сразу после экзаменов. Узнав, что Цзюньцин уехал в столицу, он стал наводить справки о его сестре. Но тут одни говорили одно, другие – другое, и он так ничего и не понял. Кто говорил, что у Вэнь Цюэ двое сыновей и нет дочери, кто говорил, что у него есть дочь и что эта дочь будто бы и есть тот самый молодой господин. Словом, Чжуаньчжи совсем запутался. Поэтому, узнав, что Цзюньцин вернулся, он немедленно пришел навестить друга, расспросить его и толком узнать обо всем.

Цзюньцин встретила его, как обычно, в своей прежней роли. Поздоровавшись и поговорив немного, Чжуаньчжи спросил:

– Послушай, старина, как насчет твоей сестры? Ведь я специально из-за этого вернулся сюда.

– Не беспокойся. Ручаюсь, что жена у тебя будет хорошая, – ответила ему на это Цзюньцин.

– Я посылал тут к вам, хотел навести справки о твоей сестре, но кто говорит одно, кто – другое. В чем дело?

– Ты не сомневайся, твоя яшмовая подвеска уже отдана одной девице. Мне надо будет только еще кое о чем переговорить, и тогда готовься к свадьбе.

– Судя по твоим словам, это не твоя сестра.

– Обо всем этом тебе подробно расскажет Цзычжун, он все знает. Спроси его.

– А почему бы тебе сейчас самому не сказать мне прямо, в чем дело?

– Тут такие запутанные подробности, что мне самому неудобно говорить. Рассказать может только Цзычжун.

Чжуаньчжи был окончательно сбит с толку, сомнения и подозрения наполняли его душу. Он и сам собирался нынче же навестить Цзычжуна, поэтому простился с Цзюньцин и поспешил к нему.

Придя к другу, он сразу же начал с того, что передал ему свой

俊卿所言之事。杜子中把京中同寓，识破了他是女身，已成夫妇的始末根由，说了一遍。魏撰之惊得木呆道："前日也有人如此说，我却不信。谁晓得闻俊卿果是女身。这分明是我的姻缘，平日错过了！"子中道："怎见得是兄的？"撰之述当初拾箭时节，就把玉闹妆为定的说话。子中道："箭本小弟所拾，原系他向天暗卜的。只是小弟当时不知其故，不曾与兄取得此箭。今仍归小弟，原是天意。兄前日只认是他令姊，原未尝属意他自身。这个不必追悔。兄只管闹妆之约不脱空罢了。"撰之道："箭已去了，怎么还说不脱空？难道当真还有个阿姊？"子中又把闻小姐途中所遇景家之事说了一遍，道："其女才貌非常。那日一时难推，就把兄的闹妆权定在彼。而今想起来，这其间就有个定数了。岂不是兄的姻缘么？"撰之道："怪不得闻俊卿道'自己不好说'，元来有许多委曲。只是一件：虽是闻俊卿已定下在彼，他家还不曾晓得明白。小

разговор с Цзюньцин, и спросил, что все это означает. Тогда Цзычжун рассказал ему, как они с Цзюньцин вместе жили в столице и как он узнал, что она женщина. Не скрыл он и того, что они с Цзюньцин уже стали, собственно, мужем и женой.

Чжуаньчжи остолбенел от удивления.

– Мне ведь говорили, что Цзюньцин – женщина, но я не верил, – пробормотал он. – Оказывается, действительно так. Это ведь явно была моя судьба, и я ее упустил.

– Почему ты так считаешь? – спросил в недоумении Цзычжун.

И Чжуаньчжи рассказал ему, как он дал ей яшмовую подвеску в тот день, когда они нашли стрелу.

– Но стрелу-то нашел я, – напомнил Цзычжун. – А она на эту стрелу, оказывается, загадала желание и дала обет небу. Я об этом ничего не знал, а то бы забрал тогда у тебя стрелу. Но теперь Цзюньцин все-таки будет моей женой, и в этом воля неба. А ты вообще думал о ее сестре, а не о ней самой, так что сожалеть и огорчаться не надо, главное для тебя сейчас, чтобы договор, скрепленный яшмовой подвеской, не остался пустым словом.

– Где уж там, раз стрела не моя. Может быть, у нее действительно есть сестра?..

Тогда Цзычжун рассказал о том, как Цзюньцин встретила в пути молодую госпожу Цзин и как ее сватали.

– Это необычайно красивая и талантливая девица, – добавил он. – Цзюньцин пришлось дать согласие на брак и оставить там яшмовую подвеску. Если подумать, то в этом можно увидеть предопределение неба, и выходит, это твоя судьба.

– То-то она говорила, что ей самой неудобно об этом говорить, – вспомнил Чжуаньчжи. – Вон, оказывается, какие тут хитросплетения! Только вот что: хотя Цзюньцин уже и договорилась относительно госпожи Цзин, но ведь та ничего не знает,

弟难以自媒。何由得成？"子中道："小弟与闻氏虽已成夫妇，还未曾见过岳翁。打点就是今日迎娶。少不得还借重一个媒妁，而今就烦兄与小弟做一做。小弟成礼之后，代相恭敬。也只在小弟身上撮合就是了。"撰之大笑道："当得，当得。只可笑小弟一向在睡梦中，又被兄占了头筹。而今不使小弟脱空，也还算是好了。既是这等，小弟先到闻家去道意，兄可随后就来。"魏撰之易了冠带，竟到闻家。此时闻小姐已改了女妆，不来相接，止闻参将出迎。到堂中坐下，魏撰之述了杜子中之言。闻参将道："小女娇痴慕学，得承高贤不弃，今幸结此良缘，兼葭倚玉，惶恐惶恐。"闻参将已打点本日送女儿过门成亲，诸色整备停当，门上报说杜爷来迎亲了。鼓乐喧天。杜子中乌纱帽、大红袍，四人轿抬至门首，下轿步入；真是少年郎君，人人称羡。走到堂中，站了位次，拜见了闻参将。请出小姐来，又一同行礼，谢了魏撰之，启轿而行。迎至家中，拜告天地，见了祠堂。杜子中与闻小姐正是新亲旧朋友，喜喜欢欢一桩事完了。只有魏撰之有些眼热，心里道："一样的同窗朋友，偏是他两个成双。平时杜子中分外相爱，常恨不将男

и мне самому неловко свататься к ней. Как быть?

— Мы хоть и стали с Цзюньцин мужем и женой, но еще не представились моему тестю, — сказал Цзычжун. — Собираемся устроить свадьбу сегодня. Нам нужен будет сват, и я прошу тебя помочь мне. А после свадьбы я отвечу тебе тем же, можешь положиться на меня.

— Идет, идет! — рассмеялся Чжуаньчжи. — Смешно только, что я до сих пор был как во сне, а ты взял да опередил меня. Хорошо хоть, что я вообще не останусь без жены. Ну, ладно, раз уж так порешили, я иду сейчас в дом Вэней замолвить за тебя слово, а ты можешь явиться туда вслед за мной.

Надев парадное платье, Чжуаньчжи отправился к Вэнь Цюэ. На этот раз Цзюньцин была уже одета как женщина и не вышла встречать его. Вышел сам Вэнь Цюэ и пригласил его в зал. Они сели, и Чжуаньчжи изложил цель своего прихода.

— Моя дочь — избалованная фантазерка, которая увлеклась учением. Но ее не оставили своим вниманием талантливые люди. Брак этот — такая удача для нас, что я просто смущен, — говорил Вэнь Цюэ, у которого уже все было готово, чтобы сегодня же отправить дочь в дом зятя и отпраздновать свадьбу.

В это время доложили, что господин Ду Цзычжун приехал за невестой. Раздалась громкая музыка.

Цзычжун, в красном халате, сошел с паланкина возле ворот и направился в дом. Народ восхищался им. Войдя в зал, он занял место, которое ему как жениху подобало занять, и поклонился Вэнь Цюэ. Тут вывели невесту. Они вместе поклонились Вэнь Цюэ, затем поблагодарили Чжуаньчжи, сели в паланкины и отправились в дом Цзычжуна. Там они поклонились небу и земле, алтарю предков. Старых друзей объединило теперь родство, и в радости завершился их свадебный обряд.

Чжуаньчжи с некоторой завистью смотрел на них. «Мы с ним оба были ее однокашниками и друзьями, но сочетаться с ней до-

作女,好做夫妇。谁知今日竟遂其志,也是一段奇话。只是许我的事,不知果是如何?"

次日,就到子中家里贺喜,随问其事。子中道:"昨晚弟妇就和小弟计较,今日专为此要同到成都去。弟妇誓欲以此报兄,全其口信。必得佳音,方来回报。"撰之道:"多感厚情。一样的同窗,也该记念着我的冷静。但未知其人果是如何。"子中走进去,取出景小姐前日和韵之诗与撰之看了。撰之道:"果得此女,小弟便可以不妒兄矣。"子中道:"弟妇赞之不容口,大略不负所举。"撰之道:"这件事做成,真愈出愈奇了。小弟在家颙望。"俱大笑而别。杜子中把这些说话与闻小姐说了。闻小姐道:"他盼望久矣,也怪他不得。只索作急成都去,周全这事。"小姐仍旧带了闻龙夫妻跟随,同杜子中到成都来,认着前日饭店寓下了。杜子中叫闻龙拿了帖,

велось ему, а не мне, – подумал он. – Цзычжун всегда ее очень любил и сожалел, что нельзя мужчину превратить в женщину и стать им мужем и женой. И вот его мечты сбылись. Удивительная история... Интересно, как будет с их обещанием мне...»

На другой день Чжуаньчжи явился к Цзычжуну с поздравлениями и спросил о своем деле.

– Вчера она говорила со мной и сказала, что сегодня специально из-за этого поедет со мной в Чэнду, – ответил ему Цзычжун. – Она непременно хочет сдержать свое слово и отблагодарить тебя, при этом она обещала, что вернется только с хорошими вестями.

– Премного благодарен за добрые намерения, – ответил Чжуаньчжи. – Мы ведь друзья, и вам, конечно, нельзя забывать о моем одиночестве. Но только я не знаю, что представляет собой эта девица!

Тогда Цзычжун пошел во внутренние покои, принес стихи госпожи Цзин и показал их Чжуаньчжи.

– Ну, если мне достанется такая девица, то я могу не завидовать тебе, – сказал Чжуаньчжи, прочитав стихи.

– Цзюньцин так расхваливает ее, что она, вероятно, не обманет твоих ожиданий, – заметил Цзычжун.

– Ну что ж, если все уладится, это будет чудо из чудес. Итак, жду! – сказал Чжуаньчжи под конец, и, смеясь, они простились.

Когда Цзычжун передал их разговор Цзюньцин, та сказала:

– Он давно уже ждет, и осуждать его за нетерпение не приходится. Надо немедля отправляться в Чэнду и постараться все устроить.

И опять, взяв с собой Вэнь Луна и его жену, она вместе с Цзычжуном направилась в Чэнду и остановилась в той же гостинице.

Цзычжун велел Вэнь Луну отнести свою визитную карточку господину Фу и сам отправился вслед за ним. Узнав, что новый

径去拜富员外。员外见说是新进士来拜，不知是甚么缘故，吃了一惊。慌忙迎接进去坐下，问道："不知为何大人贵足踢踏贱地？"子中道："学生在此经过，闻知有位景小姐，是老丈令甥，才貌出众。有一敝友，也叨过甲第了，欲求为夫人，故此特来奉访。"员外道："老汉是有个甥女。他自要择配，前日看上了一个进京去的闻舍人，已纳了聘物。大人见教迟了。"子中道："那闻舍人也是敝友。学生已知他另有所就，不来娶令甥了。所以敢来作伐。"员外道："闻舍人也是读书君子，既已留了信物，两心相许，怎误得人家儿女？舍甥女也毕竟要等他的回信。"子中将出前日景小姐诗笺来道："老丈试看此纸，不是令甥写与闻舍人的么？因为闻舍人无意来娶了，故把与学生做执照，来为敝友求令甥，即此是闻舍人的回信了。"员外接过来看，认得是甥女之笔，沉吟道："前日闻

цзиньши явился к нему с визитом, господин Фу даже испугался, не понимая, в чем дело. Он поспешил выйти навстречу гостю, провел его к себе и, когда они сели, спросил:

— Не знаю, чем я обязан тому, что такой знатный человек переступил порог моего ничтожного дома.

— Я здесь проездом, — ответил Цзычжун. — Узнал, что у вас живет некая госпожа Цзин, которая выделяется красотой и талантом, и что она доводится вам внучкой. А у меня есть приятель. Он тоже выдержал нынче экзамен на цзиньши, и вот я пришел с визитом к вам, чтобы просить вашу внучку стать его женой.

— Да, у меня есть внучка, — ответил господин Фу. — Но она сама хотела выбрать себе мужа, и вот недавно ей понравился некий господин Вэнь, который останавливался здесь проездом в столицу. Уже принят подарок, и вы, к сожалению, опоздали.

— Господин Вэнь тоже мой друг, — говорил Цзычжун, — и я знаю, что он уже помолвлен и не явится за вашей внучкой. Потому-то я, собственно, и посмел обратиться к вам со сватовством.

— Ведь господин Вэнь — человек образованный, — ответил ему на это хозяин, — и раз уж он оставил здесь подарок в подтверждение слова, то, значит, и та и другая сторона сердцем согласны. Неужели он мог после всего этого подвести женщину? Думаю, что моя внучка все-таки захочет дождаться ответа от него самого.

Тогда Цзычжун вынул стихи госпожи Цзин и сказал:

— Прошу вас, посмотрите, ведь это стихи, написанные вашей внучкой господину Вэню, не так ли? Господин Вэнь, решив не брать вашу внучку в жены, отдал их мне в подтверждение своего отказа и с тем, чтобы я мог просить вас за другого моего друга. Это и есть ответ самого Вэня.

Господин Фу принял стихи и, узнав в них руку Цзин, пробор-

舍人说道，也曾聘过了，不信其言，逼他应承的。原来当真有这话。老汉且与甥女商量一商量，来回覆大人。"员外别了，进去了一会，出来道："适间甥女见说，甚是不快。他也说得是，就是闻舍人果然负心，是必等他亲见一面，还了他玉闹妆，以为诀别，方可别议姻亲。"子中笑道："不敢欺老丈说，那玉闹妆也即是敝友魏撰之的聘物，非是闻舍人的。闻舍人因为自己已有姻亲，不好回得，乃为敝友转定下了。是当日埋伏机关，非今日无因至前也。"员外道："大人虽如此说，甥女岂肯心服？必得闻舍人自来说明，方好处分。"子中道："闻舍人不能复来，有拙荆在此，可以一会令甥。等他与令甥说这些备细，令甥必当见信。"员外道："既尊夫人在此，正好与舍甥面会一会。有言可以尽吐，省得传消递息。"就叫前日老姥来接取杜夫人。老姥一见闻小姐，举止状容，有些面

мотал:

— В свое время молодой человек говорил, что он обручен, но я не поверил и заставил его согласиться. Оказывается, это правда. Что ж, пойду посоветуюсь с внучкой и тогда дам ответ.

Через некоторое время Фу вернулся и сказал:

— Внучка моя крайне удивлена. Она говорит, что если господин Вэнь действительно изменил своему слову, то она все-таки непременно хочет лично видеть его, вернуть ему яшмовую подвеску в знак разрыва и только тогда будет говорить о другом сватовстве.

— Ну что ж, не посмею обманывать вас, — рассмеявшись, сказал Цзычжун. — Яшмовая подвеска, которая сейчас у вашей внучки, — это, собственно, обручальный подарок от моего друга Вэй Чжуаньчжи, она вовсе не принадлежит господину Вэню. Дело в том, что господин Вэнь, будучи сам обручен и не находя возможным отказаться от сватовства, решил заручиться словом для нашего общего с ним друга Вэй Чжуаньчжи. Это было задумано Вэнем еще тогда, и поэтому сегодняшний мой визит не случаен.

— Понимаю вас и охотно вам верю. Но разве смирится с этим моя внучка? Нет, нужно, чтобы сам господин Вэнь с ней объяснился, тогда уж и будем решать.

— Господин Вэнь не сумеет явиться к вам, — ответил Цзычжун. — Но со мною моя жена, которая может встретиться с вашей внучкой. Пусть она расскажет ей все, и ваша внучка непременно поверит.

— Ну что ж, раз супруга ваша здесь, пусть она поговорит с внучкой, — ответил Фу. — Вдвоем они смогут откровенно побеседовать, а это лучше, чем разговоры через посредников.

Старик призвал уже знакомую нам старушку, велел ей отправиться за женой господина Ду и проводить ее к Цзин.

Увидев Цзюньцин, старушка обнаружила в ее облике и мане-

善，只是改妆过了，一时想不出。一路想着，只管迟疑。接过间壁里边，景小姐出来相迎，各叫了万福。闻小姐对景小姐笑道："认得闻舍人否？"景小姐见模样厮像，还只道或是舍人的姊妹，笑道："夫人与闻舍人何亲？"闻小姐道："小姐恁等识人，难道这样眼钝？前日到此，过蒙见爱的舍人，即妾身是也。"景小姐吃了一惊，仔细一认，果然一毫不差。连老姥也在傍拍手道："是呀！是呀！我方才道面庞熟得紧，那知就是前日的舍人。"景小姐道："请问夫人，前日为何这般打扮？"闻小姐道："老父有难，进京辩冤，故乔装作男，以便行路。所以前日过蒙见爱，再三不肯应承者，正为此也。后来见难推却，又不敢实说真情，所以代友人纳聘，以待后来说明。今纳聘之人，已登黄甲，年纪正与小姐相当，故此愚夫妇特来奉求，与小姐了这一段姻亲，报答前日厚情耳。"景小

ре что-то знакомое, но так как Цзюньцин была в женском платье, то та никак не могла вспомнить, где ее видела. Дорогой она все думала об этом, однако припомнить так и не смогла. Когда они прошли в дом, навстречу им вышла госпожа Цзин. Они поклонились друг другу, и Цзюньцин, смеясь, спросила ее:

– Узнаете господина Вэня?

Госпожа Цзин сразу обратила внимание на то, что внешностью ее гостья очень похожа на Вэня, но подумала, что, быть может, это его сестра, и потому в свою очередь спросила:

– Вы, вероятно, родственница господина Вэня?

– Вы всегда так хорошо узнаете людей, неужели теперь ваш взор стал непроницателен? Ведь я – тот самый господин Вэнь, который недавно проездом был здесь и к которому вы отнеслись так любезно.

Госпожа Цзин вздрогнула. Внимательно всматриваясь в женщину, она убедилась, что это действительно одно и то же лицо. А старушка захлопала в ладоши и воскликнула:

– А я-то все думала: какое знакомое лицо! Оказывается, она и есть тот господин.

– Позвольте спросить вас, – заговорила наконец госпожа Цзин, – почему вы тогда были одеты по-иному?

– Отец мой, видите ли, оказался в беде, я направилась в столицу хлопотать по его делу и переоделась мужчиной для удобства в пути, – ответила Цзюньцин. – И именно поэтому, когда вы оказали мне честь, я не хотела соглашаться на сватовство. Но когда я поняла, что от сватовства мне не отказаться – а рассказать вам правду я тогда не решалась, – то и придумала оставить вам подарок за моего друга, с тем чтобы потом все разъяснить. Нынче этот человек значится в списках выдержавших столичные экзамены, по возрасту вполне вам подходит, и мы с мужем решили явиться сюда с просьбой. Хочется завершить ваше сватовство и отблагодарить вас за ваш добрый прием.

姐见说，半晌做声不得。老姥在旁道："多谢夫人美意。只是那位老爷姓甚名谁？夫人如何也叫他是友人？"闻小姐道："幼年时节，曾共学堂，后来同在庠中，与我家相公三人年貌多相似，是异姓骨肉。知他未有亲事，所以前日就有心替他结下了。这人姓魏，好一表人物。就是我相公同年。也不辱没了小姐。小姐一去，也就做夫人了。"景小姐听了这一篇说话，晓得是少年进士，有甚么不喜欢？叫老姥陪住了闻小姐，背地去把这些说话备细告诉员外。员外见说是个进士，岂有不撺掇之理？真个是一让一个肯。回覆了闻小姐，转说与杜子中，一言已定。富员外设起酒来谢媒。外边款待杜子中，内里景小姐作主，款待杜夫人。两个小姐说得甚是投机，尽欢而散。约定了回来，先教魏撰之纳币，拣个吉日迎娶回家。花烛之夕，见了模样，如获天人。因说起闻小姐闹妆纳聘之事。撰之道："那聘物原是我的。"景小姐问："如何却在他手里？"魏撰

Госпожа Цзин выслушала Цзюньцин и долго после этого молчала.

— Благодарю вас за любезность, — вставила свое слово старушка. — Но только кто тот господин, за которого вы просите, как его фамилия и имя и почему вы его называете вашим другом?

— В детстве мы с ним вместе ходили в школу, затем вместе учились в училище, и все мы трое — я, муж и он — почти одного возраста и с детских лет дружны, как братья. Я знала, что мой друг еще не просватан, и поэтому именно его имела в виду. Фамилия его — Вэй, имя — Чжуаньчжи. Он благороден, красив и почти одних лет с вами. Этот брак не унизит вас, и, выйдя за него замуж, вы сразу же станете сановной госпожой.

Выслушав все это и узнав, что речь идет о цзиньши, молодая женщина осталась довольна. Она велела старушке побыть с гостьей, а сама отправилась к дедушке рассказать ему обо всем. Тот, зная, что сватается молодой цзиньши., тоже стал всячески одобрять этот брак.

Вскоре госпожа Цзин вернулась к Цзюньцин и попросила ее сказать Цзычжуну, что все решено. Господин Фу устроил пир в благодарность за сватовство и сам принимал Цзычжуна. А во внутренних покоях Цзин принимала и угощала Цзюньцин. Они очень сошлись, говорили по душам, и радостно закончился их пир.

Они договорились, что Чжуаньчжи должен сначала по всем правилам, как и следует после сговора, поднести подарок, а затем выбрать день и отпраздновать свадьбу.

В свадебную ночь, когда Чжуаньчжи увидел свою жену, у него было такое чувство, словно он обрел небесную фею. Он заговорил о яшмовой подвеске, которую оставила ей Цзюньцин.

— Ведь то был мой подарок по сговору, — сказал он.

— А как же он очутился у нее? — спросила его жена.

之又把先前竹箭题字，杜子中拾得，掉在他手里，认做另有个姐姐，故把玉闹妆为聘的根由说了一遍。一齐笑道："彼此夙缘，颠颠倒倒，皆非偶然也。"明日，撰之取出竹箭来，与景小姐看。景小姐道："如今只该还他了。"撰之就提笔写一束与子中夫妻道：

既归玉环，
返卿竹箭；
两段姻缘，
各从其便。
一笑，
一笑。

写罢，将竹箭封了，一同送去。杜子中收了，与闻小姐拆开来看，方见八字之下，又有"蜚娥记"三字。问道："蜚娥怎么解？"闻小姐道："此妾闺中之名也。"子中道："魏撰之错认了令姊，就是此二字了？若小生当时曾见此二字，这箭如何肯便与他！"闻小姐道："他若没有这箭，起这些因头，那里又绊得景家这头亲事来？"子中点头道："是。"也戏题一束答道：

И тогда Чжуаньчжи рассказал ей всю историю, связанную со стрелой и надписью на ней, поведал о том, как Цзычжун подобрал эту стрелу, как эта стрела потом очутилась у него, как он думал, что у Цзюньцин есть сестра, и как подарил ей яшмовую подвеску. Молодые долго смеялись и сошлись на том, что, по-видимому, так было суждено судьбой и вся эта путаница произошла, вероятно, не случайно. На следующий день Чжуаньчжи достал стрелу и показал ее жене.

– Теперь надо бы вернуть эту стрелу, – сказала она мужу.

Тогда Чжуаньчжи написал записку своим друзьям:

Вы возвратили подвеску –
вам возвращаю стрелу.
Каждый решает пусть сам –
с кем ему свадьбу сыграть.
Ха-ха!
Ха-ха!

Затем он упаковал стрелу, вложил туда записку и отправил Цзычжуну. И только тут, когда Цзычжун стал снова рассматривать стрелу, он обнаружил под известными уже ему строками еле заметную надпись «Фэйэ».

– Что означает «Фэйэ»? – спросил Цзычжун у жены.

– Это мое девичье имя, – сказала она.

– Значит, из-за этой вот надписи Чжуаньчжи и решил, что у тебя есть сестра? Если бы я тогда увидел это имя, ни за что не оставил бы стрелу у него.

– Но если бы всего этого не случилось, то мы не сосватали бы Цзин.

Они рассмеялись, и Цзычжун в ответ тоже написал другу шутливую записку:

环为旧物,
箭亦归宗;
两俱错认,
各不落空。
一笑,
一笑。

从此两家往来,如同亲兄弟姊妹一般。两个甲科合力,与闻参将辩白前事。世间情面,那里有不让缙绅的?逐件赃罪,得以开释,只处得他革任回卫。闻参将也不以为意了。后来魏杜两人俱为显官。闻景二小姐,各生子女,又结了婚姻,世交不绝。这是蜀多才女,有如此奇奇怪怪的妙话。若论卓文君成都当垆,黄崇嘏相府掌记,却又平平了。诗曰:

世上夸称女丈夫,
不闻巾帼竟为儒。

Подвеска попала в надежные руки,
стрела обитает в колчане;
Хоть оба ошиблись, однако никто
не знает безбрачья печали. Ха-ха!
Ха-ха!

С тех пор обе семьи дружили домами, и между ними установились такие близкие отношения, как между родными братьями и сестрами.

Оба цзиньши стали помогать Вэнь Цюэ, чтобы с него были сняты возведенные на него обвинения.

Ну а положение вещей на свете известно: разве кто-нибудь откажет ходатайству видных людей? Обвинения отпадали одно за другим, и дело кончилось тем, что Вэнь Цюэ был только отстранен от должности.

Но это уже нисколько не волновало самого Вэнь Цюэ.

Впоследствии Чжуаньчжи и Цзычжун стали видными сановниками, а жены их народили им сыновей и дочерей; дети, в свою очередь, женились и повыходили замуж; и дружба этих двух родов из поколения в поколение не прерывалась.

Вся эта удивительная, необыкновенная история могла случиться только в Сычуани, где так много талантливых девиц. И по сравнению с этим случаем история о том, как Вэньцзюнь в городе Чэнду стояла за стойкой и отпускала вино, а также история с Хуан Чунгу, которая была на службе у министра, выглядят самыми заурядными происшествиями.

И есть стихи, которые могут подтвердить сказанное:

Многие хвалят женщин за то,
что смелы и храбры они, как мужчины,
Но многие ль знают о том, например,
что женщины даже учеными были.

朝廷若也开科取,
未必无人待贾沽。

*И если бы только властитель велел
экзамен для женщин ввести,
Немало нашлось бы талантливых дев,
способных достойно служить.*

Цзинь Гу Цигуань
Глава 20

КИТАЙСКАЯ КЛАССИКА

第二十卷

夸妙术丹客提金

破布衫巾破布裙,
逢人惯说会烧银。
自家何不烧些用?
担水河头卖与人。

这四句诗,乃是国朝唐伯虎解元所作。世上有这一伙烧丹炼汞之人,专一设立圈套,神出鬼没,哄那贪夫痴客道,能以药草炼成丹药,铅铁为金,死汞为银,名为"黄白之术",又叫做"炉火之事"。只要先将银子为母,后来觑个空儿,偷了银子便走,叫做"提罐"。曾有一个道人,将此术来寻唐解元,说道:"解元仙风道骨,可以做得这件事。"解元贬驳

ГЛАВА 20

АЛХИМИК ОПЫТ «ДЕВЯТЬ ПРЕВРАЩЕНИЙ» НЕ ДОВЕЛ ДО ПОЛОВИНЫ; БОГАЧ ИСТРАТИЛ ТЫСЯЧИ МОНЕТ ЛИШЬ НА ОДНУ КРАСАВИЦЫ УЛЫБКУ

В стихах говорится:

Сами в изношенных шапках,
   старых, протертых халатах,
А встретят людей – уверяют,
   что золото плавить умеют.
Что ж для самих-то себя
   хотя бы чуть-чуть не наплавят,
А тем лишь живут, что за деньги
   воду таскают с реки?

Эти строфы написаны цзеюанем нашей династии – Тан Инем. Действительно, есть на свете такие люди. Именуют они себя алхимиками да изощряются в разных хитростях, чтобы надуть жадных и доверчивых людей: уверяют, будто умеют добывать из лекарственных трав философский камень, могут превращать свинец в золото, ртуть – в серебро, что, мол, называется это искусством «желтого и белого» или «тигельным делом». Им только бы заполучить серебро, якобы служащее «серебром-матерью», а потом при первом удобном случае они скрываются вместе с денежками, и называется это у них «захватить тигель».

Однажды некий даос, предлагая свое искусство Тан Иню, пристал к нему:

– В вас, уважаемый цзеюань, есть что-то от небожителей и

他道："我见你身上褴褛,你既有这仙术,何不烧些来自己用度,却要作成别人?"道人道："贫道有的是法术,乃造化所忌,却要寻个大福气的承受得起,方好与他作为。贫道自家却没这些福气,所以难做。看见解元正是个大福气的人,来投合伙。我们术家叫做'访外护'。"唐解元道："这等,与你说过:你的术法施为,我一些都不管;我只管出着一味福气帮你。等丹成了,我与你平分便是。"道人见解元说得蹊跷,晓得是奚落他,不是主顾,飘然而去。所以唐解元有这首诗。是点明世人的意思。却是这伙里的人,更有花言巧语,如此说话,说他不倒的。却是为何?他们道:神仙必须度世,妙法不可自私;毕竟有一种具得仙骨,结得仙缘的,方可共炼共修;内丹成,外丹亦成:有这许多好说话。这些说话,何曾不是正理?就是炼丹,何曾不是仙法?却是当初仙人留此一种丹砂化黄金之法,只为要广济世间的人。当日纯阳吕祖虑他五百年后还原质,误了后人,原不曾说道与你置田买产,畜妻养子,帮

бессмертных, и вам удалось бы это дело.

– Послушай, ты ведь ходишь в одних лохмотьях, и раз уж владеешь таким искусством, почему бы тебе не выплавить хоть немного серебра для себя самого? Что ж тут о других заботиться! – не без ехидства ответил ему Тан Инь.

– У меня только и есть что мое искусство, – говорил монах, – а природа ничем меня не одарила. Вот я и ищу человека, которому на роду было бы написано большое счастье, чтобы вместе с ним работать. У меня такого счастья нет, и в одиночку я ничего сделать не смогу. Вам, я вижу, уготовано счастье, потому и прошу вас присоединиться ко мне. На нашем языке это называется «найти опекуна».

– Вот что, – ответствовал ему на это Тан Инь, – мне до твоего искусства и вообще до того, о чем ты тут разглагольствовал, дела нет. Могу в помощь тебе дать свое счастье, а получишь золото, поделим пополам.

Монах понял, что Тан Инь издевается над ним, и ушел. Вот по этому-то поводу, желая раскрыть людям глаза, Тан Инь и написал стихи об алхимиках.

Однако среди алхимиков есть до того изворотливые краснобаи, что их подобными ответами не смутишь. Почему же? – спросите вы. Они станут уверять, будто чудодейственное искусство алхимии нельзя хранить в тайне; будто найти философский камень можно лишь вместе с человеком, в котором есть нечто от небожителей и бессмертных; будут разглагольствовать о том, что, если внутренний камень готов, готов будет и внешний и так далее, и тому подобное. Само собой, в этих разговорах есть доля истины. Взять хотя бы получение философского камня. Разве это не искусство бессмертных? Однако небожители оставили людям тайну изготовления золота только для того, чтобы помогать им в несчастье. Да и то святой Люй Чуньян беспокоился, что через пятьсот лет такое золото превратится в исходную

做人家的。只如杜子春遇仙,在云台观炼药将成,寻他去做外护。只为一点爱根不断,累他丹鼎飞败。如今这些贪人,拥着娇妻美妾,求田问舍,损人肥己,掂斤播两,何等肚肠!寻着一伙酒肉道人,指望炼成了丹,要受用一世,遗之子孙,岂不痴乎?只叫他把"内丹成,外丹亦成",这两句想一想;难道是阁起内养工夫,单单弄那银子么?只这点念头,也就万万无有炼得丹成的事了。看官,你道小子说到此际,随你愚人,也该醒悟。这件事没影响,做不得的。却是这件事,偏是天下一等聪明的,要落在圈套里,不知何故。

今小子说一个松江富翁,姓潘,是个国子监监生,胸中广博,极有口才,也是一个有意思的人。却有一件僻性:酷信丹术。俗语道:"物聚于所好。"果然有了此好,方士源源而来,零零星星,也弄去了好些银子,受过了好些丹客的哄骗。

материю и подведет людей. Но разве Люй Чуньян когда-нибудь говорил, что эта тайна дается для того, чтобы кто-то мог покупать себе имущество и земли, заводить жен и плодить детей, – словом, для того, чтобы богатеть и процветать? Нет!

Вспомните, например, историю «Ду Цзычунь повстречал бессмертного». Ведь когда он встретил святого, который нуждался в «опекуне», и стал с ним искать философский камень, они были почти у цели, но дело провалилось только из-за того, что Ду Цзычунь не смог подавить в себе страсти к женщине.

А нынче все эти жадные люди содержат у себя целые гаремы красавиц, покупают дома, земли и только норовят, как бы побольше урвать. Подумать только! При этом они еще рассчитывают с помощью каких-то даосов-чревоугодников все-таки добыть философский камень, поблаженствовать на своем веку да еще оставить кое-что сыновьям и внукам. Нужно же быть такими глупцами! Ведь стоит только призадуматься над словами: «Когда получится внутренний камень, то получится и внешний». Так можно ли забыть о внутреннем совершенстве и думать только о том, как бы добыть серебро? Да ведь одной этой мысли достаточно для того, чтобы никогда не найти философского камня.

Ты скажешь, читатель, что последний глупец и тот должен понять, что получение золота и серебра – пустая трата времени. Но, как ни странно, именно самые умные люди на свете и попадаются на эту удочку.

Я расскажу вам сейчас об одном богаче из Сунцзяна по фамилии Пань. Молодой человек числился сюцаем при Гоцзыцзяне, обладал большими знаниями, незаурядным красноречием и был человеком чрезвычайно интересным. Единственной его слабостью была слепая вера в алхимию. Ну а, как говорится, рыбак рыбака видит издалека, и не удивительно поэтому, что вокруг него беспрерывно вертелись маги-волшебники, на которых он по мелочам истратил порядочную сумму и которые раз за

他只是一心不悔,只说无缘,遇不着好的。从古有这家法术,岂有做不来的事?毕竟有一日成功,前边些小所失,何足为念?把这事越好得紧了。这些丹客,我传与你,你传与我,远近尽闻其名。左右是一伙的人,推班出色,没一个不思量骗他的。一日秋间,来到杭州西湖上游赏,赁一个下处住着。只见隔壁园亭上歇着一个远来客人,带着家眷,也来游湖,行李甚多,仆从齐整。那女眷且是生得美貌,打听来,是这客人的爱妾。日日雇了天字一号的大湖船,摆着盛酒,吹弹歌唱俱备。携了此妾下湖,浅斟低唱,觥筹交错,满桌摆设酒器,多是些金银异巧式样,层见迭出。晚上归寓,灯火辉煌,赏赐无算。潘富翁在隔壁寓所看得呆了,想道:"我家里也算是富的,怎能勾到得他这等挥霍受用?此必是陶朱猗顿之流,第一等富家了。"心里艳慕,渐渐教人通问,与他往来相拜。通了姓名,各道相慕之意。富翁乘间问道:"吾丈如此富厚,非人所

разом его надували. Но Паня это нимало не смущало. «Не везет мне, не довелось встретить настоящего алхимика. Ведь в глубокой древности это искусство уже было известно. Значит, – рассуждал Пань, – когда-нибудь и я добьюсь своего. А мои мелкие неудачи – просто пустяки, о которых и говорить не стоит». И он еще больше отдавался алхимии. Между тем «знатоки» философского камня рассказывали друг другу о Пане; вскоре всем им, кто жил поблизости иль далеко, имя Паня стало хорошо известно, и каждый из них только и помышлял, как бы облапошить молодого человека.

Как-то осенью Пань отправился на прогулку по озеру Сиху и снял себе комнату в Ханчжоу. Вскоре он обратил внимание на то, что рядом в садовом павильоне расположился один приезжий. Человек этот прибыл сюда с какой-то женщиной, с целой свитой слуг и с большим багажом. Женщина, весьма привлекательная, была, как удалось разузнать Паню, женой приезжего. Сосед Паня каждый день нанимал самую большую и самую красивую джонку. На джонке устраивались роскошные пиры с музыкой и пением. Супруги катались по озеру, услаждая себя вином, напевая песни и играя на выпивку. При этом весь стол был уставлен изящными чарками и винными сосудами, по большей части золотыми и серебряными. Под вечер они сходили на берег, и в павильоне вспыхивали свечи и фонари. Всех, кто только им ни прислуживал, приезжий щедро одаривал.

Пань, сидя у себя и наблюдая за всем этим, недоумевал: «Я сам не беден, но разве могу себе позволить так сорить деньгами! Не иначе, это богач первой руки, что-нибудь вроде Тао Чжу или И Дуня».

Восхищенный соседом, Пань спустя некоторое время послал слугу выразить ему свое уважение; затем состоялось их знакомство.

– Нет человека, который мог бы сравниться с вами в бога-

及。"那客人谦让道："何足挂齿？"富翁道："日日如此用度，除非家中有金银高北斗，才能像意；不然，也有尽时。"客人道："金银高北斗，若只是用去，要尽也不难。须有个用不尽的法儿。"富翁见说，就有些着意了；问道："如何是用不尽的法？"客人道："造次之间，不好就说得。"富翁道："毕竟要请教。"客人道："说来吾丈未必解，也未必信。"富翁见说得蹊跷，一发殷勤求恳，必要见教。客人屏去左右从人，附耳道："吾有'九还丹'，可以点铅汞为黄金。只要炼得丹成，黄金与瓦砾同耳，何足贵哉？"富翁见说是丹术，一发投其所好，欣然道："原来吾丈精于丹道。学生于此道最是心契，求之不得。若吾丈果有此术，学生情愿倾家受教。"客人道："岂可轻易传得？小小试看，以取一笑则可。"便教小童炽起炉炭，将几两汞熔化起来。身边腰袋里摸出一个纸包，

тстве, – обратился Пань к новому знакомому, пользуясь удобным моментом.

– О, это сущие пустяки, – скромничал приезжий.

– Вы столько тратите каждый день! Верно, серебра и золота у вас до небес, иначе давно бы разорились.

– Даже если бы мои богатства достигали небес, и то не трудно было бы истощить их – стоит только начать тратить, – возразил Паню собеседник. – Тут надо знать средство, чтобы деньги не переводились.

Пань насторожился:

– Что вы имеете в виду, говоря о таком средстве?

– Об этом, знаете, не принято говорить так, между прочим.

– Но все-таки, прошу вас, – настаивал Пань.

– Вы можете не понять меня, да и вряд ли поверите, – сказал тот и своим уклончивым ответом еще больше заинтриговал Паня, который стал умолять его рассказать, о чем идет речь.

Наконец собеседник, удалив слуг, прошептал Паню на ухо:

– У меня есть масса «девяти превращений». С ее помощью я могу превращать свинец и ртуть в золото. Стоит мне выплавить философский камень, как золото становится для меня все равно что глиняный черепок. Что же мне им дорожить?!

Когда речь зашла об алхимии, Пань радостно воскликнул:

– Вы, оказывается, знаток в этом деле. А это ведь как раз то, чем я больше всего интересуюсь. До сих пор мне не удавалось найти знающего человека, так что если вы действительно владеете этим искусством, я готов пожертвовать своим состоянием, чтобы быть посвященным в тайну.

– Не так-то просто передать этот секрет. Но, если хотите, интереса ради я могу проделать перед вами небольшой опыт, – сказал алхимик и приказал мальчику-слуге развести под тиглем огонь. Расплавив в нем немного свинца и ртути, он вытащил затем из мешочка, который висел у него на поясе, бумажный

打开来都是些药末,就把小指甲挑起一些些来,弹在罐里,倾将出来,连那铅汞不见了,都是雪花也似的好银。看官,你道药末可以变化得铜铅做银,却不是真法了?原来这叫做"缩银之法"。他先将银子用药炼过,专取其精,每一两直缩做一分少些,今和铅汞在火中一烧,铅汞化为青气去了,遗下糟粕之质,见了银精,尽化为银,不知原是银子的原分量,不曾多了一些。丹客专以此术哄人,人便死心塌地信他,道是真了。富翁见了,喜之不胜道:"怪道他如此富贵受用!原来银子如此容易!我炼了许多时,只有折本的,今番有幸,遇着真本事的了。是必要求他去替我炼一炼则个。"遂问客人道:"这药是如何炼成的?"客人道:"这叫做母银生子。先将银子为母,

пакетик, раскрыл его – пакетик был полон какого-то порошка. Алхимик запустил в пакетик мизинец, взял на ноготь чуть-чуть порошка, стряхнул его в тигель, затем наклонил тигель и вылил содержимое: ни свинца, ни ртути – одно сверкающее белизною снега чистое серебро.

Вы скажете, что это неправда, что не может какой-то порошок превратить ртуть и свинец в серебро. Да, это так. А то, что проделал алхимик, – это так называемый способ «сжатия серебра». Серебро подвергают обработке на огне в лекарственных составах и добывают экстракт серебра. Из каждого лана серебра получается меньше фэня экстракта. Когда такой экстракт плавят вместе с ртутью и свинцом, масса ртути и свинца впитывает его в себя и принимает вид настоящего серебра. Но серебра в этом сплаве столько же, сколько было его употреблено на добычу экстракта – ни на толику больше. Вот такими фокусами алхимики обманывают людей, а люди им искренне верят, принимая все за чистую монету.

От того, что произошло у него на глазах, Пань пришел в неописуемый восторг.

«Не удивительно, что этот человек может позволить себе любую роскошь, – подумал он про себя. – Как, оказывается, легко добывать серебро! А я сколько ни пробовал, ничего, кроме убытка, не получалось. На этот раз мне повезло – встретил действительно знающего это дело человека. Обязательно попрошу его помочь мне выплавить серебро».

– Как же у вас получается такой порошок? – спросил Пань у алхимика.

– Способ мой называется «мать-серебро рождает сыновей». Прежде всего необходимо иметь серебро в качестве «серебра-матери» – не важно, сколько его там будет. Серебро надо обработать соответствующими лекарственными вытяжками, а затем бросить его в тигель; там оно будет находиться до тех пор, пока

不拘多少，用药锻炼，养在鼎中，须要九转，火候足了，先生了黄芽，又结成白雪，启炉时，就扫下这些丹头来，只消一黍米大，便点成黄金白银。那母银仍旧分毫不亏的。"富翁道："须得多少母银？"客人道："母银越多，丹头越精。若炼得有半合许丹头，富可敌国矣。"富翁道："学生家事虽寒，数千之物，还尽可办。若肯不吝大教，拜迎到家下点化一点化，便是生平愿足。"客人道："我术不易传人，亦不轻与人烧炼。今观吾丈虔心，又且骨格有些道气，难得在此联寓，也是前缘，不妨为吾丈做一做。但见教高居何处，异日好来相访。"富翁道："学生家居松江，离此处只有两三日路程。老丈若肯光临，即此收拾，同到寒家便是。若此间别去，万一后会不偶，岂不当面错过了？"客人道："在下是中州人，家有老母在堂，因慕武林山水佳胜，携了小妾，到此一游，空身出来，游资所需，只在炉火，所以乐而忘返。今遇吾丈知

огонь девять раз не охватит металл и пока на нем не образуются желтые росточки, которые постепенно превратятся в белоснежные. Тогда открывается тигель, и вы выгребаете из него образовавшийся порошок философского камня; крупинки с зернышко риса или проса уже достаточно для того, чтобы добывать серебро или золото. А серебро-мать, которое вы положили в качестве заправки, остается совершенно невредимым.

– Сколько же нужно такого серебра-матери?

– Чем больше серебра, тем большей силой будет обладать философский камень. Достаточно выплавить хоть полгэ такого порошка, чтобы богатства ваши превысили государственную казну.

– Я, правда, не очень богат, но несколько тысяч могу уделить. И если вы соблаговолите передать мне свое великое искусство, то буду просить вас поселиться у меня и посвятить меня в истинное учение. Тогда буду считать, что мечта моей жизни осуществилась.

– Мое искусство не так-то просто передать людям, да и делать опыты вместе с другими я не очень склонен, – ответил на это алхимик. – Однако я вижу вашу искреннюю веру в это учение, вижу в вас что-то не от мира сего, и, наконец, я усматриваю волю неба в том, что мы оказались здесь рядом. Что же, попробуем. Скажите, где вы живете, и я при случае посещу вас.

– Я живу в Сунцзяне, всего в двух-трех днях пути отсюда. Но раз вы согласны удостоить меня своим посещением, прошу вас отправиться ко мне сейчас же. Ведь если мы теперь расстанемся, кто знает, доведется ли встретиться! Мне не хотелось бы упускать такой прекрасный случай!

– Я сам из Чжунчжоу, и дома я оставил престарелую мать. Сюда я приехал ненадолго со своей второй женой полюбоваться красотами Улиня. Выехал я с пустыми руками, но средства черпаю из моего тигля и так хорошо проводил здесь время, что

音,不敢自秘。但直须带了小妾,回家安顿,兼就看看老母,再赴吾丈之期,未为迟也。"富翁道:"寒舍有别馆园亭,可贮尊眷,何不就同携到彼住下,一边做事,岂不两便?家下虽是看待不周,决不至有慢尊客,使尊眷有不安之理。只求慨然俯临,深感厚情。"客人方才点头道:"既承吾丈如此真切,容与小妾说过,商量收拾起行。"富翁不胜之喜,当日就写了请帖,请次日湖中饮酒。到明日,殷殷勤勤,接到船上,备将胸中学问,你夸我逞,谈得津津不倦,只恨相见之晚,宾主尽欢而散。又送着一桌精洁酒肴到隔壁园亭去,请那小娘子。来日客人答席,分外丰盛。酒器家伙,都是金银,自不必说。富翁一心已在炉火,游兴尽阑,约定同到松江。在关前雇了两个大船,尽数搬了行李下去,一路相傍同行。那小娘子在对船舱

слишком задержался. От такого друга, как вы, человека, близкого мне по духу, я, конечно, не стану скрывать свой секрет, но теперь мне необходимо прежде всего проводить домой жену, навестить мать, и только после этого я смогу к вам приехать.

– У меня в саду есть уединенный павильон, где может расположиться ваша почтенная супруга. Почему бы вам вместе с ней не остановиться у меня? Я, конечно, не смогу устроить вам должного приема, но, само собой разумеется, что ни вы, ни ваша супруга не будете испытывать каких-либо стеснений или неудобств. Прошу вас переехать ко мне – этим вы окажете мне милость, и я буду вам очень признателен.

– Хорошо, – сказал алхимик, кивнув головой. – Раз вы так настаиваете, я согласен. Разрешите только предупредить жену и собраться в дорогу.

Пань был счастлив. Тут же он написал приглашение, в котором просил алхимика завтра отправиться вместе с ним отобедать, совершая прогулку по озеру. На следующий день, принимая алхимика на

джонке, Пань оказывал ему всевозможные знаки внимания. Они без устали говорили и говорили, выкладывая друг перед другом свои знания, и сожалели о том, что им не довелось встретиться раньше. Расстались они очень довольные друг другом. Молодой жене алхимика Пань в тот же вечер послал полный стол отборных вин и изысканных яств.

На другой день алхимик устроил ответный пир. Все было обставлено с еще большей роскошью, чем у Паня. Нечего и говорить о том, что вся посуда, чарки и винные сосуды были из чистейшего золота и серебра.

Вволю насладившись прогулками по озеру и общением друг с другом, они договорились, что вместе поедут в Сунцзян. Наняли две большие джонки, перенесли туда весь багаж и отправились в путь. Жена алхимика, которая с мужем ехала на соседней

中，隔帘时露半面，富翁偷眼看去，果然生得丰姿美艳，体态轻盈。只是：

> 盈盈一水间，
> 脉脉不得语。

又裴航赠同舟樊夫人诗云：

> 同舟吴越犹怀想，
> 况遇天仙隔锦屏。
> 但得玉京相会去，
> 愿随鸾鹤入青冥。

此时富翁在隔船望着美人，正同此景，所恨无人可通音问。话休絮烦。两只船不一日至松江。富翁已到家门首，便请丹客上岸。登堂献茶已毕，便道："此是学生家中，往来人杂不便。离此一望之地，便是学生庄舍。就请尊眷同老丈到彼安顿。学生也到彼外厢书房中宿歇。一则清净，可以省烦杂；二则谨密，可以动炉火。尊意如何？"丹客道："炉火之事，

джонке, время от времени смотрела в окошко из-за занавески. Пань украдкой поглядывал на нее – она была удивительно хороша, прекрасно сложена. Но что поделать,

> *Коль разделяет их вода,*
> *О чувствах как расскажешь, – лишь глазами.*

И невольно вспомнились молодому человеку стихи, преподнесенные Пэй Ханом госпоже Фань:

> *Вместе плыву с нею в лодке одной,*
> *но мною владеет тоска –*
> *Лишь через шторку я издали вижу*
> *феи небесной глаза.*
> *Если бы только мог повстречаться*
> *в милой обители с ней,*
> *Был бы готов за птицей прелестной*
> *вдаль унестись, в небеса.*

Но Пань был на другой джонке, откуда он мог только смотреть на красавицу, скорбя о том, что не с кем передать ей записку с выражением своих чувств.

Через несколько дней они прибыли в Сунцзян. Пань первым направился домой и вскоре попросил алхимика сойти на берег. Он проводил гостя к себе и, угостив его чаем, сказал:

– В этом доме живет вся моя семья, и здесь слишком много народу. Неподалеку отсюда моя усадьба, и я хотел бы предложить вам с супругой расположиться там, вам там будет удобно. Сам я тоже могу жить в усадьбе, в моем отдельном павильоне-кабинете. Это уединенное и тихое место, где нас никто не потревожит и где можно будет спокойно заняться опытом, как вы находите?

最忌俗嚣，又怕外人触犯。况又小妾在身伴，一发宜远外人。若得在贵庄住止，行事最便了。"富翁便指点移船到庄，自家同丹客携手步行。来到庄门口，门上一匾，上写"涉趣园"三字。进得园来，但见景物悠然，恬恬可爱。正是：

  古木干霄，
  新篁夹径。
  榱题虚敞，
  无非是月榭风亭；
  栋宇幽深，
  饶有那曲房邃室。
  叠叠假山数仞，
  可藏太史之书；
  层层岩洞几重，
  疑有仙人之箓。
  若还奏曲能招凤，
  在此观棋必烂柯。

丹客观玩园中景致，欣然道："好个幽雅去处，正堪为修炼之所。又好安顿小妾。在下便可安心与吾丈做事了。看来

— Самое главное для наших алхимических опытов — это полное уединение, посторонние могут помешать нам, — ответил тот. — К тому же я не один, а с женой, и с этой точки зрения тоже лучше быть подальше от посторонних взглядов. Так что, я думаю, самое удобное воспользоваться вашим предложением.

Они тут же вернулись на джонку, и Пань приказал лодочникам плыть к усадьбе. Сойдя на берег, они рука об руку направились к дому Паня. На воротах висела доска с надписью: Сад соприкосновения с прекрасным. Они вошли в сад, и вот что представилось их взору:

> Вековые деревья касаются неба,
> Тропинки теснит бамбук молодой.
> В решетчатой кровле резные просветы,
> Беседки и башенки всюду,
>   чтоб ветерком иль луной наслаждаться;
> Дома в глубине и тиши,
> Средь них павильоны сокрыты,
>   чуть видны кабинеты.
> Тянутся горы из сложенных каменных глыб, —
>   вместится туда библиотека ученого мужа;
> Пласт над пластом громоздятся ущелья-пещеры, —
> Мнится, что в них письмена с волей небесных владык.
> Если бы здесь зазвучали напевы,
>   что фениксов-птиц созывают,
> Иль в шашки игру довелось наблюдать, считал бы,
> Ланькэ пред тобою.

— Какое тихое, уединенное место! — радостно воскликнул алхимик, восхищенный красотою сада. — Как раз то, что нам нужно для наших опытов, да и жене моей здесь будет удобно. Тут мы сможем со спокойной душой работать. Вам действительно

吾丈果是有福有缘的。"富翁就着人接那小娘子进来。那小娘子艳妆乔扮，带着两个丫头：一个唤名春云，一个唤名秋月，摇摇摆摆，走到园亭上来。富翁欠身回避。丹客道："而今是通家了，就等小妾拜见不妨。"就叫那娘子与富翁相见了。富翁对面一看，真个是沉鱼落雁之容，闭月羞花之貌。天下凡是有钱的人，再没一个不贪财好色的。富翁此时，好像雪狮子向火，不觉软瘫了半边；炼丹的事，又是第二着了。便对丹客道："园中内室尽宽，任凭尊嫂拣择。人少时，学生再唤几个妇女来伏侍。"丹客就同那小娘子去看内房。富翁急急到家中，取了一对金钗，一双金镯，到园中奉与丹客道："些小薄物，奉为尊嫂拜见之仪，望勿嫌轻亵。"丹客一眼估去，见是金的，反推辞道："过承厚惠，只是黄金之物，在下颇为易

очень везет.

Пань послал на джонку слуг за женой алхимика. Вскоре роскошно одетая молодая женщина в сопровождении двух служанок, которых звали Чуньюнь и Цююэ, грациозной походкой вошла в сад и подошла к дому. При появлении женщины Пань собрался было удалиться.

— Теперь мы с вами близкие люди, свои, так что пусть представится вам, — остановил его алхимик и приказал жене поклониться хозяину.

Взглянув теперь вблизи на женщину, Пань убедился, что она действительно одна из тех красавиц, при виде которых рыбы уходят на дно и птицы падают наземь, луна затмевается и цветам становится стыдно. На свете нет богачей, которые не были бы падки до денег и до женской красоты, и теперь, глядя на красавицу, Пань таял, словно снежный ком в огне. Мысли об алхимии отошли на задний план.

— Здесь у меня много внутренних покоев, — обратился Пань к алхимику, — так что ваша почтенная супруга сможет выбрать себе то, что ей придется по вкусу. А если прислуги окажется недостаточно, я предоставлю в ее распоряжение несколько своих служанок.

Алхимик с женой отправился выбирать помещение, а Пань тем временем поспешил к себе, отобрал пару золотых шпилек, пару золотых браслетов и поспешил в сад преподнести их алхимику.

— Прошу вас в знак моего глубочайшего уважения к вашей супруге передать ей эти безделушки, — сказал он, протягивая гостю драгоценности. — Надеюсь, вы не пренебрежете таким скромным подношением.

Видя, что безделушки золотые, алхимик стал отказываться:

— Тронут вашим вниманием, но не посмею принять: ведь мне добыть золото ничего не стоит, а для вас это будет большой

得，老丈实为重费；于心不安，决不敢领。"富翁见他推辞，一发不过意，道："也知吾丈不希罕此些微之物，只是尊嫂面上，略表芹意。望吾丈鉴其诚心，乞赐笑留。"丹客道："既然这等美情，在下若再推托，反是自外了。只得权且收下，容在下竭力炼成丹药，奉报厚惠。"笑嘻嘻走入内房，叫个丫头，交了进去。又叫小娘子出来，再三拜谢。富翁多见得一番，就破费这些东西，也是心安意肯的。口里不说，心中想道："这个人有此丹法，又有此美姬，人生至此，可谓极乐。且喜他肯与我修炼，丹成料已有日。只是见放着这等美色在自家庄上，不知可有些缘法否？若一发钩搭得上手，方才心满意足。而今拚得献些殷勤，做工夫不着，磨他去，不要性急，且一面打点烧炼的事。"便对丹客道："既承吾丈不弃，我们几时起手？"丹客道："只要有银为母，不论早晚，可以起手。"富翁道："先得多少母银？"丹客道："多多益善。母多丹多，省得再费手脚。"富翁道："这等，打点将二千金下炉便了。今日且在舍下料理。明日学生就搬过来，一同做事。"是晚，具酌在园亭上款待，尽欢而散。又送酒肴内房中

утратой.

— Знаю, почтеннейший, что для вас эти вещи не представляют ценности, — возразил Пань, огорченный отказом. — Я хотел только выразить мое глубочайшее уважение вашей супруге; надеюсь, что вы примете во внимание мои самые искренние чувства и не откажетесь взять эти вещицы.

— Ну что ж, отказаться — значит, пренебречь вашими лучшими чувствами. Хорошо, я приму их и приложу все силы, чтобы добыть философский камень и тем самым отблагодарить вас.

Алхимик, улыбаясь, вошел в дом, позвал служанку, велел ей отнести подарки и пригласить госпожу, чтобы та поблагодарила хозяина. А Пань, чтобы лишний раз увидеть красавицу, готов был и не на такие дары.

«Везет же человеку! — думал он про себя. — Знает секрет философского камня, да еще имеет такую красавицу-жену. Счастье обладания его секретом, раз он согласился проделать здесь свой опыт, скоро ожидает и меня, а вот выпадет ли мне удача в другом... ведь под боком такая женщина! Хорошо, если б повезло и с нею. Надо будет только оказывать ей почтение и внимание, не торопиться, а тем временем заниматься алхимией».

— Раз вы любезно согласились заняться опытами, то скажите, когда нам лучше приступить? — спросил Пань у гостя.

— В любой день, лишь бы было серебро-мать.

— А сколько его нужно?

— Чем больше, тем лучше. Больше будет серебра-матери — больше получите философского камня и меньше хлопот для вас в дальнейшем.

— Тогда я дам на заправку две тысячи ланов. Сегодня подготовлю, что следует, а завтра перенесу все сюда, и мы сможем приняться за дело.

В этот вечер Пань угощал алхимика в садовой беседке, и они прекрасно провели время. Разумеется, Пань не забыл послать

去，殷殷勤勤，自不必说。

次日，富翁准准兑了二千金，将过园子里来，一应炉器家伙之类，家里一向自有，只要搬将来。富翁是久惯这事的，颇称在行，铅汞药物，一应俱备，来见丹客。丹客道："足见主翁留心。但在下尚有秘妙之诀，与人不同；炼起来便见。"富翁道："正是秘妙之诀，要求相传。"丹客道："在下此丹，名为'九转还丹'。每九日火候一还，到九九八十一日开炉，丹物已成。那时节主翁大福到了。"富翁道："全仗提携则个。"丹客就叫跟来一个家童，依法动手，炽起炉火，将银子渐渐放将下去，取出丹方，与富翁看了。将几件希奇药料放将下去，烧得五色烟起，就同富翁封住了炉。又唤这跟来几个家人吩咐道："我在此将有三个月日耽搁，你们且回去，回覆老奶奶一声再来。"这些人只留一二个惯烧炉的在此，其余都依话散去了。从此家人日夜烧炼。丹客频频到炉边看火色，却不开炉；闲时却与富翁清谈，饮酒下棋。宾主相得，自不必说。又时时送长送短，到小娘子处讨好。小娘子也有时回敬几

угощение и на женскую половину.

На следующий день Пань собрал ровно две тысячи и отослал их алхимику, затем к гостю были перенесены тигель, различные инструменты и прочие вещи – хорошо знакомый с алхимией, Пань имел у себя все необходимое для опытов.

– Вы очень внимательны, – поблагодарил его алхимик, осматривая инструменты. – Но я делаю это не так, как другие. У меня свой, особый секрет превращения. Начнем плавить – увидите.

– Его-то я как раз и хотел бы постичь, – заметил Пань.

– Мой философский камень называется «камнем девяти превращений». Каждое превращение требует девяти дней. Так что через восемьдесят один день, когда мы откроем тигель, магический камень уже будет готов, и для вас наступит день великого счастья.

– Полностью полагаюсь в этом на вас!

Алхимик позвал слугу, приказал ему разжечь огонь и постепенно загрузил в тигель все серебро. После этого, показав Паню свой рецепт, он посыпал серебро какими-то порошками, и над металлом поднялся пятицветный дым. Затем он тут же, при Пане, закрыл тигель.

Далее он позвал слуг, которые сопровождали его в поездке, и распорядился:

– Я задержусь здесь месяца на три, а вы поезжайте домой, сообщите об этом матушке и возвращайтесь.

Следуя приказу хозяина, слуги отправились в Чжунчжоу. При алхимике остался только тот, который был приставлен к тиглю. Мальчик день и ночь следил за огнем, а сам алхимик только время от времени заходил взглянуть на печь, но тигля не открывал. В свободное время алхимик с Панем беседовали, пили вино, играли в шахматы. Гость и хозяин были очень довольны обществом друг друга. Пань частенько посылал жене алхимика

件知趣的东西。彼此致意。如是二十余日,忽然一个人穿了一身麻衣,浑身是汗,闯进园中来。众人看时,却是前日打发去内中的人。见了丹客,叩头大哭道:"家里老奶奶去世,快请回去治丧!"丹客大惊失色,哭倒在地。富翁也一时惊惶,只得从傍劝解道:"令堂天年有限,过伤无益。且自节哀。"家人催促道:"家中无主,作速起身。"丹客住了哭,对富翁道:"本待与主翁完成美事,少尽报效之心;谁知遭此大变,抱恨终天。今势既难留,此事又未终,况是间断不得的,实出两难。小妾虽是女流,随侍在下已久,炉火之候,尽已知些底里,留他在此看守丹炉才好。只是年幼无人管束,须有些不便处。"富翁道:"学生与老丈通家至交,有何妨碍?只须留下尊嫂在此,此炼丹之所,又无闲杂人来往,学生当唤几个老成妇女,前来陪伴,晚间或是接到拙荆处,一同寝处。学生自在

подарки, чтобы снискать ее расположение, и иногда в ответ получал от нее в знак благодарности изящные безделушки.

Так прошло более двадцати дней, как вдруг какой-то человек в трауре, весь взмокший, ворвался в сад. Оказалось, что это один из тех слуг, которых алхимик в свое время отправил в Чжунчжоу. Упав перед хозяином на колени, слуга сквозь рыдания проговорил:

— Старая госпожа скончалась, вас просят немедля вернуться, чтобы заняться похоронами.

Алхимик изменился в лице, упал на землю и в отчаянии зарыдал. Пань, встревоженный, склонился над ним и стал его утешать:

— Срок жизни, дарованный вашей матушке, пришел к концу: убиваться и скорбеть бесполезно. Успокойтесь, не терзайте себя!

Между тем слуга не переставал торопить алхимика:

— Дом остался без хозяина. Прошу вас, не теряйте времени!

— Я хотел сделать для вас доброе дело и тем самым отблагодарить за вашу любезность, — обратился алхимик к Паню, сдерживая слезы. — Кто мог предполагать, что случится такое несчастье! О, горе мне! Задерживаться здесь я не могу, а опыт наш не закончен и оборвать его невозможно. Право, не знаю, как поступить. Разве что жена... Она хоть и простая женщина, но давно уже со мной, знает, как и что, и было бы хорошо оставить ее здесь следить за тиглем. Но слишком уж она молода, и мне не хотелось бы оставлять ее здесь одну без присмотра — не совсем это удобно.

— Почтенный, мы ведь с вами теперь такие близкие друзья, что же тут такого? — возразил на это Пань. — Вы вполне можете оставить ее здесь. В помещение, где стоит печь, никто из посторонних не заходит; я предоставлю в ее распоряжение несколько надежных служанок, которые все время будут находиться при ней; если вам будет угодно, ночевать она может у моей жены, а

园中安歇看守，以待吾丈到来，有何不便？"丹客又踌躇了半响，说道："今老母已死，方寸乱矣。想古人有托妻寄子的，既承高谊，只得敬从，留他在此，看看火候。在下回去料理一番，不日自来启炉。如此方得两全其事。"富翁见说肯留妾看炉，心中恨不得许下半边天来，满面笑容，应承道："若得如此，足见有始有终。"丹客又进去与小娘子说了来因，并要留他在此看炉的话，一一吩咐了，就叫小娘子出来再见了主翁，嘱托与他，叮咛道："只好守炉，万万不可私启。倘有所误，悔之无及。"富翁道："万一尊驾来迟，误了八十一日之期，如何是好？"丹客道："九还火候已足，放在炉中，多养得几日，丹头愈生得多，就迟些开也不妨的。"丹客又与小娘子说

я расположусь здесь и сам буду следить за тиглем в ожидании вашего возвращения. О каких неудобствах тут может быть речь? Ну а что касается еды и подобных вещей, тут, естественно, я не посмею допустить небрежения.

Алхимик задумался.

– Теперь, когда мне сообщили о смерти матери, у меня все помутилось в голове, – сказал он наконец. – Я знаю, в древности были случаи, когда люди доверяли своих жен и дочерей друзьям. Ну что ж, раз вы так добры, я охотно принимаю ваше предложение и оставляю здесь жену наблюдать за опытом. Как только справлюсь со всеми делами, сразу же вернусь и сам открою тигель. Так я выполню свой долг и по отношению к вам, и по отношению к покойной матушке.

Услышав, что алхимик согласился оставить жену, Пань готов был хоть полнеба пообещать ему и с просиявшим от радости лицом заявил:

– Если вы поступите так, значит, дело будет доведено до конца.

Алхимик пошел к жене, сообщил ей о том, что случилось, сказал, что хочет оставить ее следить за тиглем, дал ей подробные указания, а затем привел ее, чтобы она поклонилась хозяину.

При этом он ей строго наказывал:

– Только следи как следует за огнем и ни в коем случае не открывай тигля без меня. Если что сделаешь не так, сожалеть будет поздно.

– А если вы запоздаете с возвращением и приедете позже, чем через восемьдесят один день, как быть тогда? – осведомился Пань.

– Чем дольше пролежит сплав в тигле после того, как огонь охватит его девять раз, тем больше вы получите философского камня, так что лишние несколько дней не повредят.

Поговорив еще о чем-то наедине с женой, алхимик поспешно

了些衷肠密语而去。

这里富翁见丹客留下美妾，料他不久必来，丹事自然有成，不在心上，却是趁他不在，亦且同住园中，正好钩搭，机会不可错过，时时亡魂失魄，只思量下手。方在游思妄想，可可的那小娘子叫个丫头春云来道："俺家娘请主翁到丹房看炉。"富翁听得，急整衣巾，忙趋到房前来请道："适才尊婢传命，小子在此伺候，尊步同往。"那小娘子啭莺声吐燕语道："主翁先行，贱妾随后。"只见袅袅娜娜走出房来，道了万福。富翁道："娘子是客，小子岂敢先行？"小娘子道："贱妾女流，怎好僭妄？"两下推逊，虽不好扯手扯脚的相让，已自觌面交谈，殷勤相接，有好些光景。毕竟富翁让他先走。两个丫头随着。富翁在后面看去，真是步步金莲，不由人

собрался и уехал.

Пань решил, что раз алхимик оставил здесь жену, то долго он, конечно, не задержится и о философском камне можно не беспокоиться. «Но вот пока его здесь нет, пока я живу с ней вместе в саду, – думал Пань, – мне представляется великолепная возможность попробовать прибрать ее к рукам, и случай этот упускать нельзя».

Молодой человек совсем потерял голову и думал теперь только о том, как лучше подойти к красавице. И вдруг однажды, как раз тогда, когда он размышлял об этом, к нему является ее служанка Чуньюнь и докладывает:

– Моя хозяйка просит господина пойти с ней взглянуть на тигель.

Пань поспешно привел в порядок платье, поправил шапку и кинулся к покоям молодой женщины.

– Ваша служанка передала мне, уважаемая госпожа, чтобы я пошел с вами взглянуть на тигель, – сказал он, остановившись возле дверей ее комнаты. – Жду вас здесь, чтобы отправиться вместе.

– Прошу вас пойти впереди, а я последую за вами, – промолвила молодая женщина голосом нежным, как щебетание ласточки, и вышла из комнаты, приветствуя Паня.

– Госпожа, вы моя гостья, посмею ли идти впереди вас! – возразил Пань.

– Я ведь женщина, как могу я забывать об этом!

Так они скромничали, уступая друг другу дорогу, и хотя не позволили себе никакой фамильярности, однако они уже разговаривали, глядя друг другу в лицо, обменивались любезностями, и во всем этом уже было что-то обещающее. Женщина в конце концов прошла вперед, обе ее служанки шли за ней следом. «Действительно, каждый ее шаг рождает лотос! – думал про себя Пань, глядя на походку молодой женщины. – Как тут оста-

不动火。来到丹房边，转身对两个丫头道："丹房忌生人，你们只在外住着，单请主翁进来。"主翁听得，三脚两步，跑上前去，同进了丹房，把所封之炉，前后看了一回。富翁一眼觑定这小娘子，恨不得寻口水来吞他下肚去，那里还管炉火的青红皂白。可惜有这个烧火的家僮在房，只好调调眼色，连风话也不便说得一句。直到门边，富翁才老着脸皮道："有劳娘子尊步。尊夫不在，娘子回房，须是寂寞。"那小娘子口不答应，微微含笑，此番却不推逊，竟自冉冉而去。富翁愈加狂荡，心里想道："今日丹房中若是无人，尽可撩拨，只可惜有这个家僮在内。明日须用计遣开，然后约那人同去看炉，此时便可用手脚了。"即吩咐从人："明日早上备一桌酒饭，请那烧炉的家僮，说道：'一向累他辛苦了，主翁特地与他浇手。'要灌得烂醉方住。"吩咐已毕，是夜独酌无聊，思量美

нешься равнодушным!»

Когда они подошли к помещению, где стоял тигель, женщина обернулась к служанкам и распорядилась:

– Обождите меня за дверью, здесь не должно быть посторонних. Со мной пройдет только господин.

Обрадованный, чуть ли не вприпрыжку, Пань вошел за ней в помещение, мельком бросил взгляд на печку и уставился на красавицу. Глазами он пожирал молодую женщину так, словно готов был живьем проглотить ее. До того ли ему было, чтобы смотреть, какой огонь под тиглем – синий там, красный, черный или белый. Очень некстати здесь был мальчик, который следил за огнем. При нем Пань мог только с восхищением смотреть на нее, но не решался сказать ей лишнего слова. Лишь выходя из помещения, он расхрабрился и обратился к ней:

– Извините, затруднил вас тем, что вам пришлось идти сюда. Теперь, когда ваш муж в отъезде, вам, должно быть, тоскливо возвращаться домой.

Та ничего не ответила и лишь едва заметно улыбнулась. На этот раз Пань ничего не добился и, не торопясь, отправился к себе. Но страсть его после этой встречи еще больше разгорелась.

«Если бы сегодня никого в комнате не было, все было бы в порядке. Какая досада, что этот слуга торчит здесь! – размышлял он. – Надо будет завтра что-нибудь придумать, чтобы от него избавиться, и договориться с ней опять пойти смотреть тигель, вот тогда я смогу действовать свободно». В тот же вечер он приказал слуге приготовить на следующее утро вина и закуски и угостить мальчишку, который следит за огнем.

– Скажи ему, что я решил угостить его за усердие, но сделай так, чтобы он был мертвецки пьян, – добавил в заключение Пань.

Весь вечер Пань провел в одиночестве за вином, думая о кра-

人，只在内室，又念着日间之事，心中怏怏，徬徨不已，乃吟诗一首道：

名园富贵花，
移种在山家。
不道栏杆外，
春风正自赊。

走至堂中，朗吟数遍，故意要内房听得。只见内房走出丫头秋月，手捧一盏香茶，奉与富翁道："俺家娘听得主翁吟诗，恐怕口渴，特奉清茶。"富翁笑逐颜开，再三称谢。秋月回身进去，只听里边也吟道：

名花谁是主？
飘泊任春风。
但得东君惜，
芳心亦自同。

富翁听罢，知是有意，却不敢造次闯进去。又听得里边关门响，只得自到书房睡了，以待天明。次日早上，从人依了昨日之言，把个烧火的家僮请了去。他日逐守着炉灶边，原不耐烦，见了酒杯，那里肯放，吃得烂醉，就在外边睡着了。富

савице и перебирая в памяти события этого дня. Охваченный сильным душевным волнением, он стал слагать стихи:

Из роскошного сада редчайший цветок
в дикую глушь пересажен,
Ему невдомек: за оградою здесь
ветер весенний сам бы хотел им владеть.

Потом он направился к павильону, в котором жила молодая женщина, и, приблизившись к нему так, чтобы его могли услышать, несколько раз подряд проскандировал эти стихи. В это время из комнаты вышла служанка Цююэ, поднесла Паню чашку чая и сказала:

— Моя хозяйка слышала, что вы скандируете стихи, подумала, что, может быть, вы захотите пить, и распорядилась, чтобы я предложила вам чашку чая.

Пань просиял от счастья и рассыпался в благодарностях. Не успела служанка уйти, как из внутренних покоев донесся нежный голос:

Славный цветок – кто его повелитель? –
весеннему ветру послушен в скитаньях.
Если владыка востока цветок пожалеет,
доброму сердцу его и сам он готов услужить.

Пань понял намек, но тут же ворваться к ней не посмел. К тому же он услышал, как запираются двери внутренних покоев, и ему ничего не оставалось, как вернуться к себе, лечь спать и дождаться утра.

На следующий день с самого утра слуга Паня, как ему было приказано, пригласил мальчика, следившего за огнем, и стал угощать его. У того глаза разгорелись при виде вина. Ему уже

翁已知他不在丹房，即走到内房前，自去请看丹炉。那小娘子听得，即便移步出来，一如昨日在前先走。走到丹房门边，丫头仍留在外，止是富翁紧随入门。到得炉边看时，不见了烧火的家僮。小娘子假意失惊道："如何没人在此，却歇了火？"富翁道："只为小子自家要动火，故叫他暂歇了火。"小娘子只做不解道："这火须是断不得的。"富翁道："等小子与娘子坎离交媾，以真火续将起来。"小娘子正色道："炼丹学道之人，如何兴此邪念，说此邪话？"富翁道："尊夫在这里与小娘子同眠同起，少不得也要炼丹。难道一事不做，只是干夫妻不成？"小娘子无言可答道："一场正事，如此歪缠。"富翁道："小子与娘子夙世姻缘，也是正事。"一把抱住，双膝

надоело изо дня в день сидеть возле тигля, и он так наелся и напился, что тут же заснул.

Как только Пань узнал, что мальчика уже подпоили, он сам направился во внутренние покои попросить жену алхимика пойти с ним посмотреть за тиглем. Та не заставила себя ждать, и они, как и в прошлый раз – она впереди, он позади, проследовали туда вместе.

Когда они подошли к помещению, служанки, сопровождавшие жену алхимика, остались ждать свою хозяйку у входа, а Пань вошел за ней. Оглядевшись, молодая женщина заметила, что мальчика в комнате нет.

– Почему здесь никого нет? Как вы могли допустить, чтобы огонь погас?! – с притворным испугом воскликнула жена алхимика.

– Я сам хочу разжечь огонь, – сказал Пань, улыбаясь, – и потому сказал слуге, что пока обойдусь без него.

– Огонь должен гореть непрерывно, – возразила женщина, делая вид, что не понимает намека.

– Настоящий огонь загорится ярким пламенем тогда, когда сольются наши противоположные начала.

Лицо красавицы приняло суровое выражение.

– Человек занимается алхимией, ищет путь истины, а сам позволяет себе говорить такое!

– Когда ваш муж был здесь, он вместе с вами ложился и вместе с вами вставал. А ведь он тоже занимался алхимией. Неужели же вы были супругами во всем, кроме лишь одного?

Не найдя, что возразить, молодая женщина с упреком промолвила:

– Такое серьезное дело, и устраивать здесь такое безобразие!

– Нам с вами предопределено судьбой принадлежать друг другу – это тоже серьезное дело, – сказал в ответ Пань, упал к ее ногам и обнял ее колени.

跪将下去。小娘子扶起道："拙夫家训颇严，本不敢轻蹈非礼。既承主翁如此殷勤，贱妾不敢自爱，容晚间约着相会一话罢。"富翁道："就此恳赐一欢，方见娘子厚情。如何等得到晚？"小娘子道："这里有人来，使不得。"富翁道："小子专为留心，要求小娘子，已着人款住烧火的。此外谁敢进来？况且丹房邃密，无人知觉。"小娘子道："此间须是丹炉，怕有触犯，悔之无及，决使不得。"富翁此时兴已勃发，那里还顾什么丹炉不丹炉，只是紧紧抱住道："就是要了小子的性命，也说不得了！只求小娘子救一救！"不由他肯不肯了。此时快乐，何异登仙。事毕，整了衣服，富翁道："感谢娘子不弃，只是片时欢娱。晚间愿赐通宵之乐。"扑的又跪下去。小娘子急扶起来道："我原许晚间的，你自喉急，等不得。那里有丹鼎傍边，就这般没正经起来！"富翁道："错过一时，只恐后悔无及。还只是早得到手一刻，也遂了我多时心愿。"小

— Мой муж придерживается в семейной жизни самых строгих правил, и я никогда не осмеливалась поступать так, как сама захочу, тайком от него, — сказала женщина, поднимая его с колен. — Только признательность за ваше внимание заставляет меня забыть о самой себе. Поэтому я разрешаю вам прийти ко мне сегодня вечером побеседовать.

— Умоляю вас одарить меня своей любовью сейчас же – этим вы и докажете свою признательность. К чему ждать до вечера!

— Но сюда может кто-нибудь войти, что вы!

— Все предусмотрено. Надеясь на свидание с вами, я позаботился о том, чтобы мальчика, который следит за огнем, задержали, а больше никто сюда не посмеет войти; да и помещение это находится в таком отдаленном месте, что никто ничего не узнает.

— Нет, ни в коем случае: здесь стоит тигель, и если мы испортим опыт с философским камнем, то тут уж ничем не поможешь!

Какой там тигель! Какой философский камень! Пань весь пылал от страсти. Крепко обняв красавицу, он взмолился:

— Я готов даже жизни лишиться! Сжальтесь, прошу вас!

Больше Пань ничего не хотел слушать...

Теперь он был на верху блаженства, счастлив, как в раю.

— Благодарю, что вы не пренебрегли мною, — промолвил Пань немного погодя, оправляя одежду. — Но счастье было слишком коротко. Хотелось, чтобы вы подарили мне ночь наслаждения.

И он снова опустился перед нею на колени. Красавица тут же подняла его с колен.

— Я ведь обещала, что приму вас вечером, но вы оказались слишком уж нетерпеливы. Зачем было устраивать такое здесь, возле тигля? — упрекала она Паня.

— Боялся упустить случай, чтобы потом не раскаиваться. Чем раньше исполнилась моя заветная мечта, тем лучше.

娘子道："晚间还是我到你书房来？你到我卧房来？"富翁道："但凭娘子主见。"小娘子道："我处须有两个丫头同睡，你来不便。我今夜且瞒着他们自出来罢。待我明日叮嘱丫头过了，然后接你进来。"是夜，果然人静后，小娘子走出堂中。富翁早已在门边伺候，接至书房，极尽衾枕之乐。以后或在内，或在外，总是无拘无管。

富翁以为天下奇遇，只愿得其夫一世不来，丹炼不成也罢了。绸缪了十数宵，忽然一日，门上报说，丹客到了。富翁吃了一惊。接进寒温毕，即进内房来见小娘子，说了好些说话，复出来对富翁道："小妾说丹炉不动，而今九还之期已过，丹已成了，正好开看。今日匆匆，明日献过了神启炉罢。"富翁是夜虽不得再望欢娱，却见丹客来了，明日启炉，丹成可望，还赖有此，心下自解自乐。到得明日，请了些纸马福物，祭献了毕，丹客同富翁刚走进丹房，就变色沉吟道："如何丹房中气色恁等的，有些诧异！"便就亲手启开鼎炉一看，跌足大惊道："败了！败了！真丹走失，连银母多是糟粕

– Вечером мне прийти к вам или вы придете ко мне? – спросила красавица.

– Как вам угодно.

– Со мной спят две служанки, и вам приходить неудобно. Сегодня я постараюсь незаметно уйти, а завтра придумаю, что сказать им, и вы сможете прийти ко мне.

Вечером, когда все уснули, красавица вышла в сад, где ее давно поджидал Пань. Они прошли в его кабинет и предались нежным ласкам. С тех пор они встречались беспрепятственно то у нее, то у него.

Пань считал это чудеснейшим случаем в своей жизни и мечтал, чтобы алхимик исчез навсегда. Опыт с философским камнем его мало тревожил.

Более десяти вечеров провели они в любовных утехах, как вдруг привратник докладывает: «Вернулся алхимик». Пань испугался. Поздоровавшись с Панем, алхимик прежде всего прошел к жене, долго с ней о чем-то говорил, затем вернулся к Паню.

– Моя жена сказала, что тигель не открывали, – обратился он к Паню. – Срок девяти превращений уже истек, так что порошок должен быть готов. Сегодня не будем торопиться, а завтра принесем жертву духам и откроем тигель.

В ту ночь Паню пришлось обойтись без любовных услад, но он утешал себя тем, что вернулся алхимик, что утром откроют тигель и тогда наконец сбудется его надежда на получение философского камня.

На следующий день, после жертвоприношения, Пань и алхимик вместе вошли в помещение, где стоял тигель.

Алхимик сразу же изменился в лице.

– Странно, странно! Что-то тут в воздухе не то, – пробормотал он, тут же открыл тигель и заглянул внутрь. – Пропало, все пропало! – закричал он, топая ногами в гневе и отчаянии. – И

了！此必有做交感污秽之事，触犯了的！"富翁惊得面如土色，不好开言；又见道着真相，一发慌了。丹客懊怒，咬得牙齿跶跶的响，问烧火的家僮道："此房中别有何人进来？"家僮道："只有主翁与小娘子日日来看一次，别无人敢进来。"丹客道："这等，如何得丹败了？快去叫小娘子来问。"家僮急忙走去请来。丹客厉声道："你在此看炉，做了甚事？丹俱败了！"小娘子道："日日与主翁来看炉，是原封不动的，不知何故。"丹客道："谁说炉动了封！你却动了封了！"又问家僮道："主翁与娘子来时，你也有时节不在此么？"家僮道："止有一日，是主翁怜我辛苦，请去吃饭，多饮了几杯，睡着在外边了。只这一日，是主翁与小娘子自家来的。"丹客冷笑道："是了！是了！"忙走去行囊里，抽出一根皮鞭来，对小娘子道："分明是你这贱婢做出事来了！"一鞭打去。幸喜小娘子即溜，侧身闪过，哭道："我原说做不得的。主人翁害了奴也！"富翁睁着双眼，无言可答，恨没个地洞钻了进

философский камень не получился, и даже серебро-мать превратилось в шлак. Не иначе, как здесь занимались развратом и все погубили!

У Паня от испуга лицо стало землистым. Он молчал. Слова алхимика попали не в бровь, а в глаз, и он совсем растерялся.

Алхимик в бешенстве скрежетал зубами.

– Кто еще входил сюда? – накинулся он на мальчика-слугу.

– Только хозяин и ваша супруга заглядывали сюда каждый день. Больше никто не заходил, – ответил слуга.

– Почему же тогда опыт провалился? – кричал алхимик. – Быстро позвать сюда госпожу, сейчас ее спросим.

Мальчик побежал за женой алхимика.

– Чем ты тут занималась, когда следила за печью? – заорал алхимик, едва она появилась. – Философский камень испорчен!

– Мы каждый день приходили с господином взглянуть на огонь, – ответила она. – Понятия не имею, в чем дело, – тигель мы не трогали...

– Тигель не трогали?! Тебя вот трогали! – бросил алхимик жене и тут же спросил слугу:

– Ты всегда был здесь, когда жена и хозяин приходили?

– Один раз только не был. Это случилось, когда господин Пань велел угостить меня за мое усердие – я хватил лишнего и сразу заснул. Вот тогда они были здесь без меня.

– Так, так! Ясно! – пробурчал алхимик. Тут же он бросился к своим вещам, вытянул оттуда плеть и хлестнул ею жену. – Это ты натворила, подлая тварь! – закричал он и снова замахнулся плетью.

Та увернулась от удара и сквозь слезы пробормотала:

– Я ведь говорила, что нельзя! О господин Пань, вы погубили меня!

Пань стоял молча, вытаращив глаза, и готов был сквозь землю провалиться.

去。丹客怒目直视主翁道："你前日相托之时，如何说的？我去不久，就干出这样昧心事来，原来是狗彘不直的！如此无行之人，如何妄思烧丹炼药！是我眼里不识人！我只是打死这贱婢罢！羞辱门庭，要你怎的！"拿着鞭赶上前便打。慌得小娘子三脚两步奔进内房，又亏两个丫头拦住，劝道："官人耐性。"向前接住了皮鞭，却把皮鞭摔断了。富翁见他性发，没收场，只得跪下去道："是小子不才，一时干差了事。而今情愿弃了前日之物，只求宽恕罢。"丹客道："你自作自受。你干坏了事，走失了丹，是应得的，没处怨怅。我的爱妾，可是与你解馋的？受了你玷污，却如何处？我只是杀却了，不怕你不偿命！"富翁道："小子情愿赎罪罢。"即忙叫家人到家中拿了两个元宝，跪着讨饶。丹客只是佯着眼不瞧道："我银甚易，岂在乎此！"富翁只是磕头，又加了二百两道："如今以此数再娶了一位如夫人也勾了。实是小子不才，望乞看平日之面，宽恕尊嫂罢。"丹客道："我本不希罕你银子，只是你这

– Чего же стоят все заверения и обещания, которые ты давал мне перед моим отъездом?! – с гневом обрушился алхимик на Паня, глядя на него в упор. – Не успел я уехать, как ты совершил такую подлость! Пес ты гнусный и свинья. Ведь надо же быть таким бессовестным! И ты еще мог думать, что тебе удастся опыт с философским камнем! Сам виноват: не умею разбираться в людях. Но эту тварь я убью! Не нужна она мне! Позор моей семье!

Тут алхимик снова кинулся на жену, размахивая плетью. Молодая женщина в испуге бросилась бежать к дому. На ее счастье, обе ее служанки преградили алхимику дорогу, пытаясь остановить его и умоляя простить хозяйку. Каждая получила по хорошему удару плетью, и плеть переломилась пополам. Алхимик разошелся так, что его было уже не удержать.

Тогда Пань стал перед ним на колени.

– Во всем виноват я, – говорил он. – Все испорчено из-за меня. Я готов смириться с пропажей денег, лишь бы вы меня простили.

– Что ж, ты получил по заслугам! Сам виноват, что остался без магического камня. Я здесь ни при чем. Но ты опозорил мою жену, как с этим прикажешь быть?! Убью ее! За это ты же будешь в ответе!

– Я готов искупить свою вину, – промолвил Пань, тут же приказал слугам принести два серебряных слитка юаньбао и, ползая на коленях, просил прощения.

– Что мне деньги, для меня это пустяк, – сказал алхимик, не глядя на серебро.

Пань, не переставая кланяться, прибавил к слиткам еще двести ланов.

– Этих денег вполне хватит на то, чтобы вы выбрали себе новую, достойную вас жену. Все произошло по моей вине. Умоляю вас, ради нашей прежней дружбы, пощадите вашу супругу!

样人，不等你损些己财，后来不改前非。我偏要拿了你的，将去济人也好。"就把三百金拿去装在箱里，叫齐小娘子与家僮丫头等，急把衣装行李尽数搬出，下在昨日原来的船里，一径出门，口里喃喃骂道："受这样的耻辱，可恨！可恨！"骂詈不止，开船去了。富翁被他吓得魂不附体，恐怕弄出事来。虽是折了些银子，得他肯去，还自道侥幸。至于炉中之银，真个认做污秽触犯了，丹鼎走败，但自悔道："忒性急了些。便等丹成了，多留他住几时，再图成此事，岂不两便？再不然，不要在丹房里弄这事，或者不妨，也不见得。多是自己莽撞了，枉自破了财物。也罢，只是遇着真法，不得成丹，可惜！可惜！"又自解自乐道："只这一个绝色佳人，受用了几时，也是风流话柄，赏心乐事，不必追悔了。"——却不知多是丹客做成圈套。当在西湖时，原是打听得潘富翁来杭，先装成这般行径来炫惑他的，及至同他到家，故意要延缓，却像没

– Хорошо, пусть ущерб послужит тебе уроком, – ответил алхимик. – Мне твои деньги не нужны, я раздам их бедным.

Алхимик спрятал все триста ланов в сундук, позвал жену, созвал своих слуг, распорядился, чтобы его багаж сейчас же перенесли в джонку, на которой он накануне приехал, и покинул дом, негодуя:

– Нанести человеку такое оскорбление! Какой позор! Какой стыд!

Так, с бранью, алхимик сел в джонку и вместе с женой уехал.

Пань был страшно напуган всем происшедшим, опасаясь, как бы на него не состряпали дело. И хотя он поплатился деньгами, но считал, что ему еще повезло и что он легко отделался. Что до неудавшегося опыта с серебром, то Пань и вправду полагал, что осквернил место и этим все испортил. «Слишком я поторопился, – сокрушался он. – Ничего не стоило подождать, пока образуется философский камень, оставить их погостить подольше, а тем временем добиваться своего. Тогда и одно и другое получилось бы как нельзя лучше. Наконец, просто не следовало такими делами заниматься именно в том помещении, тогда, возможно, все обошлось бы. Да, по собственному недомыслию и опрометчивости загубить столько денег! И это бы ничего. Но вот встретить наконец настоящего алхимика и не получить философского камня – досадно! Очень досадно! С другой стороны, чего тут раскаиваться, – утешал он себя. – С такой красавицей проводить время в свое удовольствие – это же истинное наслаждение!» Так думал Пань, не ведая, что он жертва обмана и что мнимый алхимик действовал по заранее намеченному плану.

А дело обстояло так. Когда алхимик был на озере Сиху, он уже знал, что Пань должен приехать в Ханчжоу. Все, что «алхимик» там поначалу проделывал, было рассчитано на то, чтобы задурить Паню голову; а когда дошло до того, что Пань пригласил его к себе в Сунцзян, он сделал вид, что не торопится

甚要紧。后边那个人来报丧之时，忙忙归去，已自先把这二千金提去了，留着家眷，使之不疑。后来勾搭上场，也都是他做成的计较。把这堆狗屎堆在鼻子上，等你开不得口，只好自认不是，没工夫与他算账了。那富翁是破财星照，堕其计中，先认他是巨富之人，必有真丹点化，不知那金银器皿都是些铜铅为质，金银汁粘裹成的，酒后灯下，谁把试金石来试，一时不辨，都误认了：此皆神奸鬼计也。——富翁遭此一骗，还不醒悟，只说是自家不是，当面错过，越好那丹术不已。

　　一日，又有个丹士到来，与他谈着炉火，甚是投机，延接在家，告诉他道：“前日有一位客人，真能点铁为金，当面试过，他已是替我烧炼了，后来自家有些得罪了他，不成而去，真是可惜。”丹士道：“吾术岂独不能？”便叫把炉火来试，果然与前丹客无二，些少药末，投在铅汞里头，尽化为银。富

и может пробыть у него до конца опыта. Затем, когда прибыл человек и доложил ему о смерти матери, он поспешно укатил, прихватив две тысячи, предназначенные для опыта. Женщина, которую он выдавал за жену, была умышленно оставлена в доме Паня, чтобы у него не возникало подозрений и чтобы соблазнить богача. Вся эта грязная история была разыграна у Паня под носом, да еще так ловко, чтобы Пань не посмел и рта раскрыть, считал бы виновным самого себя и не успел бы опомниться и потребовать возмещения убытков. Богачу Паню просто суждено было попасться на удочку и поплатиться деньгами. Он думал, что человек тот действительно обладает несметным богатством, а раз так, значит, должен знать секрет философского камня. Пань не ведал того, что вся посуда у алхимика была из вызолоченной меди и посеребренного свинца. Да и кому придет в голову вечером, при свете фонаря, сидя за вином, проверять, настоящее золото перед тобой или нет. Вот на такую коварную хитрость и попался богач Пань.

Но и этот случай не открыл Паню глаза – он по-прежнему считал, что сам виноват, сам упустил возможность, и его еще больше влекло к алхимии.

Как-то раз Паню опять попался какой-то алхимик; зашла речь об алхимии. Новый знакомый так понравился Паню, что он пригласил его к себе. Беседуя с ним, он поделился тем, что с ним произошло:

– Недавно я встретил человека, который действительно мог превращать простой металл в золото. Он при мне проделал это и уже начал плавить для меня философский камень, но, к сожалению, я обидел его, и он ушёл, так и не закончив опыта!

– Это и я могу сделать, – заявил алхимик.

Тут же было приказано разжечь тигель. Точно так же, как прежний обманщик, алхимик бросил немного порошка на сплав ртути и свинца. И точно – весь сплав превратился в серебро.

翁道："好了，好了。前番不着，这番着了。"又凑千金与他烧炼。丹士呼朋引类，又去约了两三个帮手来做。富翁见他银子来得容易，放着胆，一些也不防备。岂知一个晚间，又提了罐走了。次日又捞了个空。富翁此时连被拐去，手中已窘，且怒且羞道："我为这事，费了多少心机，弄了多少年月，前日自家错过，指望今番是了；谁知又遭此一闪。我不问那里寻将去，料来不过又往别家烧炼，或者撞得着，也不可知。纵不然，或者另遇着真正法术，再得炼成真丹，也不见得。"自此收拾了些行李，东游西走。

　　忽然一日，在苏州阊门人丛里，劈面撞着这一伙人，正待开口发作。这伙人不慌不忙，满面生春，却像他乡遇故知的一般，一把邀了那富翁，邀到一个大酒肆中来，一副洁净座头上坐了，叫酒保烫酒取嘎饭来，殷勤谢道："前日有负厚德，实切不安。但我辈道路如此，足下勿以为怪。今有一法与足下计较，可以偿足下前物，不必别生异说。"富翁道："何法？"

– Великолепно! Великолепно! – воскликнул Пань. – Прошлый раз не удалось. На этот раз удастся.

И он дал алхимику тысячу ланов на опыт. Алхимик позвал двух-трех своих людей, чтобы те помогли ему в опыте. Пань видел собственными глазами, как легко этот алхимик превратил свинец в серебро, потому полностью доверился ему и совсем за ним не присматривал. А он как-то ночью «захватил тигель», и на следующий день его и след простыл.

На этот раз у Паня были украдены последние деньги. От былого его богатства не осталось ничего. Гнев и досада охватили Паня.

«Сколько стараний я приложил, сколько лет на это потратил, – размышлял он. – Прошлый раз сам был виноват, на этот раз думал, что все будет в порядке, а меня опять надули. И не поинтересовался даже, не спросил, откуда этот человек. Что ж, наверняка занимается подобными делишками где-нибудь в другом месте. Попробую его поймать. А не найду его, может быть, встречу настоящего алхимика, который все-таки поможет мне получить магический камень». И, собрав небольшой багаж, Пань отправился на поиски.

Много мест он объездил и однажды в Сучжоу, близ ворот Чанмэнь, лицом к лицу столкнулся с шайкой, которая его в последний раз обокрала. Как только те увидели его, лица их расплылись в улыбке, словно они встретили старого друга или земляка. Пань собирался было обрушиться на них с бранью, но они не дали ему рта раскрыть и тут же потащили в винную лавку.

– Мы тогда злоупотребили вашей добротой и вашим доверием и чувствуем себя очень неловко перед вами, – начал извиняться один из шайки. – Но не осуждайте нас, таков уж наш путь. Сейчас у нас есть возможность возместить ваши убытки, поэтому мы хотим поговорить с вами, чтобы уладить дело.

– Что за «возможность»? – удивился Пань.

丹士道："足下前日之银，吾辈得来，随手费尽，无可奉偿。今山东有一大姓，也请吾辈烧炼，已有成约，只待吾师到来才交银举事。奈吾师远游，急切未来。足下若权认作吾师，等他交银出来，便取来先还了足下前物，直如反掌之易。不然，空寻我辈也无干。足下以为何如？"富翁道："尊师是何人物？"丹士道："是个头陀。今请足下略剪去了些头发，我辈以师礼事奉，径到彼处便了。"富翁急于得银，便依他剪发做一齐了。彼辈殷殷勤勤，直侍奉到山东，引进见了大姓，说道是他师父来了。大姓致敬，迎接到堂中，略谈炉火之事。富翁是做惯了的，亦且胸中渊博，高谈阔论，尽中机宜。大姓深相敬服。是夜即兑银二千两，约在明日起火，只管把酒相劝，吃得酩酊扶去，另在一间内书房睡着。到得天明，商量安炉。富翁见这伙人科派，自家晓得些，也在里头指点。当日把银子下炉烧炼。这伙人认做徒弟守炉。大姓只管来寻师父去请教，攀

— Видите ли, ваши деньги мы сразу же тогда растратили, и нам сейчас, собственно, нечем вернуть вам долг. Но на днях мы договорились с одним богачом из провинции Шаньдун, что сварим ему серебро, и теперь ждем только нашего учителя; но он путешествует, находится сейчас далеко отсюда и нескоро приедет. Так вот, если бы вы согласились представиться богачу под видом учителя и получить от него серебро, мы смогли бы тотчас вернуть вам деньги. Как видите, это не труднее, чем ладонь повернуть. А то что толку разыскивать нас и требовать с нас деньги, когда их нет? Что вы на это скажете?

— А кто ваш учитель? — спросил Пань.

— Буддийский монах. Поэтому вам придется только остричь помонашески волосы, и мы доставим вас в Шаньдун со всеми подобающими почестями.

Паню не терпелось вернуть свои деньги, поэтому он согласился, чтобы ему остригли волосы и облачили в монашеское одеяние. Относились эти люди к нему с большим уважением и, когда прибыли в Шаньдун, представили Паня богачу как своего учителя. Богач пригласил Паня в гостиную и завел с ним беседу об алхимии. Пань прекрасно разбирался в этом деле, к тому же был человеком образованным, и его рассуждения произвели на богача самое лучшее впечатление. Хозяин проникся уважением и доверием к гостю, в тот же вечер вручил Паню две тысячи ланов серебром и договорился с ним завтра же начать опыт. После этого он пригласил Паня выпить вина, угощал его всякими яствами, а когда Пань захмелел, помог ему подняться с места и уложил спать. На следующий день люди из шайки стали обсуждать, где и как установить тигель, и занялись приготовлениями. Хорошо знакомый с алхимией, Пань давал им кое-какие указания. Наконец серебро было заложено в тигель, и люди, выдававшие себя за учеников алхимика, стали следить за огнем. Хозяин то и дело приходил за советами и указаниями к Паню,

话饮酒，不好却得。这些人看个空儿，又提了罐各各走了，单单撇下师父。大姓只道师父在家不妨，岂知早辰一伙都不见了，就拿住师父，要送在当官，捉拿余党。富翁只得哭诉道："我是松江潘某，原非此辈同党。只因性好烧丹，前日被这伙人拐了，路上遇见，他说道在此间烧炼，得来可以赔偿。又替我剪发，叫我装做他师父来的。指望取还前银，岂知连宅上多骗了，又撇我在此。"说罢，大哭。大姓问其来历详细，说得对科，果是松江富家，与大姓家有好些年谊的，知被骗是实，不好难为得，只得放手。一路无了盘缠，倚着头陀模样，沿途乞化回家。到得临清码头上，只见一只大船内，帘下一个美人，揭着帘儿，露面看着街上。富翁看见，好些面善，仔细一认，却像前日丹客带来与他偷情的可意人儿，一般无二。疑惑道："那冤家缘何在这船上？"走到船边，细细访问，方知是

приглашал его побеседовать и выпить вина. Паню неудобно было отказываться. И вот однажды люди, с которыми приехал Пань, воспользовались удобным моментом, «захватили тигель» и скрылись, оставив Паня одного. Хозяин ничего не подозревал: он считал, что раз Пань с ним, то все должно быть в порядке. Но когда на следующий день обнаружилось, что вся шайка скрылась, богач велел схватить Паня и собирался отправить его в ямэнь, чтобы арестовали и других из этой шайки. Пань слезно взмолился:

— Я житель Сунцзяна, моя фамилия Пань, и я ничего общего с этими людьми не имею. Эти же бандиты, пользуясь моей страстью к алхимии, недавно обворовали меня самого. После этого я случайно встретил их в дороге, они сказали мне, что должны провести здесь опыт с превращением серебра и смогут тогда вернуть мне мои деньги. Они остригли меня и просили представиться вам в качестве их учителя. Я хотел только получить свои деньги и меньше всего предполагал, что они обворуют и вас, а меня оставят здесь одного.

Тут Пань громко разрыдался. Богач стал расспрашивать Паня и убедился, что Пань — тот самый зажиточный человек из Сунцзяна, о котором он уже давно слышал. Он не сомневался уже, что Пань действительно сам был обманут, и, не желая причинять ему дальнейших неприятностей, отпустил его.

Оставшись без гроша, Пань отправился на родину пешком и, пользуясь своим монашеским видом, жил подаяниями. Когда он очутился в городе Линьцин и шел по набережной, в глаза ему бросилась большая джонка, стоявшая у пристани. Из-за оконных занавесок каюты выглядывала какая-то женщина. Она показалась Паню знакомой. Он внимательно вгляделся в ее лицо и нашел, что она была как две капли воды похожа на ту, которую когда-то привез с собой алхимик и с которой он провел немало приятных ночей.

河南举人某公子包了名娼到京会试的。富翁心想道："难道当日这人的妾，毕竟卖了？"又疑道："敢是面庞相像的，也未可知。"不离船边，走来走去，只管看。忽见船舱里叫个人出来问他道："官舱里大娘问你可是松江人？"富翁道："正是松江。"又问道："可姓潘？"富翁吃了一惊道："怎晓得我的姓！"只见舱里人说："叫他到舱边来。"富翁走上前来。帘内道："妾非别人，即前日丹客所认为妾的便是，实是河南妓家。前日受人之托，不得不依他嘱咐的话，替他捣鬼，有负于君。君何以流落至此？"富翁大恸，把连次被拐，今在山东回来之由，诉说一遍。帘内人道："妾与君不能无情，当赠君盘费，作急回家。此后遇见丹客，万万勿可听信。妾亦是骗局中人，深知其诈。君能听妾之言，是即妾报君数宵之爱也。"言毕，着人拿出三两一封银子来递与他。富翁感谢不尽，只得

«Каким же образом она оказалась на этой джонке?» – подумал про себя Пань и поспешил подойти поближе и навести справки. Оказалось, что джонка принадлежит какому-то цзюйжэню из провинции Хэнань, что он едет в столицу держать экзамен, и с ним на джонке известная гетера. «Неужели тот алхимик все-таки продал ее? Или это другая женщина, только похожая на нее?» – думал Пань и все ходил по берегу, не в силах оторвать взора от красавицы. Тем временем из каюты вышла служанка.

– Госпожа велела спросить, не житель ли вы Сунцзяна? – крикнула она Паню.

– Да, я именно оттуда, – ответил Пань.

– Не Пань ли ваша фамилия? – продолжала расспрашивать та.

– Да, но как вы можете знать мою фамилию? – удивился Пань.

Пань услышал, как женщина в каюте распорядилась:

– Пусть поднимется сюда!

Пань подошел к каюте и услышал голос из-за занавески:

– Я та самая женщина, которую алхимик выдавал за свою жену. На самом деле я гетера из Хэнани. Когда я жила у вас, я действовала по приказанию того мошенника и не смела его ослушаться. Но все же я чувствую себя виноватой перед вами. А вы, как вы здесь очутились? Да еще в таком виде!

Пань с горестным видом поведал ей историю о том, как его последний раз обокрали и почему он очутился в Шаньдуне.

– Не могу остаться равнодушной к вашей судьбе, – промолвила гетера. – Я дам вам на дорогу, и возвращайтесь поскорее домой. Встретите еще алхимиков – никогда им не верьте! Мне с ними приходилось иметь дело, и я хорошо знаю их проделки. Если вы поступите так, как я вам советую, буду считать, что отблагодарила вас за вашу любовь ко мне.

Сказав это, красавица велела служанке принести три лана

收了。自此方晓得前日丹客美人之局，包了娼妓做的。今日却亏他盘费到得家来。感念其言，终身不信炉火之事。却是头发纷披，羞颜难掩。亲友知其事者，无不以为笑谈。奉劝世人好丹术者，请以此为鉴。

丹术须先断情欲，
尘缘岂许相驰逐？
贪淫若是望丹成，
阴沟洞里天鹅肉。

серебром и передать их Паню. Тому ничего не оставалось, как с благодарностью принять деньги. Только теперь Пань узнал, что красавица, с которой приехал тот алхимик, была гетерой, действовавшей с ним заодно.

На деньги гетеры Пань сумел благополучно добраться домой. Он хорошо запомнил наставления гетеры и не верил больше в философский камень. Только волосы его еще не отросли, и ему было стыдно за себя. История Паня стала предметом веселых разговоров среди его родственников, друзей и всех тех, кто слышал о нем. Пусть же она послужит предостережением для тех моих современников, которые увлекаются алхимией.

Очисть прежде душу от мыслей греховных,
потом за магический камень берись!
Искусство, доступное только бессмертным,
со скверной мирскою нельзя сочетать!
О женщинах думать, погрязнуть в разврате
и выплавить камень чудесный мечтать,
Не все ли равно, что в вонючей канаве
священного лебедя мясо искать.